田島　公
海野　聡
鶴見泰寿 編

飛鳥宮の儀礼と空間構成

シリーズ　宮殿研究の最前線①

八木書店

まえがき

東京大学史料編纂所に研究拠点を置く研究プロジェクトは、大型科学研究費等で蒐集した、陽明文庫所蔵の建築関係史料や宮内庁書陵部図書寮文庫所蔵史料の近世公家日記及び内匠寮本「中井家文書」のデジタル化を進めており、東京大学大学院工学系研究科建築学専攻の協力を得て、これらを対象に建築史学的検討を加えることで、文理融合研究を進めてきた。その成果は、二〇二〇年十月二十五日・二〇二一年十二月十八日・二〇二二年十二月十日・二〇二三年十二月九日・二〇二四年六月十六日に京都府立京都学・歴彩館小ホールを会場として開催した「国際研究集会「御所（宮殿）・邸宅造営関係資料の地脈と新天地」」（東京大学史料編纂所など主催）で報告してきた。研究集会では、主に陽明文庫や宮内庁書陵部等に収蔵される平安時代の宮殿・邸宅の資料を用いた研究報告と宮内庁書陵部や同京都事務所の協力・理解を得ながら「中井家文書」を用いた近世禁裏御所の造営に関する研究報告を行い、合わせて、造営資料や大工道具に関する日本・中国・韓国の研究者による国際研究の場を構築してきた。

これらの研究集会での報告は、報告集一～五（二〇二一年三月・十二月、二〇二二年十二月、二〇二三年十二月、二〇二四年六月）として刊行・公開し、加えて、京都市埋蔵文化財研究所の発掘調査などの関連する報告も掲載している。とくに「中井家文書」の分析では、これまで看過されてきた建築関係の帳簿類を取り上げ、これらと現存する京都御所の建築、図面資料を総合的に用いる研究手法を開発して、新たな研究手法として注目されている。

二〇二〇年・二〇二一年・二〇二二年に開催した研究集会は、多数の報告により内容は充実しているが、一日という時間的制約から質疑の時間が少ないという課題があり、二日間に拡大して開催の要望があった。また三年間に、平安期の宮殿・邸宅の新しい発掘報告や最新の充実した報告が蓄積され、宮殿の歴史の源流である難波宮・飛鳥宮・藤原宮・平城宮まで遡って探ることで、宮殿の歴史として再考する視座の必要性が浮かび上がってきた。

そこで、二〇二三年度は、「研究集会」のうち、従来の「中井家文書」を用いた近世禁裏御所の造営に関する研究報告を中心にした第四回の国際研究集会を十二月に実施すると共に、平安時代の宮殿・邸宅に関する研究を独立させ、また、研究対象を飛鳥宮に絞り、会場も飛鳥宮跡に近い奈良県立橿原考古学研究所に移した。会場を提供していただいた奈良県立橿原考古学研究所に感謝したい。

研究集会は、これまでの飛鳥宮研究の蓄積を踏まえ、文献史学・考古学・建築史学の三分野の研究者による講演・報告や討議を行う「シンポジウム」の形式とし、学際的に検討することを目指した。そこで、田島公（東京大学史料編纂所教授〔当時〕・奈良県立橿原考古学研究所特別指導研究員）・鶴見泰寿（奈良県立橿原考古学研究所企画学芸部資料課資料係長〔当時〕）・海野聡（東京大学大学院工学系研究科准教授）が共同して企画・運営し、第三六八回奈良県立橿原考古学研究所研究集会として、二〇二三年九月三十日に開催することとなった。研究集会の開催にあたっては、同研究所・東京大学史料編纂所（「天皇家・公家の「知」の体系としての文庫・宝蔵研究拠点創設」プロジェクト）・東京大学大学院工学系研究科に研究拠点を置く科学研究費・基盤研究（A）「東アジアにおける工匠関連史料にもとづく建築生産史の再構築と技術蓄積・伝播の解明」（研究代表者：海野聡）との三者による「主催」とした。また、シンポジウム開催にあたって、事前に報告集を作成することで、相互の研究の立ち位置について理解の促進を図った。

本書は、当日配布した「報告集」掲載の原稿に修正を加えたり、報告内容を論文化したりしたものに、活発に行われた当日の討論を踏まえ、発言していただいた方の中から、小澤毅（三重大学名誉教授・奈良県立橿原考古学研究所特別指導研究員）・積山洋（都城制研究会代表・大阪市文化財協会学芸員）の両氏に新たに寄稿いただいた論文を加え、再編集して八木書店より刊行するものである。

本書では、「問題提起」として「飛鳥時代」の特殊性を田島が指摘した。その後、西本昌弘（関西大学文学部教授・橿原考古学研究所特別指導研究員）が飛鳥の開発と飛鳥浄御原宮の内部構造について、皇后宮と御窟殿に着目し、私案を提示する。

そして鶴見はエビノコ郭正殿を藤原宮東第一堂との関連などから朝堂と目し、大極殿未成立と述べる。田島は東アジアにおける外交の場の形成という視点から舒明朝以降の小墾田宮やエビノコ郭を再検討する。小田裕樹（奈良文化財研究所企画調査部主任研究員）は、石神遺跡を取り上げ、宮殿における饗宴施設という視点から、ロの字形の建物配置を検討する。海野は設計という概念から、建築や宮殿空間の構成を捉え、エビノコ郭正殿の西面・妻入という建築的特徴の特異性を指摘する。

さらに今回、新たに執筆していただいた論文のうち、小澤論文は、飛鳥宮Ⅲ期の主要建物について、発掘遺構にもとづく規模の整理と殿舎名の比定を行うとともに、御窟院・御窟殿を、使用法や朝庭との位置関係から、東南郭とその正殿の別称とみる仮説を提示する。最後に、積山論文は前期難波宮の様相を示しつつ、飛鳥宮が地形的制約により、主要殿舎が前期難波宮の縮小・相似形であること、前期難波宮の正殿―脇殿と正殿―後殿という二つの殿舎形式の存在を指摘し、古代宮殿の空間変遷のなかに位置付ける。

以上のように、史資料が限られるなかで、六本の論文はいずれも、飛鳥宮やその周辺の空間構成を精緻に検討しており、「飛鳥宮」とほぼ同時期の前期難波宮を検討対象とした積山論文も、規模や企画の違う飛鳥宮との比較検討のための重要な調査結果や解釈を示しており、これまでにない飛鳥宮研究の集大成となっている。各論文の主張はそれぞれ異なっている部分もあるが、諸分野からの視座がクロスしており、活発な議論の素地となる論文集に仕上がった。折しも、二〇二四年九月に文化庁は二〇二六年の「世界文化遺産」への登録を目指し、「飛鳥・藤原の宮都」を国内候補として、ユネスコ（国際連合教育科学文化機関）に推薦することを決めたが、飛鳥宮跡はその中核の構成資産である。

本書が飛鳥宮研究の重要な礎となり、活発な調査・研究がなされる契機となることを期待している。

二〇二四年十一月

（海野　聡・田島　公）

目　次

飛鳥宮周辺の饗宴施設……小田裕樹 99

〔問題提起〕「飛鳥宮」時代の特殊性
―「天下」を喪失していた時代―

田島　公

中国を中心としたユーラシア東部は、後漢（二五〜二二〇年）が滅んだあと、魏晋南北朝時代（二二〇〜五八九年）という、約三七〇年もの長い分裂と混乱の時代が続いたが、六世紀末に北朝の北周の外戚である楊堅が帝位につき、隋の文帝として南朝の陳を滅ぼし、中国を再統一した。隋やそれを継承した唐（隋唐帝国）は統一国家を強固にするため中央集権体制の確立を目指すと共に、周辺国家への外征や朝貢使節の往来も活発となった。

倭国は、三世紀の卑弥呼の魏への遣使以来、五世紀の「倭の五王」の南朝への遣使まで、中国王朝に朝貢し、「倭王」に任命され、中国王朝の冊封体制に包摂されていたが、六世紀に入り、中国王朝との国交が途絶えることになり、冊封体制から事実上離脱していた。しかし、六世紀末に隋の中国統一などユーラシア東部の国際情勢の大きな変化を踏まえ、中国王朝への遣使を再開し、七世紀初頭には外交政策の大きな転換を行った。遣隋使・遣唐使は、同時代の倭国の政治・文化のみならず、その後、大宝律令の制定（七〇一年）で完成すると言われる日本律令制国家の対外政策や国内の諸々の政治・制度・文化にも大きな影響を与えた。

七世紀の倭国（日本）は、時代区分で言えば、飛鳥時代に該当する。飛鳥時代に関しては諸説あるが、その始まりは、一般に、推古の豊浦宮での即位（五九二年）から、または小墾田宮への遷宮（六〇三年）から、とされ、その終末は、藤原の地への遷都（六九四年）まで、または平城への遷都（七一〇年）まで、とされている。大王（天皇）の治世で言えば、推古朝から天武・持統朝までと考えられている。

一方、地域的に言えば、現在、飛鳥地域と呼ばれる範囲は、一般的には明日香村を中心に、大和三山（畝傍山・香具山・耳成山）に囲まれた地域など橿原市の一部、桜井市や高取町の一部を含んでいるとされるが、古代において厳密に「アスカ（飛鳥）」と呼ばれていた地域は、飛鳥寺から飛鳥宮跡までの真神原で、現在の明日香村飛鳥・岡に限定されていたことが指摘されている（本書西本論文参照）。

従って、厳密な意味で古代の「アスカ（飛鳥）」の地に置かれた大王（天皇）の王宮（正宮）に限定すれば、舒明の飛鳥岡本宮、皇極の飛鳥板蓋宮、斉明・天智の後飛鳥岡本宮、天武・持統の飛鳥浄御原宮の時代が「飛鳥宮」時代となる。西暦で言えば、ほぼ七世紀、六世紀末または七世紀初めから、七世紀末または八世紀初頭までの時代である。

飛鳥時代は、本格的に仏教・儒教や律令制度の他、建築・土木技術や天文・暦などに代表される大陸や半島の新しい先進的な文化が伝来し、それを受容し発展させた時代であり、国家制度（政治）、経済・交通、社会（習俗）・文化に大きな変革が試みられた特殊な時代である。飛鳥時代は、隋や唐の皇帝や官僚制による支配を模倣し、大宝律令の制定・施行によって完成するという、天皇を中心とした「律令制国家」への飛躍、すなわち、倭国が「未開」から「文明」へと大きく踏み出し、「日本古代国家」が成立した時代と理解されている。

そうした中で、大王（天皇）の居所であると共に、政務や儀礼の場としても利用され、機能が変わっていった王宮の構造やその変遷は、大王（天皇）権力（王権）の確立の象徴でもあり、「臣連」「大夫」（「群臣」）層の合議制との関係も象徴するものとして、七世紀代の王宮の発掘調査の進展と共に本格的に研究されてきた。一方で、外交関係ともかかわる国名（「日本」号）や君主号（「天皇」号）の使用開始時期、中国を中心とした国際社会で通用する外交文書の形式に関しても議論されてきた。それは「王宮」が舞台となる外交儀礼のあり方なども関連している。しかし、そうした基本的な問題に関しても議論が分かれているのが現状である。

　このように「飛鳥宮」の時代には、王宮内で政変が起こったり、唐・新羅と戦争を行ったりした、激動の時代ではあったが、国家の基本的な事柄（国号・君主号）の他、発掘された王宮の構造や建物（殿舎）の名称や機能にも不明なところが多く、議論が分かれている。

　そうした問題を一つでも解決するために、「飛鳥宮」時代の特殊性を理解する上で、君主号（「天皇」号）の使用開始時期の問題に関して、問題提起をしてみることにする。

「天皇」という君主号の成立時期に関しては、(1)推古朝説、(2)天武朝説（斉明朝説・天智朝説も含む）が対立し、長らく論争が続いていて、現在まで結論が出ていない。この問題の解決のため、従来の研究では殆ど取り上げられたことのなかった、佐立春人（さだちはるひと）の研究論文を紹介してみたい。

　佐立春人「日本古代の「天下」と「国内」」（京都大学日本法史研究会編『法と国制の史的考察』信山社出版、一九九五年）の目次は以下の通りである。

一　発端　　二　「大赦天下」と「赦国内」　　三　「天下」と「国内」との関係
四　日本の古代史料に見える「国内」　　五　日本の「国内」時代　　六　年号との関係
七　「日本」国号との関係　　八　結びにかえて

佐立論文では、中国の皇帝や日本の天皇が、その支配する全域の犯罪人を赦免する時、詔勅の中で「大㆓赦天下㆒」と宣言するのが常であって、中国の正史や六国史を見れば、一目瞭然であるが、新羅ではそのような場合に「大㆓赦国内㆒」という文言が用いられていることに注目し、『日本書紀』や宣命木簡、中国の正史や『三国史記』『高麗史』などの史料に見える「赦」の用例の分析から始めて、中国・朝鮮・日本の古代の文献史料に見える「天下」「国内」の用例を分析し、以下の点を指摘する。

中国の場合は、皇帝の支配が及ぶ全域が「天下」で、皇帝から冊封された国王の支配領域全体が「国内」と表記される。一方で、中国の各王朝から「新羅王」に冊封された新羅の君主の場合は「国内」と表記される。従って、「天下」は、専ら皇帝の支配領域全体を表示するために使われた、皇帝に固有の用語である。一方、「国内」は「国」に封ぜられた王公がその封域内全体を表示するという限定された意味をもつ、王公に固有の用語である。

すなわち、中国では「天下」を治める皇帝によって「国」に封ぜられた王公が、自らの封域を指して「天下」と呼ぶことはできないのである。中国皇帝の詔勅文ならば「天下」とあるべき箇所が、新羅王の命令文では「国内」に置き換えられており、高麗王でも「国内」が使用されている。

次いで、佐立は、日本の古代史料に見える「国内」の例を分析する。具体的な対象は、六国史の「食国（おすくに）天下」と宣命木簡に見える「食国々内」「食国之内」、『日本書紀』仁賢天皇八年十月条（「百姓言、是時、国内無事、吏稱㆓其官㆒、海内歸仁、民安㆓其業㆒」の部分は『後漢書』明帝紀による作文だとされるが、「国内無事」の「国内」だけは『日本書紀』による独自文言の可能性があるという）、及び「大八洲（おおやしま）」と「大八嶋国（おおやしまぐに）」などである。これらの分析をもとに、佐立は、『日本書紀』に出てくる「国内」の語は、もともとの『日本書紀』の編纂前の原史料に使われていたものであり、『日本書紀』編纂に際して「天下」をはじめとする他の言葉に直されるはずが、見落とされてそのまま遺ったものであり、『日本書紀』の原史料が書かれたある時期には、天皇の支配領域を表すのに「天下」ではなく、「国内」の語が用いられていたという仮説を立てる（その時期とは、結論の❷の時期）。

更に佐立は、「年号」の変遷・空白期間との関係を検討し、七世紀に年号を建てることを差し控えざるを得なかった期間の存在を指摘する。

すなわち、孝徳朝の年号は、大化（五年）・白雉（五年）であり、斉明朝・天智朝は、年号はなく、天武朝の年号は、朱鳥（一年）のみである。そして持統朝は年号はない（「那須國造碑」に見える「永昌元年己丑四月」は唐の年号で、持統天皇三年（六八九）に当たる）。そして、文武朝は、五年目から大宝を用い、以後は年号が続く。

最後に、佐立の論文の結論は以下のようにまとめられる。

❶四世紀末から七世紀初めにかけて

倭の君主は、自らの支配領域を「天下」と称し続けてきた。実例としては以下の史料がある。[1]

「在二斯鬼宮一時、吾左二治天下一」（稲荷山古墳出土鉄剣銘）

「治二天下一獲□□□（加多支カ）鹵大王世」（江田船山古墳出土鉄刀銘）

❷七世紀前半から大宝令が施行される八世紀初頭に至るまで

天皇が自らの支配領域全体を指して、おそらくは中国皇帝の意向により、「国内」と表現せざるを得なかった。

「天下」ではなく「国内」が使用されていた可能性がある。

❸七〇一年（大宝令施行）以降の時代

「天下」が復活する。中国皇帝の冊封を受けない。

従来、管見では佐立論文は河内春人（こうちはるひと）が否定的に簡単に言及しているのを除くと、[2] 殆ど日本古代史の学界で注目されてこなかった論文であるが、「赦」の対象となる地域の違い（「天下」と「国内」）[3]から切り込んでおり、法制史の研究者である佐立の分析や視角・指摘は、「飛鳥宮」の時代を考える際に重要であると考える。

佐立は、「飛鳥宮」の時代（❷の時代。前期難波宮や近江大津宮も含む）は「天下」を喪失していた時代であると理解する。

推古朝において、隋との国交が樹立され、東アジア世界に復帰した倭国は、中国皇帝を中心とした秩序の外交儀礼（「賓礼」）を推古朝（小墾田宮）段階では取り入れるが、「未開の王」の「禁忌（タブー）」の残存や、斉明朝からは、唐や新羅との戦争状態もあり、大王・天皇を主宰者とした中国的な外交儀礼（「賓礼」）ができない。そのために、王宮内や、その深淵部分である「禁苑」に外国使節を招きいれることができなかった時代でもあり、それが王宮の構造・使用方法にも影響していた（本書田島論文参照）。

漢文の「国書」による文書外交で、倭国は、中国皇帝に冊封され臣従する「王」号ではなく、皇帝に並ぶ君主号としての、「天皇」号を推古朝で一旦は使用するが、❷に関連し「天下」を喪失した時代は、唐の圧力により、推古朝に創出された「天皇」号の使用を封印し、使用しなかったと理解することはできないだろうか（「天皇」号の対外的な使用の自粛）。しかし、❸の準備段階となる天武・持統朝では、「天皇号」を再び対外的に使用する準備と法的な整備（理論武装）を行い、倭（日本）国内での「天皇」号の使用を再開し、やがて、藤原宮・京の完成により、王宮も整備し、「天下」が復活する❸の時代には、大宝律令の制定・施行及び「大宝の遣唐使」で対外的に「天皇」号の使用も復活（完全再開）すると、考えられないだろうか（唐礼に準拠した天皇を主宰者とする外交儀礼（賓礼）も、その舞台装置となる藤原宮の大極殿―朝堂で威儀が整えられたもとで行われ、外国使の前に天皇が姿を現す）。

このように、「天皇」号使用開始時期をめぐる、推古朝説、天武朝説（斉明朝説・天智朝説も含む）の対立を、佐立論文を援用することにより「止揚」することが可能ではないだろうか。両説は、ある意味で、どちらも正しく、そのため、有力な史料が双方の説ともに残存していると理解すべきではなかろうか。

なお、佐立論文の最後の段落には以下のような、大変、印象深い文章が見られるので、やや長いが引用する。

「天下」から「国内」、そしてまた「天下」へという言葉の変遷の背後には、「天下」を喪失した挫折感を克服し、「国内」の語に象徴される制限から脱却すべく、「天下」を回復しようとする為政者の努力の過程が存在したはずである。その過程の中で、「天下」と「国内」の落差が強烈に印象付づけられ、「天下」と「国内」、ひいては「天」と「国」の組合せに対する異常なこだわりが、当時の知識人の間に生まれたのではあるまいか。日本の古代について記した文献史料、とりわけ神代に関する記述を見ると、「天神」と「国神」、「天津罪」と「国津罪」をはじめとして、「天」字と「国」字とが対になって冠された言葉の組合わせが続出している。この現象こそ、天皇の支配が及ぶ全域を言い表すのに、以前からの方針に従って「天下」の語を使い続けるか、それとも、中国に対する臣従の意を表明して「国内」の語を用いるかという、七世紀前半から八世紀初頭にかけての為政者の悩みを反映しているように思われてならないのである。

以上のように、「天皇」号や年号の使用・不使用などをめぐる倭国（日本）の為政者の揺れから、「飛鳥宮」の時代を「天下」を喪失した時代、「天下」を回復しようと努力した時代と評価できるとすると、発掘された飛鳥宮跡から復原される空間構成や『日本書紀』などに見える「飛鳥宮」を用いた儀礼に関連する文献史料の再検討は、新たな「七世紀史」（吉川、二〇一一）の構築のための重要な足掛かりになるかもしれない。

最後に、奈良県と明日香村・橿原市・桜井市がユネスコ（国際連合教育科学文化機関）の「世界遺産」リスト登録を目指す「飛鳥・藤原の宮都とその関連資産群」の構成遺産候補の中心の一つである「飛鳥宮跡」に関して、二〇二二年、一七年ぶりに発掘調査が再開され、二〇二三年・二〇二四年の発掘でも新しい事実が加わりつつある。多様な意見や解釈が出たままで結論が出ず、わかりにくくなって、やや停滞していた感のある「飛鳥宮」をめぐる諸問題の解決に、文献史学・考古学・建築史学の研究者が集う、シンポジウム「飛鳥宮の儀礼と空間構成」が、その問題解決に少しでも貢献できれば幸いである。

注

（1）但し、この「天下」の実態は、中国皇帝の「天下」ではなく、倭国独自の「天下」である。

（2）❷に関して、河内春人は、佐立論文は、七世紀後半と推定される①船首王後墓誌や②小野毛人墓誌に「天下」が用いられているのを見落としているので、「従えない」とする（河内、二〇一五の論文注（72））。しかし、史料を確認すると、①には「生於乎娑陁（譯語田）宮治天下　天皇（敏達）之世、奉仕於等由羅（豊浦）宮　治天下　天皇（推古）之朝、至於阿須迦（飛鳥）宮治天下　天皇（舒明）之朝。（中略）戊辰年十二月、殯葬於松岳山上」とあり、②には「飛鳥浄御原宮治天下天皇（天武）御朝（中略）営造歳次丁丑年十二月上旬即葬」とあり、詳細は省略するが、両者の墓誌はそのとき同時に埋められたとは考えがたい。東野治之らによれば、①は天武朝末年以降、八世紀初頭以前の作製、②は飛鳥浄御原令の官職や追贈の位階や姓が見え、墓誌は毛人の没後に作製され、追納されたものであるという（東野、一九七九ほか）。従って、①・②の史料の「治天下」のみをもって、「従えない」と簡単に佐立論文を切り捨てる河内論文に従うことはできない。なお、河内は、河内二〇一五の論文注（72）で言及していないが、大和・長谷寺所蔵「銅板法華説相図（千仏多宝仏塔）銘」にも「歳次降婁（戊年）漆菟（七月）上旬（中略）奉為飛鳥清御原大宮治天下天皇敬造」とあり、一見、②と同じ天武朝かと思われるのであるが、「降婁」（戊年）に関して、六八六年説（丙戌年・天武天皇十五年〔朱鳥元年〕）、六九八年説（戊戌年・文武天皇二年）、七二二年説（壬戌年・養老六年）、七七〇年説（庚戌年・宝亀元年）など諸説あり、確定できていない。以上から、河内の佐立論文批判は正しくない。

（3）研究集会での報告後、日本古代の文献史料に見える「東方（十二）国」「東国」の「国」について、「東方（十二）道」の「道」との違いに注目して考察した（田島、二〇二四）。

参考文献

河内春人、二〇一五「倭国における「天下」観念」（『日本古代君主号の研究—倭国王・天子・天皇—』八木書店）
佐立春人、一九九五「日本古代の「天下」と「国内」」（『法と国制の史的考察』信山社出版）
田島　公、二〇二四「ヤマト王権の「東方十二道・東国」進出伝承の再検討—ヤマトタケルと甲斐・科野—」（『新発見史料・新解釈による古代・中世前期の信濃—『信濃史料』古代編（一・三巻）に係る未収史料の収集に関する基礎的研究」の成果—』東京大学史料編纂所研究成果報告二〇二三—五）
東野治之、一九七九「船王後墓誌」（『日本古代の墓誌』奈良国立文化財研究所飛鳥資料館）
吉川真司、二〇一一『飛鳥の都』〈シリーズ　日本古代史③〉岩波書店

飛鳥の開発と飛鳥浄御原宮の内部構造

西本昌弘

はじめに

七世紀初頭に豊浦宮・小墾田宮が営まれて以来、飛鳥の地には王宮や寺院・官衙などが連続して造営されるようになり、飛鳥時代が幕を開けることになった。この地域が王権の本拠地として発展するためには、五世紀以来、この地に入植した渡来人が、在来の人々と共存して、当地の開発に尽力した歴史が背景にあるのであろう。

ここでは、渡来人が入植した五世紀以来の飛鳥の開発について、文献史料と考古資料の両面から考察を行いたい。あわせて飛鳥浄御原宮の内部構造について、皇后宮と御窟殿の二つに焦点を絞り、私案を提示してみたい。

飛鳥地域は大和国高市郡の南東部に位置するが、この地域は阿知使主を祖とする東漢（倭漢）氏系の渡来人の居住地として文献史上にあらわれる。

①『日本書紀』応神二十年九月条

倭漢直の祖阿知使主、その子都加使主、並に己が党類十七県を率て来帰す。

②『坂上系図』所引「姓氏録」逸文、阿智王条

誉田天皇（諡応神）の御世、本国の乱を避け、（中略）七姓漢人等を率て帰化す。（後略）仍って大和国檜隈郡郷を賜い、之に居さしむ。（中略）大鷦鷯天皇（諡仁徳）の御世、落を挙げて随来す。（中略）爾に阿智王奏す、今来郡を建てんと。後に高市郡と改号す。

③『続日本紀』宝亀三年（七七二）四月庚午（十九日）条（坂上苅田麻呂らの奏言）

先祖阿智使主、軽嶋豊明宮馭宇天皇（応神）の御世に十七県の人夫を率て帰化す。詔して高市郡檜前村を賜ひて居らしむ。

東漢氏の祖の阿知使主は応神朝に本国の乱を避け、党類十七県（七姓漢人）を率いて倭国に来帰し、大和国の檜隈村に居住した。仁徳朝にも後続の渡来があったため、今来郡を建てたという。東漢氏はもともと楽浪・帯方二郡に定着していた中国系住民（漢人）であり、両郡滅亡後に激化した高句麗・百済の戦乱を避け、五世紀前半に百済から倭国へ移住した氏族と考えられる（西本、一九八九）。彼らが定住したのが大和国の檜隈村で、ここに今来郡が

建てられ、のちに高市郡となった。

ついで雄略紀七年条には、百済から新漢（いまきのあや）陶部高貴・鞍部堅貴・画部因斯羅我・錦部定安那錦・訳語卯安那らの今来の才伎（てひと）（手末（たなすえ）の才伎）が献上され、彼らは上桃原・下桃原・真神原の三所に居地を与えられたとある。「或本」によると、吉備臣弟君が百済から帰って、漢手人部・衣縫部・宍人部を献ったという。また、雄略紀十四年条には、呉国（南朝）が献った手末の才伎を檜隈野に安置し、漢織・呉織の衣縫らは飛鳥衣縫部らの祖となったとある。五世紀後半、新たに百済や南朝から渡来した技術者がやはり飛鳥地域に安置されたのである。

飛鳥寺は真神原にあった飛鳥衣縫造の祖樹葉の家を壊して造られ（崇峻紀元年〔五八八〕是歳条）、飛鳥浄御原宮は「明日香の真神之原」に建てられた（『万葉集』巻二―一九九番歌）ので、真神原は飛鳥寺や浄御原宮の範囲を含んでいた。また、蘇我馬子は桃原墓に葬られたので（推古紀三十四年〔六二六〕五月条）、上桃原・下桃原のおおよその場所も推測できるだろう。真神原は「苫田」とも呼ばれ（崇峻紀元年是歳条）、天武天皇は「赤駒の腹這ふ田井」「水鳥のすだく水沼」（『万葉集』巻一九―四二六〇・四二六一番歌）を開いて浄御原宮を造営した。石神遺跡北方の調査では、この付近は七世紀中葉以前は沼沢地であったことが判明している（奈文研、二〇〇八／相原、二〇一三）。東漢氏系の渡来人が与えられた真神原や桃原の地は、低湿地が点在する未開発の土地であったことになろう。

ただし、彼らは未開の辺境に押しやられた訳ではない。応神天皇の王宮については、

軽島之明宮（応神記）

明宮（応神紀四十一年二月条）

軽嶋豊明宮（『続日本紀』宝亀二年〔七七一〕四月庚午〔十九日〕条）

などとみえ、飛鳥地域の軽に置かれていた。また、允恭天皇の王宮は「遠飛鳥宮」（『古事記』序文、允恭記）、顕宗

天皇の王宮は「近飛鳥宮」（顕宗記）、「近飛鳥八釣宮」（顕宗紀元年正月条）などと伝えられている。応神以降の王名や宮名は原帝紀にもとづく信憑性の高いものである（井上光貞、一九六五）。応神は飛鳥地域の軽に王宮を置き、その近くの檜隈に東漢氏の祖を安置したことになる。その後、飛鳥地域には後続の渡来人が来住し、允恭の遠飛鳥宮や顕宗の近飛鳥八釣宮など、飛鳥地域に断続的に王宮が営まれたのである。

日本列島における渡来人の流入・定着状況は、韓式系土器などの分析を踏まえた考古学者の研究によって解明されつつある。それによると、韓式系土器は五世紀中葉から六世紀初頭までの時期に流入し、その出土地は河内と大和に集中し、大和では飛鳥を中心とする南東部に多く分布する。また、五世紀後半以降、磐余や飛鳥で出土する釵子やミニチュア炊飯具は中国系渡来人の遺物で、彼らは六世紀には政権の中枢に加わっていた可能性があるという（関川、一九八八）。七世紀に入り飛鳥地域に宮都が営まれる素地は五世紀後半に形成されたともいわれる（関川、一九八八／井上主税、二〇二三）。

のちに飛鳥寺や飛鳥宮が造営される飛鳥川右岸の河岸段丘上の開発は、渡来人を入植させて行われたと考えられ、韓式系土器が出土している明日香村の島庄、岡（飛鳥宮跡下層）、飛鳥（飛鳥寺下層、石神遺跡周辺）が、百済から手末才伎を遷り住まわせた上桃原、下桃原、真神原に比定されている（西口、二〇〇二）。飛鳥宮跡は真神原に含まれると思われるので、下桃原は島庄の上流の阪田辺りに当てた方がよいかもしれない。その後の調査によっても、韓式系土器の分布が飛鳥地域に集中するという傾向は変わらず、百済・加耶地域からの渡来人の移住が想定されている（青柳、二〇〇五／坂、二〇一七）（図1）。

近年、百済の漢城期（三世紀後半～四七五年）において釵子・ミニチュア炊飯具を副葬した古墳が確認されたことから、楽浪・帯方漢人を祖先にもち、百済に定着した漢人集団（中国系百済人）の存在が浮上し、百済王権が王

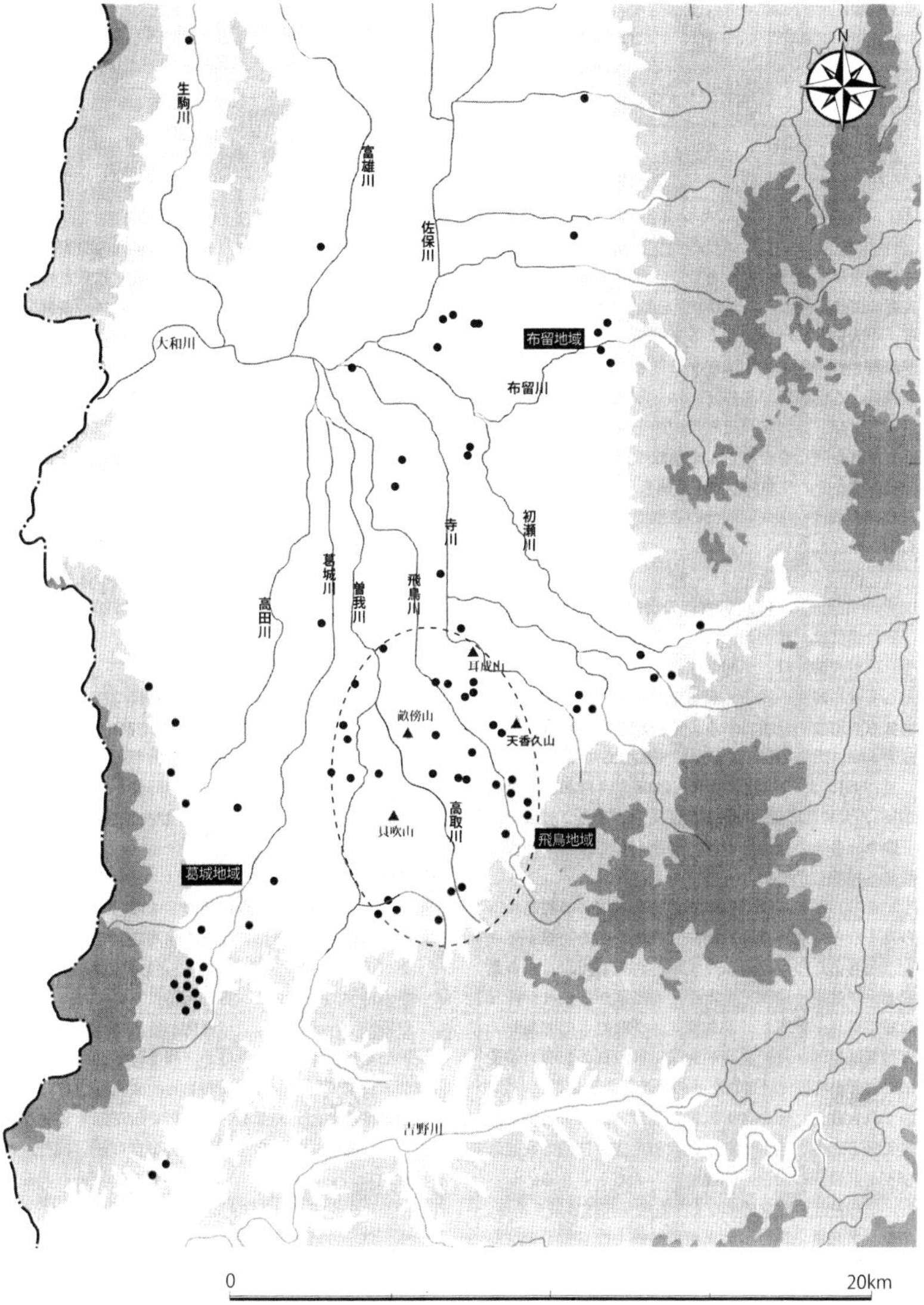

図１　奈良盆地の５世紀代の韓式系土器の分布（破線の範囲＝飛鳥地域）
（坂 2017 図 1）

宮である漢城の外郭に中国系の知識官僚層を居住させていたことが判明した（井上主税、二〇二三）。百済漢城の場合と同じく、応神も王宮のある軽の外郭に東漢氏を居住させたが、倭国では歴代遷宮の慣行があったため、飛鳥地域が王宮の地として定まることはなかった。しかし、渡来人の定着と彼らによる地域開発は飛鳥の重要性を高め、七世紀に連続して王宮が営まれる前提を形作ったのである。

二　桜井（豊浦）と小墾田の屯倉と蘇我氏邸

飛鳥の真神原などには渡来人が入植して開発を進めていった。飛鳥川流域の山田道下層遺跡や飛鳥池下層遺跡では五世紀代を通じた変遷過程を追うことができる（青柳、二〇〇五）。そして、六世紀前半には王家がここに屯倉を設置した。

④『日本書紀』安閑元年（五三四）十月甲子（十五日）条

天皇、大伴大連金村に勅して曰く、「朕、四の妻を納れて、今に至るまで嗣無し。万歳の後に、朕が名絶えむ。（中略）」と。大伴大連金村奏して曰く、「（中略）夫れ我が国家の、天下に王たるは、嗣有り嗣無しを論ぜず、要須（かなら）ず物に因りて名を為す。請らくは皇后・次妃の為に、屯倉の地を建立て、後代に留めしめて、前迹を顕さしめむ」と。

嗣子のない安閑天皇が後世に名を伝える方法を大連の大伴金村に問い、その結果、大臣許勢（巨勢）男人の女である二人の妃に、小墾田屯倉と国毎の田部、桜井屯倉と国毎の田部を与えることとなった。大和国高市郡の小墾田と桜井（＝向原＝豊浦）に屯倉と田部が設置されたのである。

大脇潔は、承保三年（一〇七六）九月十日付けの大和国高市郡司刀禰等解文（『平安遺文』三―一一三四号）には飛鳥川に設けられた堰七ヵ所がみえるが、このうち木葉堰（現、木の葉井堰）は飛鳥川右岸の飛鳥から奥山・木之本・下八釣に給水し、豊浦堰（現、豊浦井堰）は飛鳥川左岸の豊浦側に給水していることから、これらは安閑元年（五三四）条にみえる小墾田屯倉と桜井屯倉の開発に関連して設置されたものであると論じた（大脇、二〇〇五）。安閑朝に王家は小墾田と桜井に屯倉を置いたが、灌漑施設の整備には渡来人の関与が想定できる。

しかし、小墾田と桜井（＝向原＝豊浦）の地には、六世紀中葉に大臣蘇我稲目の小墾田家と向原家が建てられていた。

⑤『日本書紀』欽明十三年（五五二）十月条

（仏教伝来時に仏像を大臣蘇我稲目に託して礼拝させたところ）大臣（仏像を）跪きて受けて欣悦し、小墾田家に安置す。（中略）向原家を浄捨して寺と為す。

屯倉の管理施設はもっとも立地のよい場所に建てられたが、蘇我氏の邸宅も同様の好地を占めたと思われるので、小墾田屯倉と桜井屯倉の地に蘇我稲目が小墾田家と向原家を設けたというのは、二つの屯倉の地の支配権を蘇我氏が手に入れたことを意味するであろう。

坂靖は、山田道に沿う場所に山田道下層遺跡・丈六南遺跡など五世紀代の渡来人集団の集落遺跡がある点に注目し、蘇我稲目の居宅もこの山田道沿いの小墾田・向原・軽などにあることから、この地域の開発に従事した渡来人集団のリーダーが蘇我氏の祖であったと推測した（坂、二〇一八）。蘇我氏渡来人説には賛同できないが、蘇我氏が渡来人集団を率いて山田道沿いの開発を主導した功績で、王権の中枢に進出したという見方は魅力的である。

渡来人を受け入れる場合、在来の村の近くに住居を提供する場合と、未開拓の地域に入植させる場合が想定されるが（亀田、一九九三）、西口壽生は前述した真神原などが渡来人の入植地となったのに対して、明日香村の豊浦や奥山の付近は在来の村と渡来人の村とが共存した、もしくは隣接して存在した地域であるとしている（西口、二〇〇二）。王家が屯倉を設定し、のちに蘇我氏が邸宅を設けた桜井（豊浦）や小墾田[1]（現在の奥山）の地は、在来の村と渡来人の村とが共存もしくは隣接して存在していたところであった。蘇我氏は王家が着目したこの地に拠点を築くことで、渡来人のもつ技術や知識を吸収・利用し、政権中枢に進出する経済力と政治力を蓄えていったのであろう。

蘇我稲目の向原家と小墾田家はのちに推古天皇の豊浦宮と小墾田宮となり、飛鳥時代の幕開けを告げる王宮になるものである。その重要な王宮の地がもとは王家領の屯倉であったものを、蘇我氏が奪取して邸宅を営んだものであるとすると、ことは飛鳥の地をめぐる王家と蘇我氏の対立・抗争に結びつくものである。飛鳥の地をめぐる対立・抗争とは、その地に定着した渡来人の争奪戦でもあったといえる。

蘇我氏が飛鳥の真神原に飛鳥寺を造営したのち、非蘇我系の舒明天皇は飛鳥寺の南に岡本宮を営んだが、舒明十一年（六三九）には百済宮と百済大寺の造営を命じ、翌年、百済宮に移った。これは舒明が蘇我氏の勢力圏となった飛鳥地域からいったん離脱したことを意味しよう（坂、二〇一七・二〇一八）。廐戸皇子（聖徳太子）が推古九年（六〇一）に斑鳩宮を創建し、同十三年に斑鳩宮に遷居したことも、同様の意味合いをもつものと想定できる。

その意味では、七世紀初頭以来、飛鳥の地をめぐる王家と蘇我氏の対立・抗争が密かに進行しており、改新クーデターの結果、王家は飛鳥の地と渡来人を蘇我氏の手から取り戻したと評価できるのではないか[2]。改新政府は天皇が設置してきた子代の民を豪族が奪取して、自己の領民としてきたことを非難しているが（『日本書紀』大化元年〔六四五〕九月条）、こうした事態は小墾田屯倉や桜井屯倉が置かれた飛鳥の地でも進行していたことであり、飛鳥の地と渡来人をめぐる攻防が大化改新の背景にあることを再認識したい。

三　飛鳥浄御原宮の内部構造と皇后宮・御窟殿

（1）皇后宮

飛鳥浄御原宮にはさまざまな殿舎が存在し、天武・持統朝には年中行事化した儀礼がそれらの殿舎内や殿舎前の朝庭において行われていた。筆者がかつて整理した一覧表（表1参照）によって（西本、二〇〇八）、それらの行事を列挙すると、以下のようになる。

正月　元日朝賀、元日節宴、七日節宴、十六日節宴、正月射礼
三月三日節宴、五月五日節宴、七月七日節宴、九月九日節宴

飛鳥京跡（飛鳥宮跡）では二〇〇三〜〇五年度の発掘調査によって、内郭北院から南北に配置された第Ⅲ期の大型建物群が検出され、浄御原宮の内部構造がさらに詳しく判明した。その後、発見された遺構と天武・持統紀にみえる殿舎名との対照作業が諸氏によって行われているが、おおよそ一致する殿舎比定がある一方で、見解の分かれるところも少なくない。最近、山元章代がまとめた諸氏による殿舎比定案一覧を掲げると、表2のようになる（山元、二〇一三）。

ここでは個々の殿舎比定の詳細には立ち入らないが、内郭北院の南北に並ぶ正殿のうち北側のSB〇五〇一（図2のC）に注目したい。諸氏の比定案では内安殿とみるものが多いが、大殿や向小殿にあてる論者もいる。これまで私案を提示したことはないが、私はこのSB〇五〇一を皇后宮に比定したいと考える。

正月元日	
天智 10・正・2庚子	蘇我赤兄と巨勢人、殿前に進みて、賀正事を奏す
天武 3 ・正・元日	大極殿に拝朝す。詔して男女別なく、闇夜に踏歌の事あり
〃 4 ・正・2丁未	皇子以下、百寮諸人、拝朝す
〃 5 ・正・庚子朔	群臣百寮、拝朝す
〃10 ・正・3癸酉	百寮諸人、拝朝庭す
〃12 ・正・2庚寅	百寮、拝朝庭す
〃14 ・正・2戊申	百寮、拝朝庭す
朱鳥元 ・正・2癸卯	大極殿に御して、宴を諸王卿に賜う
持統 3 ・正・甲寅朔	天皇、万国を前殿に朝す
〃 4 ・正・2己卯	公卿百寮、拝朝すること元会儀の如し(即位拝朝)
〃 4 ・正・3庚辰	公卿を内裏に宴す(即位宴)

正月七日	
天智 7・正・7壬辰	群臣を内裏に宴す
天武 2・正・7癸巳	置酒して群臣を宴す
〃 4・正・7壬子	群臣を朝庭に賜宴す
〃 9・正・8甲申	天皇、向小殿に御して王卿を大殿の庭に宴す
〃10・正 ・7丁丑	天皇、向小殿に御して宴す。是日、親王・諸王を内安殿に引入る。諸臣は皆外安殿に侍る
〃12・正・7乙未	親王以下群卿に及るまでを大極殿前に喚して宴す
持統 3・正・7庚申	公卿を宴し、袍袴を賜う
〃 5・正・7己卯	公卿に飲食・衣裳を賜う
〃 6・正・7癸酉	公卿等を饗す。仍て衣裳を賜う
〃 7・正・7丁酉	公卿大夫等を饗す
〃 8・正・7辛卯	公卿等を饗す
〃 9・正・7丙戌	公卿大夫を内裏に饗す
〃10・正・7庚戌	公卿大夫を饗す
〃11・正・7甲辰	公卿大夫等を饗す

正月十六日	
天武 5・正・16乙卯	天皇、島宮に御して宴す
朱鳥元・正・16丁巳	天皇、大安殿に御して諸王卿を喚し宴を賜う
持統 3・正・16己巳	百官人等に食を賜う
〃 6・正・16壬午	公卿以下初位以上に至るまでを饗す
〃 7・正・16丙午	漢人等、踏歌を奏す
〃 8・正・16庚子	百官人等を饗す
〃 9・正・16乙未	百官人等を饗す
〃10・正・16己未	公卿百寮人等を饗す
〃11・正・16癸丑	公卿百寮を饗す

正月射礼	
天智 9・正・7辛巳	士大夫等の詔して、大いに宮門内に射す
天武 4・正・17壬戌	公卿大夫及び百寮諸人の初位以上、西門の庭に射す
〃 5・正・16乙卯	禄を置きて、西門の庭に射す
〃 6・正・17庚辰	南門に射す
〃 7・正・17甲戌	南門に射す
〃 8・正・18己亥	西門に射す
〃 9・正・17癸巳	親王以下、小建に至るまで、南門に射す
〃10・正・17丁亥	親王以下、小建以上、朝庭に射す
〃13・正・23丙午	天皇、東庭に御す。群卿侍る。時に能射人及び侏儒・左右舎人等を召して射せしむ
持統 8・正・17辛丑	五位以上、射す
〃 8・正・18壬寅	六位以下、射す。四日にして畢る
〃 9・正・17丙申	射す。四日にして畢る
〃10・正・18辛酉	公卿百寮、南門に射す

三月三日	
持統 5・3・3甲戌	公卿を西庁に宴す
大宝元・3・3丙子	王親及び群臣東安殿に賜宴す

五月五日	
天智10・5・5辛丑	天皇、西小殿に御す。皇太子・群臣、宴に侍る
天武14・5・5庚戌	南門に射す
持統 8・5・6戊子	公卿大夫を内裏に饗す
大宝元・5・5丁丑	群臣五位已上をして、走馬を出さしむ。天皇臨みて観る

七月(五月)相撲	
天武11・7・3甲午	大隅隼人と阿多隼人と朝庭に相撲し、大隅隼人勝ちぬ
持統 9・5・21丁卯	隼人の相撲を西槻の下に観る

九月九日	
天武14・9・9壬子	天皇、旧宮安殿の庭に宴す。是日、皇太子以下、忍壁皇子に至るまでに、布を賜うこと各差あり

(補注) 記事の出典はいずれも『日本書紀』および『続日本紀』である。
ただし、正月元日の天武3年の記事のみ『年中行事秘抄』などを出典とする。

表1 天武・持統朝を中心とする朝賀・節宴記事一覧(西本 2008)

天武紀には次のように後宮や皇后宮に関する記事がみえる。

⑥朱鳥元年（六八六）正月戊午（十七日）条

後宮に宴す。

⑦朱鳥元年四月壬午（十三日）条

新羅客等を饗せんが為、川原寺の伎楽を筑紫に運ぶ。仍って皇后宮の私稲五千束を以て、川原寺に納む。

また、同じく天武紀には天武の夫人や皇女が宮中で薨去したという記事がみえる。

⑧天武七年（六七八）四月癸巳（七日）条

十市皇女、卒然に病発して、宮中に薨ず。

⑨天武十一年（六八二）正月壬子（十八日）条

氷上夫人、宮中に薨ず。

以上の記事は、天武朝には天武に仕える後宮が存在し、飛鳥浄御原宮の宮中に天武の夫人や皇女が居住していたことを示している。後宮とは皇后や妃などが住む宮中奥向きの宮殿をさし、これが皇后以下の後宮に住む婦人を意味する用語ともなった（『日本国語大辞典』）。

しかし、橋本義則の研究によって、皇后は奈良時代中頃まで天皇宮とは別に独自の宮（皇后宮）を営んでおり、内裏内に皇后宮が設けられるのは光仁天皇の皇后井上内親王からであるとする見方が通説化している（橋本、一九九五）。橋本説の根拠とされているのは、平城宮内裏の発掘調査成果と三﨑裕子の研究（三﨑、一九八八）である。キサキの宮の場所について検討した三﨑は、次のように論じている。

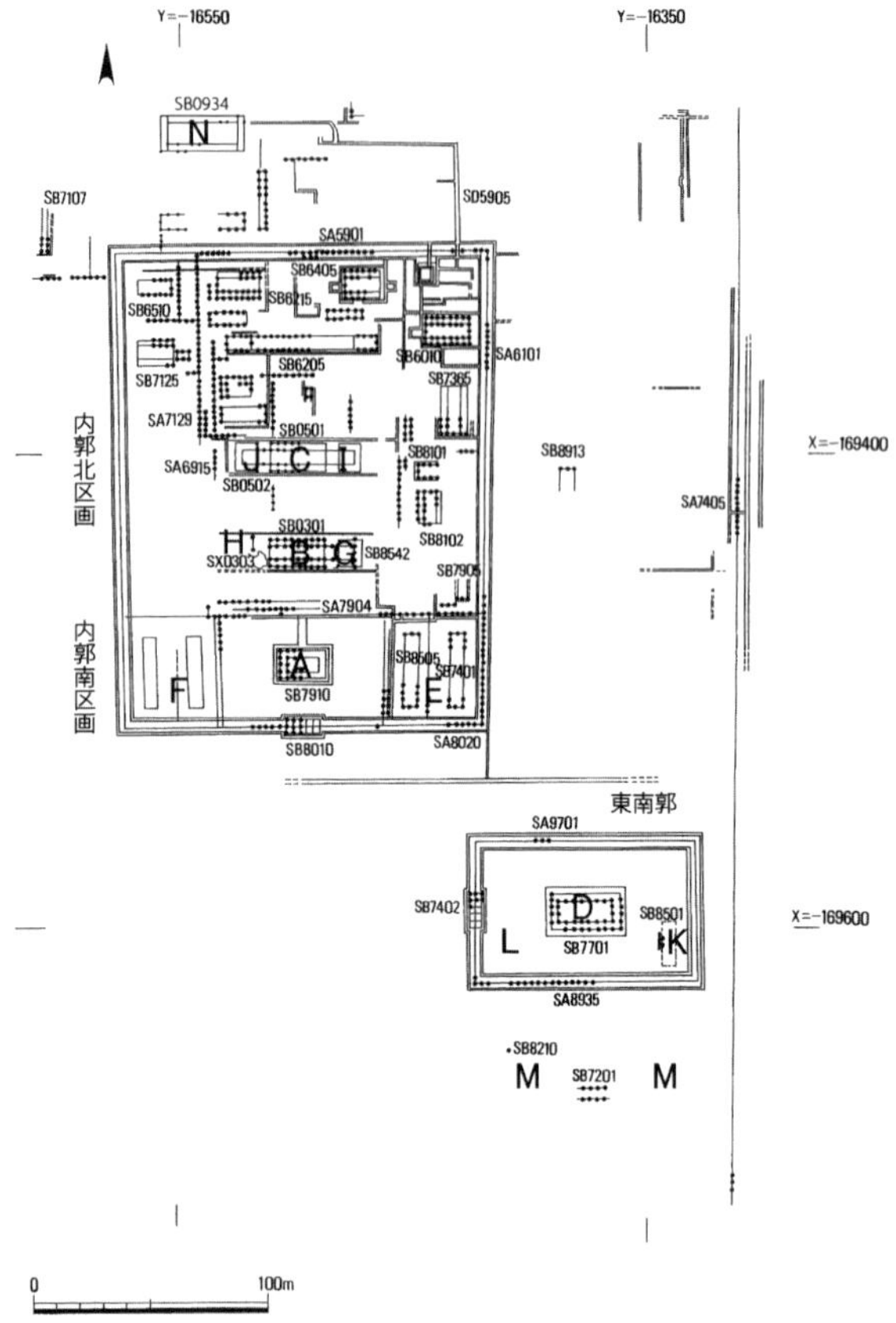

図2　飛鳥宮跡Ⅲ－B期遺構（鶴見 2023 図4を転載、加筆）

	大殿	大安殿	内安殿	外安殿	向小殿	大極殿	旧宮安殿	新宮西庁	朝堂	御窟殿	前殿
林部 2008		A	B/C	A	G/H/J	D			E		
西本 2008	B	A	B	A	H/G	A → D					D
小澤 2018		A	B	A	G	D			E・M		
仁藤 2011	B	A	B	D	C	D		L	K・L		
志村 2015	B	B	C	A	J	D				I	
重見 2020	C	A	C	B	G/I/J	D	B	F			
鶴見 2015		B	C	B	G/I/J	B		F	D	N	A
山元	D	A	C	B	K/L	D	A	L?			A/D

表2　飛鳥宮跡Ⅲ－B期遺構と殿舎比定（山元 2023）

(1) 用明紀元年（五八六）五月条に、三輪逆が隠れた「後宮」に「炊屋姫皇后の別業を謂ふ。是を海石榴市宮と名づく」と注が付されていることから、敏達天皇のキサキである炊屋姫の「後宮」は天皇宮（百済大井宮または訳語田宮）とは別所に存在したことがわかる。

(2) 『元興寺伽藍縁起幷流記資財帳』に「大々王（炊屋姫皇女）の後宮」とされる「牟久原後宮」が記載されているので、炊屋姫のキサキ時代からの拠点が向原（豊浦）に存在した可能性は高い。

三﨑は前述した史料⑥・⑧・⑨に加えて、天武紀には「宮人」の語がみえ、天武の殯宮で「内命婦」のことが誄されていることから、天武朝には後宮の組織化が想定され、浄御原宮において後宮にあたる殿舎が存在した可能性を認めながらも、史料⑦が皇后の居所を「皇后宮」と表記し、史料⑥の「後宮」と書き分けられているところからみると、「皇后宮」は浄御原宮やその後宮とは別の宮であったと思われると結論づけている。しかし、后妃の居所を「後宮」と「皇后宮」の二通りに書くことは、必ずしも両者が別々の場所に存在したことを意味するものではなく、三﨑の結論には異論をさしはさむ余地がある。

三﨑が傍証としてあげた(1)については、問題の「後宮」は炊屋姫皇后の「別業」であると説明されているので、炊屋姫皇女は敏達の王宮内の「後宮」とは別に、王宮外に別業としての海石榴市宮を有していたと考えることもできる。また、(2)の「大々王」の「牟久原後宮」については、仏教伝来の時点（五三八年）で炊屋姫が幼年以上であったというのはありえない記載で（福山、一九六八）、薗田香融がいうように、これは欽明妃であった堅塩姫の「後宮」をその実子である炊屋姫の「後宮」であると潤色したものと考えるべきであろう（薗田、二〇一六ａ）。

三﨑も指摘するように、内裏外に皇后宮が置かれたものとして、藤原不比等の女で聖武皇后となった光明子の例があるが、蘇我稲目の女で欽明の妃となった堅塩姫も同様の立場での入内であったといえる。この二人の「後宮」

「皇后宮」が天皇宮とは別の場所に設けられたのは、彼らが皇女・内親王からの入内ではなく、豪族の女から后妃になったためであると理解すべきである。古代の豪族は自家出身の后妃のために土地や邸宅を提供するという社会慣行があったため（薗田、二〇一六a）、天皇宮とは別の場所に「後宮」「皇后宮」が設けられたのである。一方、皇女から皇后となった推古（炊屋姫皇女）や持統（鸕野皇女）の場合、天皇宮外に居所を設ける必要はなく、王宮内に皇后宮を有したと考えるべきであろう。(3)

橋本義則は三﨑説を全面的に継承した上で、平城宮内裏の発掘調査成果を踏まえて、光仁朝以前の皇后宮は内裏外に設けられたと説いた（橋本、一九九五）。しかし、平城宮では元明・元正・孝謙・称徳など女帝が続き、光仁以前の男帝は聖武・淳仁の二名に限られ、聖武の皇后は藤原氏出身の光明子、淳仁の妃は粟田氏出身の粟田諸姉であった。したがって、内裏内に皇后宮が設けられるのは光仁皇后の井上内親王を待たねばならなかったのである。天皇宮とは別にキサキの宮を設けるというのは、堅塩姫と光明子に特有の居住方式であり、これを皇女・内親王から入内した后妃一般に普遍化することは妥当ではないと考える。

以上から、飛鳥浄御原宮には鸕野皇女の皇后宮が設けられていたとみて問題なく、その皇后宮は内郭北院に南北に並ぶ二つの正殿のうち北側の正殿（SB〇五〇一）に相当するとみて問題ないであろう。平安宮内裏の殿舎と対照すると、仁寿殿に相当する天皇の常居（大殿）が南側のSB〇三〇一（前掲22頁図2のB）、常寧殿に相当する皇后の常居（皇后宮）が北側のSB〇五〇一に当たるということになる。鸕野皇女は天武二年（六七三）の立后以来、「天皇を佐けて、天下を定め」、政事に及ぶまで補佐したというので（持統即位前紀）、浄御原宮内の皇后宮に居住し、大殿（内安殿）に居住する天武と日常的に接触していたとみるのが自然であろう。

（2）御窟殿

⑩朱鳥元年（六八六）正月条

丁巳（十六日）、天皇、大安殿に御して、諸王卿を喚し宴を賜ふ。

戊午（十七日）、後宮に宴す。

己未（十八日）、朝庭に大酺す。是日、御窟殿の前に御して、倡優等に禄を賜ふこと差有り。亦歌人等に袍袴を賜ふ。

⑪朱鳥元年七月丙寅（二十八日）条

浄行者七十人を選びて、出家せしむ。乃ち宮中の御窟院に設斎す。

⑩では大安殿・後宮・朝庭で順次宴会が行われたあと、御窟殿の前に天武が出御して、倡優・歌人らに禄などを賜与した。⑪では出家儀礼ののち、宮中の御窟院で法会が開催された。御窟殿・御窟院は芸能や仏事に関わる施設であったと思われる。

これまでの研究では、(1)天皇の鎮魂を行う天岩屋の遺象（谷川、一七六二）、(2)泥を塗りこめた堅固な建物（黒川、一八八八）、(3)大津宮の内裏仏殿的性格を果たしたもの（岸、一九八四）、(4)のちの内道場のごとき仏教施設（薗田、二〇一六b）などという見解が唱えられているが、とくに史料⑪からみた場合、(3)説や(4)説がもっとも説得的と思われる。

『日本書紀』のなかから、王宮内で仏事が行われた史料を抜き出すと、次のようになる。

・天下の僧尼を内裏に請せて、設斎・大捨して燃燈す（白雉三年（六五二）十二月晦条）。

・始めて僧尼を請せて、宮中に安居せしむ。因りて浄行者卅人を簡びて出家せしむ（天武十二年（六八三）七月是夏条)。
・宮中に設斎す。因りて罪有る舎人等を赦す(天武十三年〔六八四〕閏四月丁酉〔十六日〕条)。
・始めて僧尼を請せて、宮中に安居せしむ(天武十四年〔六八五〕四月庚寅〔十五日〕条)。
・是日、僧正・僧都等、宮中に参り赴きて悔過す(朱鳥元年〔六八六〕七月庚子〔二日〕条)。
・一百の僧を請せて、金光明経を宮中に読ましむ(朱鳥元年七月丙午〔八日〕条)。
・僧尼并せて一百を度せしむ。因りて以て百菩薩を宮中に坐ゑて、観世音経二百巻を読ましむ(朱鳥元年八月庚午〔二日〕条)。
・内裏に設斎す(持統四年〔六九〇〕二月丙寅〔十九日〕条)。

とくに飛鳥浄御原宮での行事の記事が多いが、内裏や宮中に多数の僧尼を招き、設斎・安居・読経などが行われており、内裏内に仏事を行う殿舎が存在したことを思わせる。大津宮では大海人皇子が「内裏仏殿」の南で出家し(天智十年〔六七一〕十月庚辰〔十七日〕条)、大友皇子が「内裏西殿の織仏像」の前で、左大臣・右大臣らと誓盟を交わしている(天智十年十一月丙申〔二十三日〕条)。

岸俊男がいうように、御窟殿はこの大津宮の「内裏仏殿」や「内裏西殿」に近い性格の施設であると思われ、内裏内の西寄りに存在した仏殿的性格の殿舎であると考えられる。浄御原宮の内郭北方で新たに検出された大型建物SB〇九三四(前掲22頁図2のN)を御窟殿に比定する見解もあるが(鶴見、二〇一五)、この場所を「宮中」と称してよいかは微妙であり、私は内安殿=大殿(SB〇三〇一、図2のB)の西側に御窟殿が存在したのではないか推測している。

まとめ

以上に述べてきたところをまとめておきたい。

一、文献史料によると、五世紀前半の応神朝に王宮（軽島〔豊〕明宮）外郭の檜隈に東漢氏の祖が居地を与えられ、その後、五世紀後半にかけて真神原などに渡来人の入植があった。

二、考古資料によると、五世紀中葉以降、韓式系土器をもつ百済・加耶からの渡来人が飛鳥地域に入植した。六世紀には中国系遺物をもつ渡来人が政権の中枢に関与するようになった。

三、在来の村と渡来人の村が共存していた桜井（豊浦）や小墾田（奥山）には、六世紀に王家が屯倉を設けたが、この地はまもなく蘇我氏の手に移り、渡来人もその配下に入った。

四、七世紀前半には飛鳥の地と渡来人をめぐって、王家と蘇我氏が対立・抗争するようになっており、これが改新クーデターの大きな要因であったと推測できる。

五、飛鳥浄御原宮の内部には皇后宮は存在しないと考えられてきたが、王宮外に皇后宮を設けたのは豪族出身の后妃に限定できるので、皇女から入内した鸕野皇女は王宮内に皇后宮を設けたとみてよく、その殿舎は内郭北院のＳＢ〇五〇一に比定することができる。

六、仏事が行われた御窟院は大津宮の「内裏西殿」と同様、大殿（内安殿）の西側に想定できる。

注

（1）明日香村奥山の奥山廃寺から「少治田寺」と記した墨書土器が出土したことから、奥山が小治田（小墾田）の範囲内に入ることが判明した（小澤、二〇〇三／大脇、一九九七）。私は推古の小墾田宮は奥山廃寺の下層に存在すると推測している（西本、二〇二三）。

（2）前田晴人は、舒明天皇の即位後ほどなくして王家領の葛城県と蘇我氏領の飛鳥が交換されたと推測するが（前田、二〇二〇）、葛城県が蘇我氏領となったことを示す確実な史料は存在せず、この推測には従いがたい。

（3）安閑紀元年（五三四）四月条に、伊甚国造稚子らが後宮の内寝に逃げ匿れ、稚子らは後宮に闖入した罪を謝して、皇后（春日山田皇女）に伊甚屯倉を献じたとあり、推古元年（五九三）四月条に、用明皇后の穴穂部間人皇女が懐妊中に禁中を巡行し、馬官の廐の戸において廐戸皇子を出産したとある。いずれも説話色の強い記事であるが、皇女出身の皇后が王宮内の後宮に居住することを前提にした説話であることが注意される。

〔付記〕本稿の「三」の部分は、その後、記述を増補して、次の論考にまとめ直した。西本昌弘「飛鳥浄御原宮の皇后宮」（『続日本紀研究』四三四、二〇二三年十二月）。なお、図2の元データは鶴見泰寿氏から提供していただいたものである。鶴見氏のご厚情に感謝申し上げる。本研究はJSPS科研費二三K〇〇八五五の助成を受けたものである。

参考文献

相原嘉之、二〇二三「飛鳥寺北方域の開発—七世紀前半の小墾田を中心として—」（『飛鳥・藤原京と古代国家形成』吉川弘文館、初出二〇一三）

青柳泰介、二〇〇五「大和の渡来人」（大橋信弥ほか編『ヤマト王権と渡来人』サンライズ出版）
井上主税、二〇二三「大和地域の百済系渡来人の様相─五・六世紀を中心に─」（『都市と宗教の東アジア史』〈アジア遊学二八〇〉勉誠社）
井上光貞、一九六五「帝紀からみた葛城氏」（『日本古代国家の研究』岩波書店）
大脇　潔、一九九七「蘇我氏の氏寺からみたその本拠」（『堅田直先生古希記念論文集』真陽社）
大脇　潔、二〇〇五「大野岡北麓の池と飛鳥川の堰」（『飛鳥文化財論攷─納谷守幸氏追悼論文集─』納谷守幸氏追悼論文集刊行会）
小澤　毅、二〇〇三「小墾田宮・飛鳥宮・嶋宮─七世紀の飛鳥地域における宮都空間の形成─」（『日本古代宮都構造の研究』青木書店、初出一九九五）
小澤　毅、二〇一八「飛鳥の朝廷」（『古代宮都と関連遺跡の研究』吉川弘文館）
亀田修一、一九九三「考古学から見た渡来人」（『古文化談叢』三〇（中））
岸　俊男、一九八四「宮宅と寺院」（『古代宮都の探究』塙書房）
黒川真頼、一八八八『増訂工芸志料』巻四、有隣堂
重見　泰、二〇二〇「後飛鳥岡本宮の構造と飛鳥浄御原宮の成立」（『日本古代都城の形成と王権』吉川弘文館）
志村佳名子、二〇一五「飛鳥浄御原宮における儀礼空間の復原」（『日本古代の王宮構造と政務・儀礼』塙書房）
関川尚功、一九八八「古墳時代の渡来人─大和・河内地域を中心として─」（『橿原考古学研究所論集』第九、吉川弘文館）
薗田香融、二〇一六a「仏教伝来と飛鳥の寺々」（『日本古代仏教の伝来と受容』塙書房、初出一九七七）
薗田香融、二〇一六b「川原寺裏山遺跡出土塼仏をめぐる二、三の問題」（前掲著書、初出一九九八）
谷川士清、一七六二『日本書紀通証』（一九七八年、臨川書店の刊本あり）

鶴見泰寿、二〇一五『古代国家形成の舞台　飛鳥宮』〈シリーズ「遺跡を学ぶ」一〇二〉新泉社
鶴見泰寿、二〇二三「飛鳥宮の空間構成とその系譜」(『シンポジウム「飛鳥宮の儀礼と空間構成」報告集』東京大学史料編纂所・奈良県立橿原考古学研究所)
奈良文化財研究所、二〇〇八「石神遺跡(第一九・二〇次)の調査―第一四五・一五〇次―」(『奈良文化財研究所紀要』二〇〇八)
西口壽生、二〇〇二「古墳時代の飛鳥・藤原京地域」(『あすか以前』〈飛鳥資料館図録三八〉奈良文化財研究所飛鳥資料館)
西本昌弘、一九八九「楽浪・帯方二郡の興亡と漢人遺民の行方」(『古代文化』四一―一〇)
西本昌弘、二〇〇八「七世紀の王宮と政務・儀礼」(『日本古代の王宮と儀礼』塙書房)
西本昌弘、二〇二三「桜井屯倉・小墾田屯倉から豊浦宮(寺)・小墾田宮(寺)へ」(『橿原考古学研究所紀要　考古学論攷』四七)
仁藤敦史、二〇一一『都はなぜ移るのか』吉川弘文館
橋本義則、一九九五「平安宮内裏の成立過程」(『平安宮成立史の研究』塙書房)
林部　均、二〇〇八『飛鳥の宮と藤原京』吉川弘文館
坂　靖、二〇一七「蘇我氏の遺跡学―飛鳥と渡来人―」(『古代学研究』二一二)
坂　靖、二〇一八『蘇我氏の古代学　飛鳥の渡来人』新泉社
福山敏男、一九六八「豊浦寺の創立」(『日本建築史研究』墨水書房)
前田晴人、二〇二〇「飛鳥宮都の成立事情」(『古代史論聚』岩田書院)
三﨑裕子、一九八八「キサキの宮の存在形態について」(『史論』四一)
山元章代、二〇二三「飛鳥浄御原宮の殿舎と飛鳥宮跡Ⅲ―B期遺構」(『寧楽史苑』六八)

飛鳥宮の空間構成とその系譜

鶴見泰寿

はじめに

古代宮都の研究において、飛鳥宮は難波宮・藤原宮・平城宮などと異なる形態を取り、宮室の発展過程が一直線とはならないことから、その位置づけをめぐって様々な議論がある。奈良時代の平城宮内裏から平安時代の平安宮内裏までの軌跡を橋本義則が詳しく追究しているものの（橋本、二〇一一）、飛鳥時代から平安時代までの宮都中枢部に関する一貫した詳細な考察は限られる。したがって飛鳥宮・難波宮・藤原宮の形態を詳しく比較検討し、平城宮・平安宮内裏の研究成果と連結することにより、宮の中枢部である内裏の変遷を飛鳥宮から平安宮まで連続的に解明することが初めて可能となる。

幸いなことに近年は飛鳥宮跡の発掘調査が進展し、遺構を積極的に復元検討する環境が整っている。ここでは、平安宮までの内裏の系譜に飛鳥宮を組み込むべく、難波・近江大津など他の宮都も視野に入れつつ飛鳥宮の空間構成の解明に取り組む。前期難波宮跡の遺構が宮室の発展段階において異質なものと評価されるが（狩野、一九九〇）、その前後の飛鳥宮との空間構成上の関連性について追究することで上記のような評価についても再検討できると考える。

一　飛鳥宮跡の発掘調査

飛鳥宮跡の発掘調査は一九五九年に吉野川分水建設工事にともなう緊急調査として着手され、六〇年以上にわたる成果の積み重ねによって遺跡の概要が判明している（奈文研、一九六一／奈良県教委、一九七一・一九八〇／橿考研、二〇〇八・二〇一一・二〇一二・二〇一四）（図1）。飛鳥宮跡の遺構はⅠ期・Ⅱ期・Ⅲ-A期・Ⅲ-B期の四時期に分けることができる。Ⅰ期遺構は七世紀前半に遡るとみられ舒明天皇の飛鳥岡本宮に、Ⅱ期遺構は七世紀中頃とみられ皇極天皇の飛鳥板蓋宮に、Ⅲ-A期遺構は七世跡紀後半で斉明天皇の後飛鳥岡本宮に、Ⅲ-B期遺構は七世紀後半から末にかけてⅢ-A期遺構を改修・増築しながら再利用したもので天武・持統朝の飛鳥浄御原宮にそれぞれ比定されている（林部、二〇〇一／小澤、二〇〇三／橿考研、二〇〇八）。

斉明天皇は斉明元年（六五五）に飛鳥板蓋宮で即位するが、重祚した直後の冬に飛鳥板蓋宮が火災に遭ったため後飛鳥岡本宮を新規に造営した（したがって飛鳥板蓋宮の存続期間は六四二年～六五五年となる）。Ⅲ-A期の宮殿遺構はⅡ期遺構と一部重複しながらやや西に造営され、南北一九七m×東西一五二～一五八mの内郭（中軸線上に三つの大型建物を配置する）が中枢部分で、内郭南門SB八〇一〇を挟んでその南側に砂利敷き舗装した広場がある。この砂利敷き広場には方形区画施設や朝堂相当の建物はない。Ⅲ-A期の宮殿遺構は、内裏と南方に展開する広場

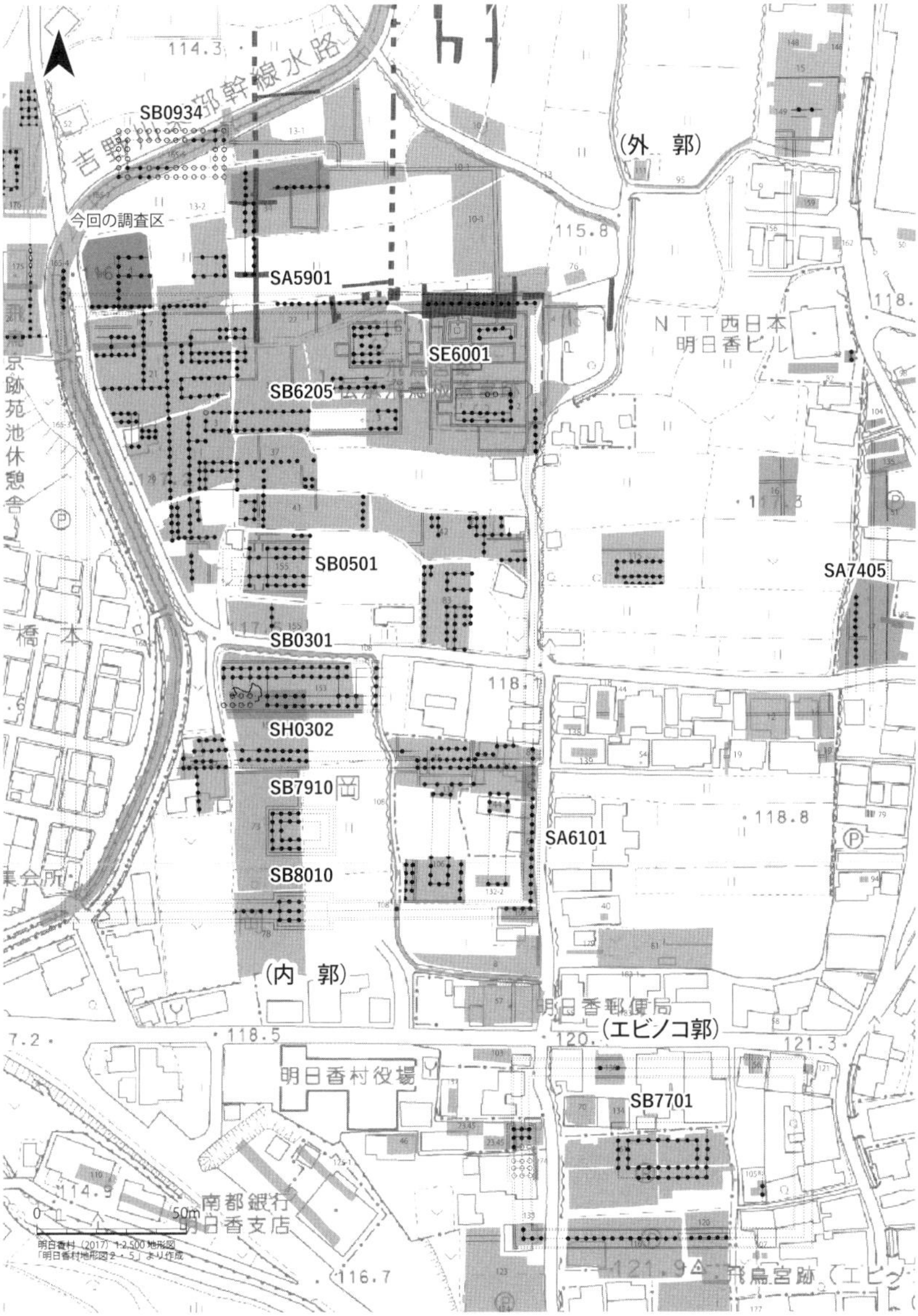

図１　飛鳥京跡調査図（Ⅲ期、第 189 次まで）（橿考研 2022）

の二つの要素によるシンプルな構成である。内郭とその東にある飛鳥岡（岡寺山）との間は東外郭とされ宮東限を柱列と石組み溝で区画する。内郭北西の段丘下には苑池（飛鳥京跡苑池遺構）が造られた（橿考研、二〇一二）。

Ⅲ-B期になり大きく変化した点は、内郭の南東に東南郭[1]という、西門SB七四〇二を備えた掘立柱列による長方形の区画の中央に東西棟の大型掘立柱建物SB七七〇一が配置された区画を造営したこと（飛鳥京跡第六一次調査）、内郭の北西隣接地に大型建物SB〇九三四を中心とする区画を付加したこと（飛鳥京跡第一六五次・第一八九次調査）である。飛鳥浄御原宮に比定されるⅢ-B期の宮殿遺構は残存状態が極めて良好であるため、正確な宮殿の復元図が作成されている。

二　飛鳥宮跡の空間構成

飛鳥宮は『日本書紀』の特に天武朝に殿舎名が数多くみえ（表1）、小澤毅・林部均・志村佳名子・仁藤敦史・渡辺晃宏らによって飛鳥宮跡で検出された大型建物の比定案が出されている（小澤、二〇〇三・二〇一八／林部、二〇〇一／志村、二〇一五／仁藤、二〇一一／渡辺、二〇〇六）。各研究者によって見解が分かれるものの、東南郭正殿を大極殿にあてる意見が最も多い。ここでは基本となる史料の確認や他の時代の内裏施設との比較をしながら、遺構の再評価を行なって殿舎比定についても見直すこととする。

（1）朝庭・朝堂

最初に古代宮都における朝庭・朝堂について確認しておきたい。岸俊男が推古朝小墾田宮の復元を行ない、朝庭

天武元	宮室											
二												
三												
四	宮（東岳）							庭（西門）	朝庭		西門	
五								庭（西門）	朝庭		西門	
六											南門	
七	新宮 宮中									西庁（新宮）	南門	
八	宮		大殿						朝庭		西門	
九	宮中		大殿庭	向小殿							南門(2)	
十	新宮			向小殿	内安殿 外安殿	大極殿(2)	井（新宮）		朝庭(2)			
十一	宮中	禁省							朝庭(2)			造法令殿
十二	宮中					大極殿		庭中	朝庭			
十三	宮中							東庭				
十四	宮中(2) 旧宮				安殿（旧宮） 大安殿				朝庭		南門	白錦後苑
朱鳥元	宮中(5)	正宮			大安殿(2)	大極殿	皇后宮 後宮 御窟殿（宮中） 御窟院	南庭(2)（殯庭）	朝庭			
持統元								殯宮(6)				
二								殯宮(5)				
三			前殿									
四		内裏(4)								朝堂(2)	宮門	
五										西庁		御苑
六	宮(5)											
七	宮(3)	内裏(2)										
八	宮	内裏										

表1　『日本書紀』にみえる飛鳥浄御原宮（岸 1988b）

は臣下が列立して儀式を行なう空間であるとともに、毎日参集して政務を行なう朝政の空間でもあったことを論じ、「朝政の場として存在する朝堂の意義に注意を喚起」した（岸、一九八八ａ）。

朝政は朝堂院で執り行なわれる政務で、有位者は毎日朝参して執務にあたった。朝庭を取り囲む朝堂が執務の場である。大化三年（六四七）の難波小郡宮では日の出と同時に南門を開門し、朝庭で拝礼した後に政務にあたり正午頃に退勤したらしく、大宝令制では午前六時半頃に朝堂院・大極殿院が開門し、昼頃まで執務したらしい。奈良時代における朝堂での具体的な執務の次第は不明だが、「朝堂院の太政官庁で、議政官に対する弁官や三省による申政が、平安時代前期同様に行われていた」という。その一方で「奈良時代には、天皇自身朝政にあたって大極殿へ出御することはなく、内裏で政務をみ、必要な儀式のある時だけ大極殿に高御座が設けられ、そこへ出御した」とされる（橋本、一九九五）。

奈良時代の朝政・朝儀のあり方をいつまで遡らせることができるかは明確ではないが、天武朝には毎月の政務報告を行なう儀式である告朔をすでに実施していたらしく、天武五年（六七六）九月の「雨不告朔」がその初見で、同年十一月は新嘗祭のため中止をしたという。『日本書紀』にはこのほかに天武六年（六七七）五月・十一月・十二月、全部で五ヵ所に告朔の記事があるが、いずれも中止記事であるので基本的には毎月実施したとみられる。このように、飛鳥宮でも内郭南の朝庭において朝政・朝儀が日常的に行なわれたことが知られる。

飛鳥浄御原宮の朝堂に関しては『日本書紀』に二件の記事がみえる。持統四年（六九〇）七月甲申（九日）条の詔「凡朝堂座上、見二親王一者如レ常。大臣与レ王、起二立堂前一。二王以上、下レ座而跪」、己丑（十四日）条の詔「朝堂座上、見二大臣一、動レ坐而跪」であり、浄御原令制下での朝政の一端を知ることができる重要な史料である。詔の内容を具体的に理解することは困難であるが、前年の浄御原令施行と太政大臣高市皇子以下の任官に対応して出されたものであることは間違いない。太政大臣は高市皇子、右大臣は多治比真人嶋であり、これらの詔の親王・大臣は具体的には高市皇子・多治比真人嶋や朝政に参画するその他の皇子らをさすものとみられる。養老令の規定（儀制令12）では「凡在㆓庁座上㆒。見㆓親王及太政大臣㆒。下㆑坐。左右大臣。当司長官。即動㆑坐。以外不㆑動」とあり、上記の詔は大宝令制と同様の行為が飛鳥浄御原宮においても行なわれたことを示すものである。[2]この規定は持統四年（六九〇）の浄御原令施行時に太政官制が始動したことに連動するものであり、藤原宮ではなく飛鳥浄御原宮でのものと考えるべきである。飛鳥浄御原宮朝堂の存在を否定し、ことさらに規定の運用を降らせる理由はない。[3]また朝堂を正殿に対する単なる「脇殿」とする考えは朝堂の持つ重要な意義を見失いかねない。朝堂は太政官の下に組織された諸官司が申政を行ない大臣による処分を受けるための律令制で最も重要な施設である。

以上を確認したうえで飛鳥宮跡の遺構について検討したい。まず飛鳥宮跡Ⅲ期遺構の中で官人が参集する場所として第一にあげられるのが内郭の南側である。内郭南門ＳＢ八〇一〇前面には東西石組溝ＳＤ七六一五までバラス敷きが広がり、現状では飛鳥川によって南西が大きく抉られているものの、南北八〇ｍ以上（ＳＢ八〇一〇南のＳＤ七六一五からＳＤ八九三一までの距離）の平坦地がある。内郭の周辺でここ以外に朝庭の候補となる広場を設定することは地形的にも困難である。したがって、飛鳥宮は内郭の南に朝庭を配置したレイアウトであったといえる。[4]

飛鳥宮跡内郭の南に朝庭があったと考えると、[5]朝庭の一角に設定された東南郭が注目される（図2）。東南郭は南北五五ｍ×東西約九四ｍの規模であり、東南郭北辺は柱列ＳＡ九七〇一によって閉じているので、東南郭は内郭とは切り離された独立する施設であることをまず確認しておきたい。また東南郭を区画する柱列ＳＡ八九三五・ＳＡ九七〇一には一〇尺の間隔で両側に並行する石組み溝があり（第一一六・第一二〇・第一三三次調査）、内郭と同様に複廊であった可能性がある。東南郭西辺中央には西門ＳＢ七四〇一（第一三三・第四五次調査）があり、南面

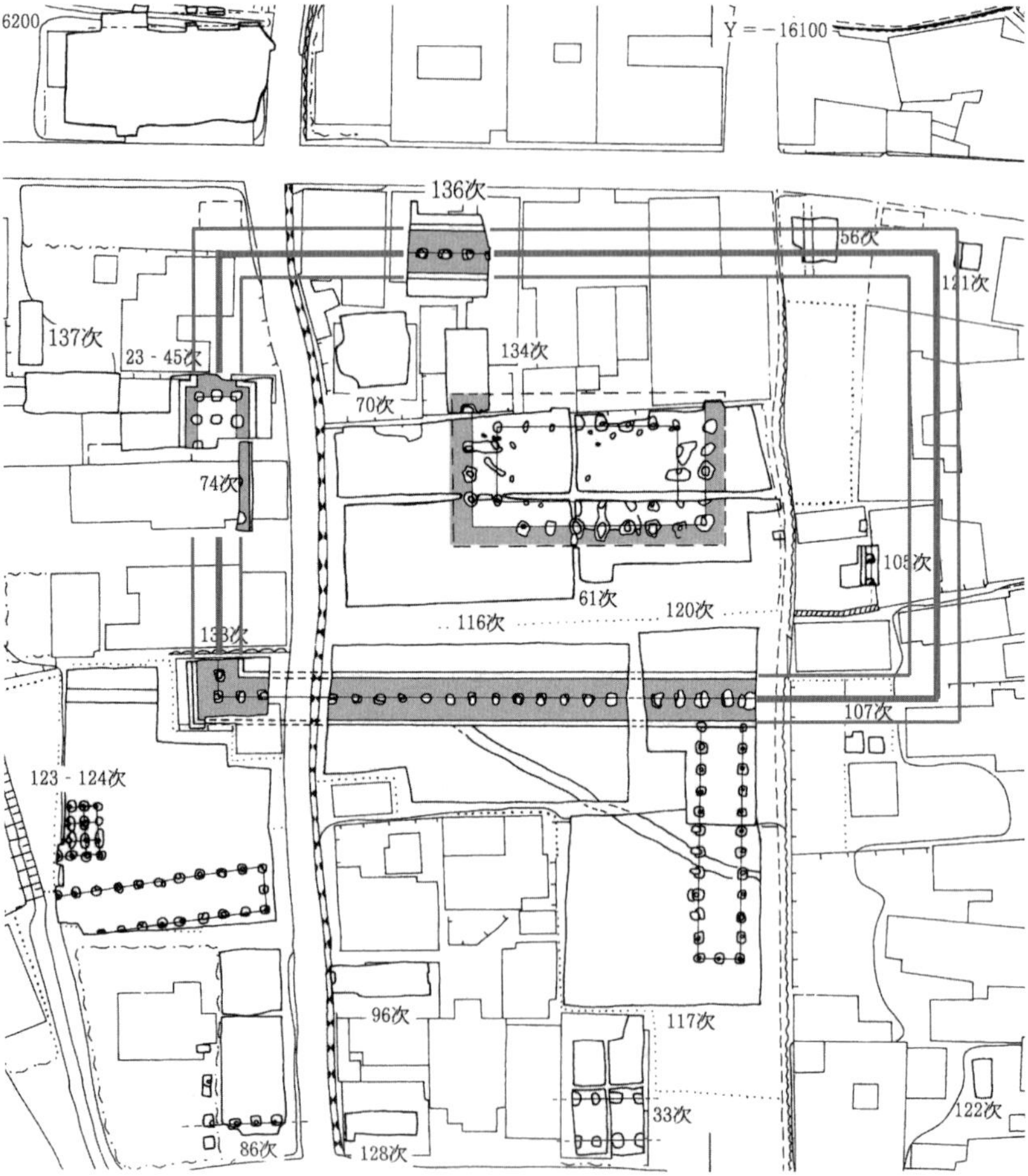

図2　東南郭遺構図（橿考研 1998 に加筆）

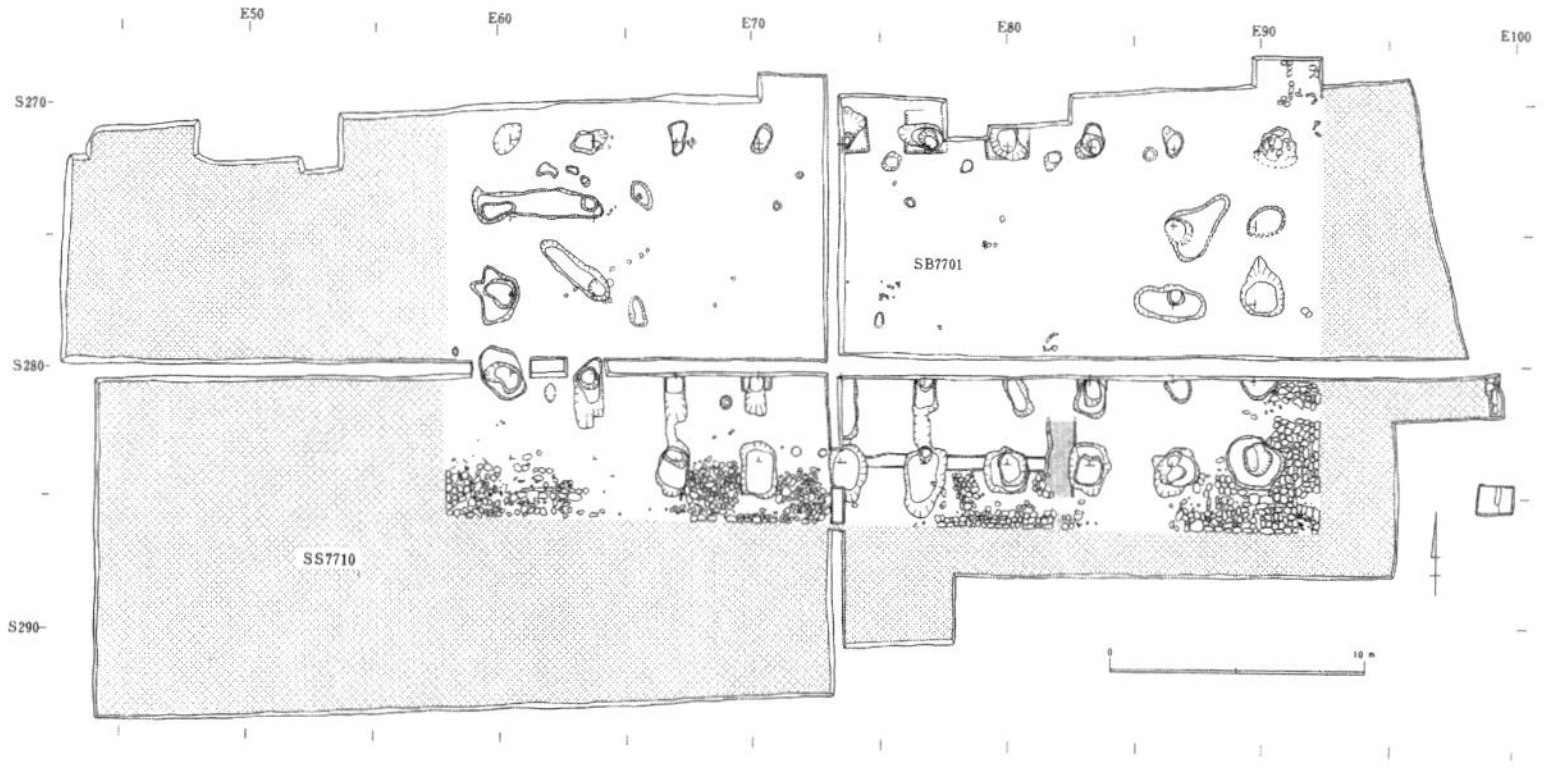

図3　東南郭正殿SB7701（橿考研1978）

に門が存在しないことを第一一六次調査で確認しているので、東南郭は南門を持たない。このことは東南郭が天皇のための施設ではないことを意味する。古代の儀礼のあり方や宮都の実例からみて、天皇が南面して出御する殿舎の南方が柱列で遮蔽されることはありえない。天皇が御する正殿の正面に門を構えることが重要であり、通路の有無が問題ではない。

　東南郭の中央に位置する東南郭正殿ＳＢ七七〇一（図3）は、東西九間×南北五間の四面廂掘立柱建物で、柱間は身舎一〇尺、廂の出一一尺である（第六一次調査）。同じ四面廂建物である内郭南区画正殿ＳＢ七九一〇と比較して廂が幅広い点が異なる。東南郭正殿ＳＢ七七〇一側柱筋には柱間に地覆状の痕跡があり、建物の範囲内に石敷きが施されないことから、床下は開放ではなく壁で仕切られていたらしい。軒内には幅約二・三mの石敷きを施すが、正面中央間と両端から二間目の部分のみ石敷きが施工されていないことから、この三ヵ所には階段が取り付いたと推定される[6]。

　東南郭の造営年代について、小澤毅は天武朝に造営されたとし、林部均は東南郭南辺柱列ＳＡ八九三五下層の東西石組み溝ＳＤ八九三一出土土器の年代から六七〇年前後とするが（小澤、二〇〇三／林

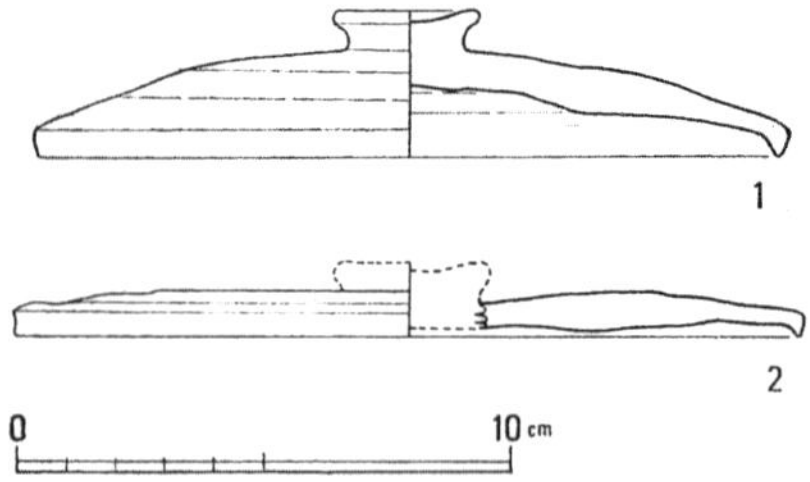

図４　出土土器　第61次（橿考研1978）

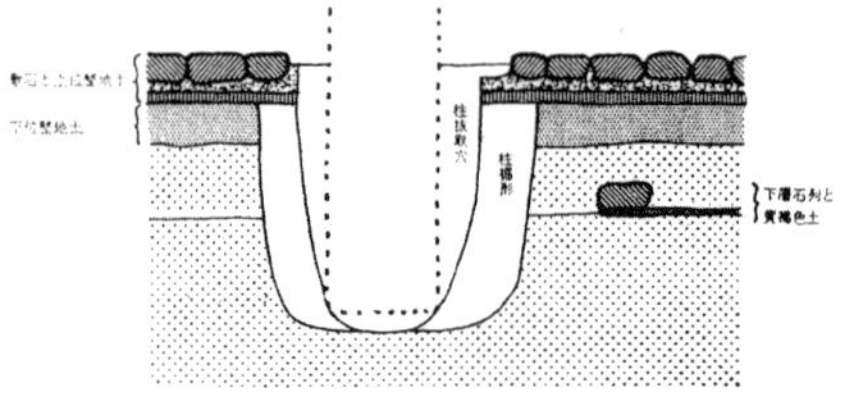
図５　土層断面模式図　第61次（橿考研1978）

部、二〇〇一）、必ずしも天武朝初期と断定できる訳ではない。発掘調査当時の所見では、土器の年代観と出土層位の関係から東南郭造営が藤原宮期かそれに近い時期とみられていたことに注意すべきである（橿考研、一九七八）。概報の記述を引用すると、「図示したものは、SB七七〇一の整地層から出土したものである。1の杯蓋は黄褐色の上位整地土と下位整地土にはさまれるように出土した。（中略）2は、SB七七〇一の下位整地土内から出土したものである。」「今回の調査では少ないながらもSB七七〇一の造営時期の手がかりになる土器の出土を見た。上位整地土中から出土した須恵器は、SB七七〇一の造営時期の上限を示すものであり、杯蓋の特徴は藤原宮の報告におけるⅡａ型式に類似すると考えられる。」（図４）としている。調査時の認識では、下位整地土上面から柱掘形を掘削し、柱を立てた後に上位整地土で整地をした上に敷石で舗装するので（図５）、上記の須恵器杯蓋二点は東南郭造営時期を反映するものと考えざるをえない。したがって東南郭造営時期は天武朝末～持統朝とするのが妥当で、天武朝初期まで遡らせることは困難である。(7)

さて、東南郭正殿SB七七〇一は南門が存在しないことから天皇に関わる施設ではないことは既に述べた。内郭南にある砂利敷き広場（朝庭）の東寄りに位置する東南郭正殿SB七七〇一は、後の藤原宮・平城宮・平安宮と建物配置を比較すると太政大臣・左右大臣の座が設けられた朝堂院東第一堂（平安宮では昌福堂）と位置関係が一致する（図6）。東南郭正殿ＳＢ七〇一を藤原宮朝堂院東第一堂ＳＢ七七〇一と比較してみると、類似点がいくつかみられる。藤原宮において朝堂院東第一堂は他とは別格の規模であり、九間×四間（南北三四・五ｍ×東西一四・四ｍ）の南北棟四面廂建物で、身舎柱間は一四尺、廂の出は一〇尺の規模である。凝灰岩製基壇の東西面各三ヵ所、南北面各一ヵ所に階段が備わっている（奈文研、二〇〇一）（図7）。東第一堂は太政官制において最も重要な施設で、朝政の中心となる建物である。東第一堂について寺崎保広は「議政官がすべて第一堂に集まり、そこで弁官・諸司と取り交わすことが朝政の本質なのであって、東第一堂は単に大臣の堂というより、議政官が集まり国家の最も重

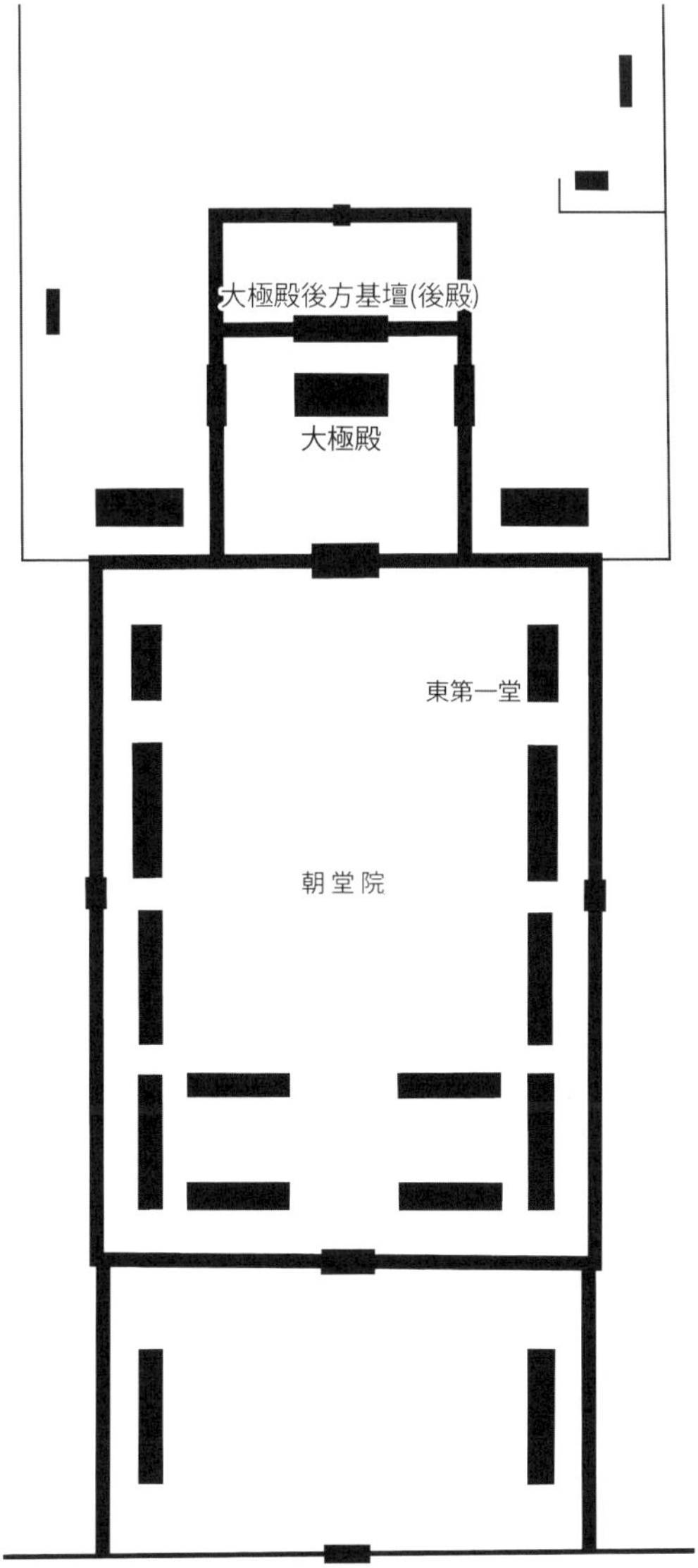

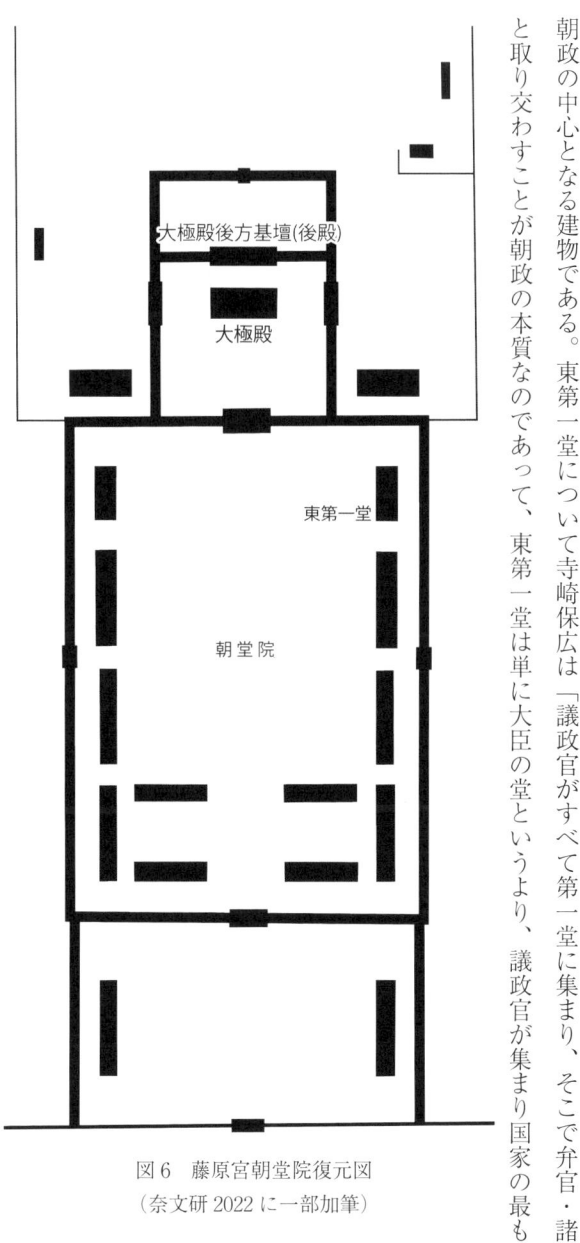

図6　藤原宮朝堂院復元図
（奈文研 2022 に一部加筆）

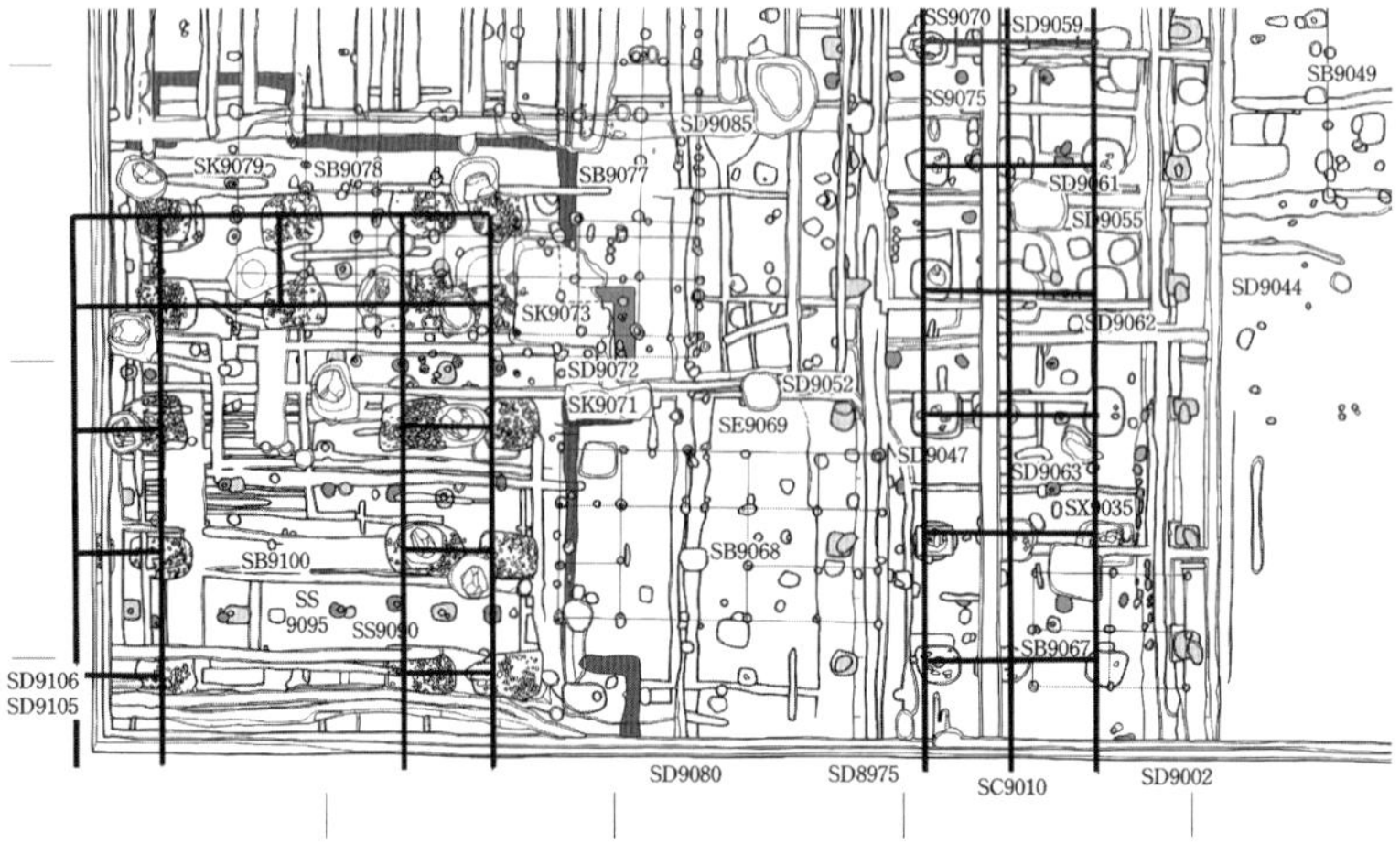

図７　藤原宮朝堂院東第一堂（奈文研 2001 に一部加筆）

要な案件を審議する堂であったといっても過言ではない」とする（寺崎、二〇〇六）。

飛鳥宮跡東南郭正殿ＳＢ七七〇一が宮内において破格の規模であることも律令太政官制の中枢として造営されたと理解でき、藤原宮東第一堂に先行する朝堂として東南郭正殿ＳＢ七七〇一を飛鳥浄御原宮朝堂に比定するのが最も合理的である（鶴見、二〇一五）。また東南郭正殿ＳＢ七七〇一が複数の階段を備えるのは、太政官の聴政に諸司官人が昇降するためと考えてよい。東南郭正殿ＳＢ七七〇一が南面するのは大臣・皇親の朝座として造られた施設であるが故であろう。また東南郭唯一の門となる西門ＳＢ七四〇二は百官人が集う朝庭に面して設けられたもので、朝堂に諸司官人が出入りする朝庭での政務・儀式と深く関わることを示す。

先に掲げた持統四年（六九〇）の朝堂での儀礼に関わる詔は浄御原令の施行とそれに基づく太政大臣・右大臣以下の任官などの流れの中で出されたものである。『日本書紀』には、天武十二年（六八三）二月朔日に大津皇子が朝政を聴いたこと、持統三年（六八九）六月に浄御原令を施行したこと、持統四年七月に高市皇子を太政大臣、多治比嶋を右大臣に任命したことなどがみえ、天武朝末から持統朝にかけて律令太政官制による朝政の制度が整備されていったと考えられる。早川庄八は太政官、大弁官が天武朝に存在し、六官も成立していたとし、「浄御原令官制の特色は、天武朝に並存した太政官と大弁官を統合して一司とし、令制太政官の直接的前身官司を形づくったところにある」とする（早川、二〇〇〇）。天武朝末までに天皇の下に太政官と大弁官が置かれ、浄御原令において大宝令制の直接的前身となる太政官が形成されており、大臣が弁官・諸司の報告を聴く「聴政」を行なう条件は整っていたといえる。このために必要とされた施設が朝堂＝東南郭正殿ＳＢ七七〇一である。

飛鳥浄御原宮における朝堂の成立は、天武朝における天皇に権力を集中させた皇親政治から、浄御原令に基づく太政官政治への転換を示すものである。(8) 飛鳥浄御原宮に難波宮・藤原宮のような朝庭・十二堂を廻廊が取り囲む朝堂院が存在したとは地形的に考えがたいが、飛鳥浄御原宮の朝庭の一角に朝堂が設けられ、太政官・左右大臣・親王の朝座が置かれたことは確実である。そしてこの朝堂の機能が藤原宮朝堂院東第一堂（親王の座は西第一堂）へと継承されたと考えられるので、難波宮から平安宮に至るまでの朝堂院の変遷を理解する上でも重要である。(9)

ここでの議論を簡潔にまとめると、藤原・平城・平安宮にみられる朝堂の起源となる施設（東南郭）が天武朝末～持統朝頃に飛鳥浄御原宮において「朝堂」として成立し、持統四年（六九〇）には浄御原令による任官とともに大臣の座が置かれる朝堂として本格的に機能していたことが知られる。(10) 飛鳥浄御原宮の朝堂（東南郭正殿ＳＢ七七〇一）は過渡的な形態とみられるが、藤原宮朝堂院東第一堂の隔絶性とその意義もここに根源を見いだすことができる。

（2）大極殿・前殿

飛鳥宮に大極殿が存在したか否かという議論は早くからあり、藤原宮大極殿をもって日本における大極殿の成立とする見方と、『日本書紀』に大極殿と記載のある飛鳥浄御原宮を大極殿の始まりとする見方がある。まずは拠りどころとなる『日本書紀』の記事から検討する。天武朝の大極殿に関する記事は四件ある。

①天武十年（六八一）二月甲子（二十五日）。天皇皇后、共居二于大極殿一、以喚二親王諸王及諸臣一、詔之曰、朕今更欲下定二律令一改中法式上。故倶修二是事一。然頓就二是務一、公事有レ闕。分レ人応レ行。是日、立二草壁皇子尊一、為二皇太子一。因以令レ摂二万機一。

②天武十年三月丙戌（十七日）。天皇御二于大極殿一、以詔二川嶋皇子・忍壁皇子・広瀬王・竹田王・桑田王・三野王・大錦下上毛野君三千・小錦中忌部連首・小錦下阿曇連稲敷・難波連大形・大山上中臣連大嶋・大山下平群臣子首一、令レ記二定帝紀及上古諸事一。大嶋・子首、親執レ筆以録焉。

③天武十二年（六八三）正月乙未（七日）。親王以下及二群卿一、喚二于大極殿前一、而宴之。仍以二三足雀一、示二于群臣一。

④朱鳥元年（六八六）正月壬寅朔癸卯（二日）。御二大極殿一、而賜二宴於諸王卿一。

①は律令の制定を命じたものである。この場に親王・諸王・諸臣が召されており、大極殿独自の性格である天皇の独占的空間であったとは認められない。また大極殿の古訓は「オホアンドノ」であり大安殿との区別が明確でない。②は帝紀及び上古諸事の編纂を命じたもので、やはり親王・諸王・諸臣が召されている。古訓は「オホアンドノ」である。③は親王以下群卿を招いて宴を催したもので、臣下との交流の場であって独占的空間とは認められない。古訓は「オホアンドノ」である。④は諸王・諸卿を招いて宴を開いており、先のものと同様である。以上から、天武紀にみえる「大極殿」をもって藤原宮以降の天皇が独占的空間として即位・元日朝賀・改元などを執り行なった大極殿と同一とすることはできない。用語として「大極殿」と『日本書紀』に記されたことは疑いないが、様式

的・機能的に大極殿に相当する施設が飛鳥浄御原宮にあったとすることは困難であろう。天皇の通常の政務は大安殿で執られたのではないだろうか。

大極殿の成立は藤原宮であるとする説が有力であり、狩野久は「藤原宮の大極殿は内裏前殿とはちがい、内裏から独立した別空間を形成し、一回性の掘立柱建物ではなく、基壇を築いた恒久的な礎石建物を採用している。このようにして、大極殿は一方においては朝堂の正殿たる性格を付与されるようになる。」「天皇（あるいは大王）の即位がそれまでは内裏という私的空間のなかで行なわれていたものが、朝堂の正殿たる大極殿で行なわれるようになるのは、天皇位が朝堂の儀礼という国家的儀礼の場で確認されることが求められたことにほかならない。そのような古代天皇制は、藤原宮の大極殿で初めて即位礼が行われた文武において確立をみた。」とする（狩野、一九九〇）。また鬼頭清明は「前期難波宮や浄御原宮の中心殿舎がすべて安殿系の名称でよばれ、公的政治の場というよりは、天皇の居住空間としての性格が強かった。」「機能や構造からのみでなく、名称についても、日本における大極殿の成立は藤原宮においてなされたものであり、その大極殿は唐の長安城のそれをみならったものであると考える」「日本における大極殿は、公的儀式の場としての機能を持ち」「藤原宮ではじめて成立した。また呼称自体も藤原宮大極殿が確実に認められる最初のものである。」「藤原宮以前の、前期難波宮や浄御原宮の正殿のあり方と、藤原宮の大極殿とのあいだには画期的な飛躍があったと考えざるを得ない。」とする（鬼頭、二〇〇〇）。奈良時代の大極殿についても橋本義則は「大極殿に天皇が出御して執り行われる儀式はきわめて限定されており、基本的には元日朝賀と即位儀だけであったことになろう」「大極殿が基本的には元日朝賀や即位儀に限定して使用されたらしい」とする（橋本、二〇一一b）。

これらと比較すると、飛鳥浄御原宮の「大極殿」は利用形態において必ずしも特殊なものとはみなしがたく、また建物遺構の大きさをもって大極殿と判断することは一面的な評価とならざるをえない。飛鳥宮での元日朝賀や告朔が朝庭を儀礼の場としたとすれば、天皇が出御したのは内郭南区画正殿ＳＢ七九一〇をおいて他にはない（図8）。『日本書紀』持統三年（六八九）正月甲寅（朔日）の記事に「天皇朝二万国于前殿一」とあるので、元日朝賀に際し天皇が出御した殿舎は「大極殿」ではなく「前殿」であったことがわかる。内郭南区画正殿ＳＢ七九一〇の北面に石敷き通路ＳＸ七九一七が内郭北区画から南北方向へ敷設されたのは、朝庭での儀式において天皇が出御するために御在所区画の南端から朝庭を臨む南区画正殿ＳＢ七九一〇へ入ることが目的である。また南区画正殿ＳＢ七九一〇に正面階段がない点も重要であり、南門を挟んで朝庭に列立する百官人の前に出御するための建物であった[11]。

以上から飛鳥浄御原宮に大極殿は存在しなかったと考え、飛鳥宮跡東南郭正殿ＳＢ七七〇一は「大極殿」ではなく朝堂と考える。飛鳥浄御原宮朝庭の東側に太政大臣・左右大臣らの座を設ける朝堂が配置された。内郭南門ＳＢ八〇一〇の前に配置された広い空間が百官人の集う儀式の場として使用され、前殿が天皇出御の場であったとみてよい。なお、内郭南区画について後飛鳥岡本宮段階では内郭南区画正殿ＳＢ七九一〇を中心にその前庭と脇に設けられた「庁」ＳＢ八五〇五・ＳＢ七四〇一によって構成され、狭い空間での天皇と有力臣下の距離が近い政治形態がとられたと推測される。

飛鳥浄御原宮には大極殿は存在せず、飛鳥宮跡では内郭南門ＳＢ八〇一〇を挟んで朝庭に臨む建物となる内郭南区画正殿ＳＢ七九一〇が元日朝賀・即位儀を執り行なうための施設となる役割を担った。東南郭正殿ＳＢ七七〇一は「大極殿」ではなく、内郭南区画正殿ＳＢ七九一〇が朝庭に列立する官人の前に天皇が出御する施設と考えることにより、初めて飛鳥浄御原宮を宮中枢部の系譜上に正しく位置付けることが可能になる。このように考えると、朝庭の東側に朝堂が置かれその北側に門があり大型建物に天皇が出御するという宮中枢部の基本構成が、前期難波

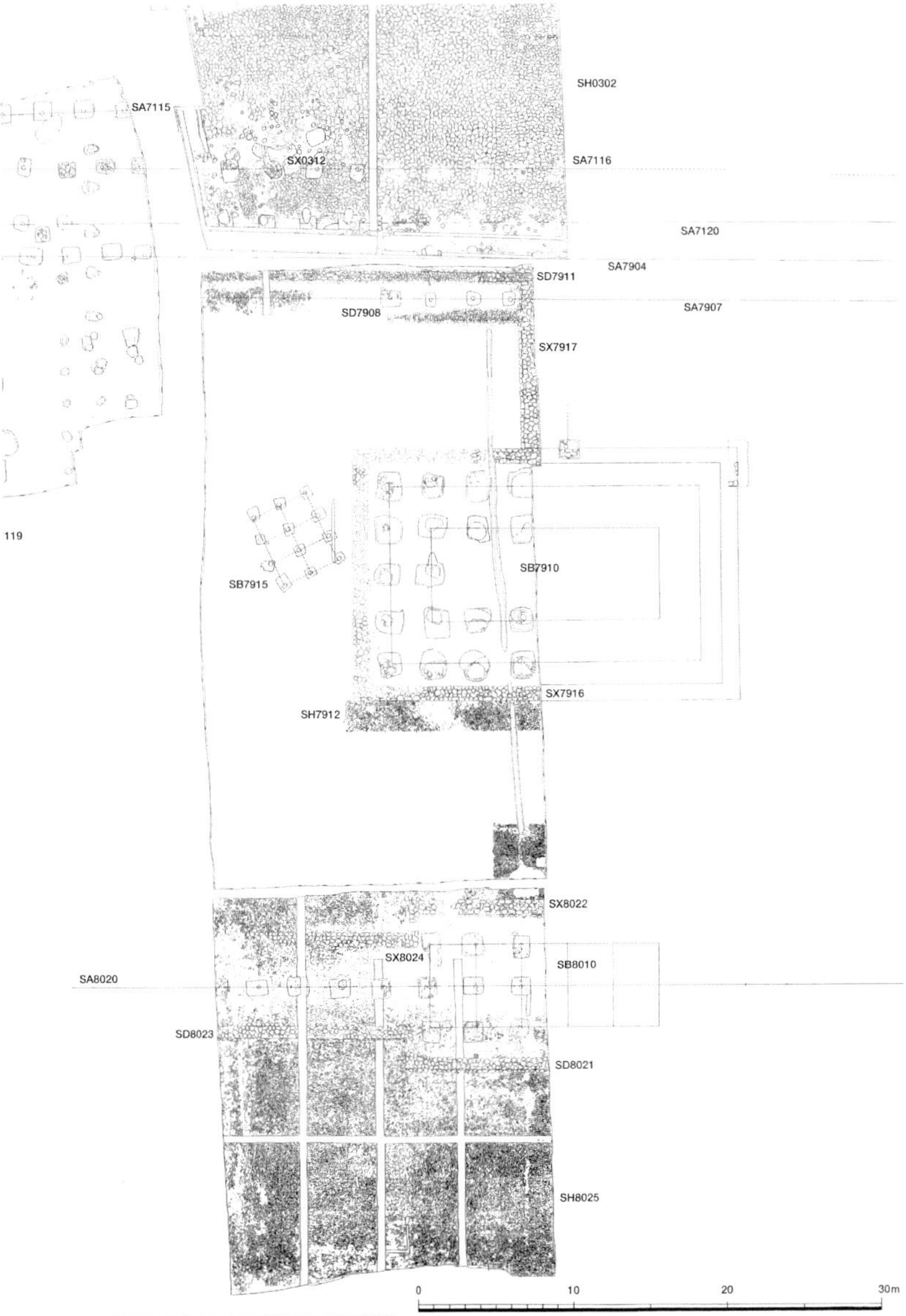

図 8　内郭南区画中心建物遺構図（橿考研 2008）

宮跡・飛鳥宮跡Ⅲ-B期遺構・藤原宮・平城宮東区朝堂院に共通のものであることが知られる。飛鳥浄御原宮の前殿は内郭南区画正殿SB七九一〇に該当し、前殿は藤原宮大極殿へ一部機能が継承され、さらに平城宮東区朝堂院の大極殿下層建物にまで繋がるものとみられ、基本構成がその後も継承されたと判断される。

（3）内　裏

飛鳥浄御原宮の内裏殿舎に関しては『日本書紀』に具体的な記事が複数みえる。天武十年（六八一）正月丁丑（七日）の記事は「天皇御二向小殿一而宴之。是日、親王諸王、引二入内安殿一。諸臣皆侍二于外安殿一。共置酒以賜レ楽。則大山上草香部吉士大形、授二小錦下位一。仍賜レ姓曰二難波連一」とあり、内裏には向小殿・内安殿・外安殿の殿舎があり、安殿は内安殿と外安殿の区別があった。親王諸王は内安殿まで天皇に引き入れられたのに対し、諸臣は外安殿で留まっていたことがわかる。天武十四年（六八五）九月辛酉（十八日）の記事は「天皇御二大安殿一、喚二王卿等於殿前一、以令二博戯一。是日、宮処王・難波王・竹田王・三国真人友足・県犬養宿禰大侶・大伴宿禰御行・境部宿禰石積・多朝臣品治・釆女朝臣竹羅・藤原朝臣大嶋、凡十八人、賜二御衣袴一」とあり、内裏にある大安殿の前庭に天皇が王卿らを招いている。右の記事にある向小殿・内安殿・外安殿と大安殿が天皇の御座所となる施設であり、外安殿・大安殿までは宴などで諸卿・諸臣が立ち入ることができたのに対し、内安殿は親王・諸王など天皇に特別に招かれたごく限定された者のみが入ることを許可された特別な殿舎であった。

発掘調査によって判明した飛鳥宮跡の内裏に該当する内郭は柱列による方形区画であり、内部は東西方向の柱列群を境に二つの区画に区分される。これらは便宜的に南区画・北区画と呼ばれている（橿考研、二〇〇八）。両者の相違部分で顕著なものの一つが、南区画が礫敷きの空間であるのに対し北区画が全面的に石敷きの空間とされることである。石敷きの空間は内郭北区画にほぼ限定されることから天皇の独占的な空間、礫敷きは内郭南区画のみならず内郭の南方や東方などにもみられることから官人らの出入りがある空間と判断されている。特に、北区画から南方へ延びる石敷き通路SX七九一七が南区画正殿SB七九一〇北面に接続し、天皇が北区画から南区画正殿に出御する際の通路となる部分のみが石敷きで周囲の礫敷きとは異なることは、石敷き・礫敷きの格式の相違を如実に示すものである。

内郭南区画正殿SB七九一〇は東西七間×南北四間の四面廂付掘立柱建物で、柱間は身舎が一〇尺等間隔、廂の出が九尺の大型建物である。建物の周囲には帯状の石敷きが巡り柱間に対応する敷石の欠損がないことから、先に述べたように階段施設は正面や側面には存在しなかった可能性が高い[12]。南区画正殿SB七九一〇には前期難波宮跡のような後殿（内裏前殿と後殿が軒廊で接続される）は存在しないものの、天皇出御のための殿舎であるとみられる。

内郭北区画は中軸線上に北区画南正殿SB〇三〇一と北正殿SB〇五〇一が配置され、その背後には長廊状建物SB六二〇五がある（図9）。さらにその北側および東西両側に二面廂で妻側に階段を備える高床の大型建物SB七一二五・SB六二一五・SB六四〇五・SB六〇一〇・SB七三六五が配置される。内郭北区画の中心殿舎となる南正殿SB〇三〇一と北正殿SB〇五〇一は同一平面の大型建物で、正面が偶数間であることから建物中央に天皇が御して儀式を行なうことを強く意図したものではない。また廊下状の建物を介して東西両側に建物が接続し、東西方向に長い建物群を構成する。こうした相違点は南区画正殿とは殿舎の性格が異なるものと判断できよう。

また内郭に関連する大型掘立柱建物として、飛鳥京跡第一六五次調査で内郭北西部に隣接して検出した大型建物SB〇九三四が注目される（図10）。この建物は南北に二面の廂をもち、さらに東西両面にも廂がある飛鳥宮跡では他にみられない特殊な平面の建物である（橿考研、二〇一四）。柱間は一〇尺を基本とするものの東西両端間のみを一四尺とし、柱掘形は一辺約一・七m、深さ約一・七mを測ることから内裏正殿に匹敵する規模の大型建物となる。

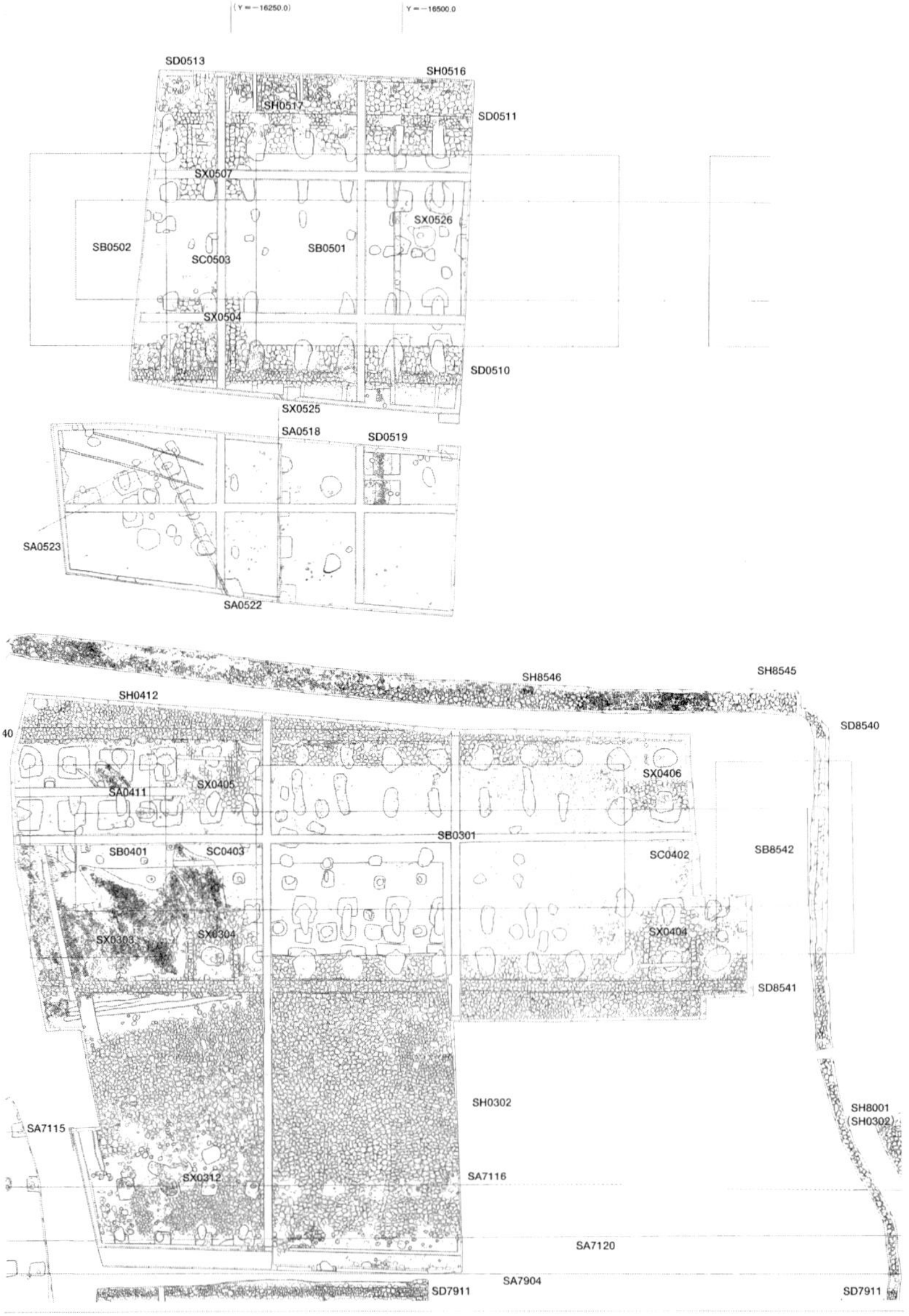

図 9　内郭北区画中心建物遺構図（橿考研 2008）

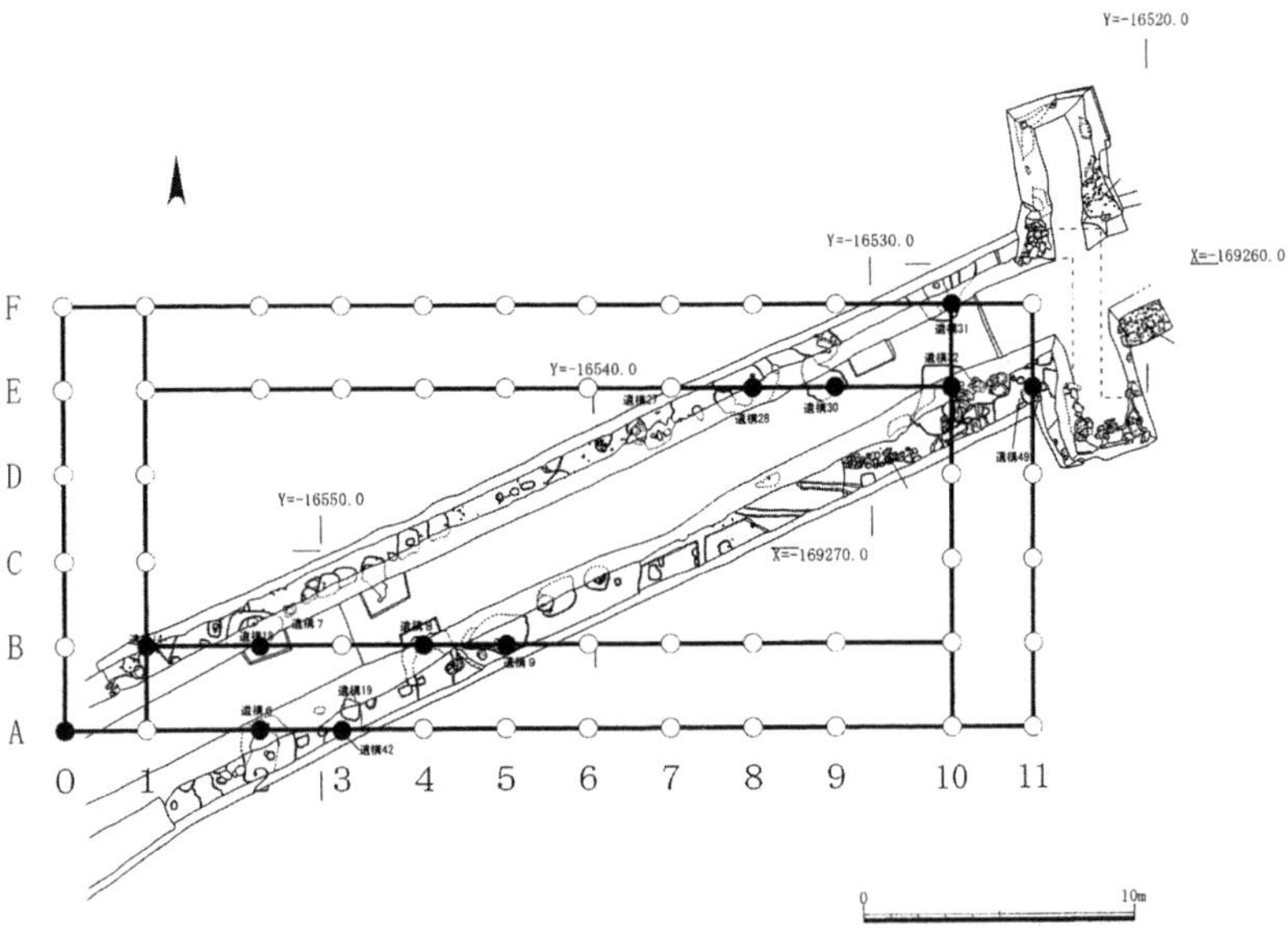

図 10　第 165 次調査 5 地区 SB0934 復元案（橿考研 2014）

またこの南で実施された飛鳥京跡第一八九次調査では掘立柱建物ＳＢ〇二二〇一を検出している。この建物はＳＢ〇九三四の南約二五ｍの位置にあり、南北二間×東西三間以上で柱間は西端から順に一二尺・一四尺・一〇尺を測る。ＳＢ〇二二〇一は西側柱筋がＳＢ〇九三四のと西側柱筋と一致し、桁行方向の柱間の取り方の特徴も一致することから、一つの区画を構成する建物群として規則的に配置されたものと考えてよい（橿考研、二〇二二）。建物の配置からみると、大型建物ＳＢ〇九三四の南に前庭が存在したことも想定してよいだろう。

さて、ＳＢ〇九三四は内郭北区画両正殿とは異なり、むしろ平城宮内裏正殿（特に平城宮内裏第Ⅰ期のＳＢ四六〇やＳＢ四七〇〇）に類似する特殊な構造の大型建物である。共通点としては切妻形式の大型掘立柱建物で柱間一〇尺を基本とし、南北廂付きで東西脇間のみ柱間が一四尺と広い、東西両面にも廂が付くなどを挙げることができる。また、大型建物ＳＢ〇九三四は遺構の切り合い関係や出土遺物の年代観から造営時期を決めることが難しいが、Ⅲ-B期に増築されたものである可能性が高い。大型建物SB〇九三四が内郭の中軸線上に位置していないことについては、飛鳥川右岸の地形に制約受けたことが第一の理由であろう。この建物の立地は飛鳥川右岸の自然堤防上にあたり地盤が安定している。その東側の中軸線上は後背湿地となり岡寺山からの谷が合流し湧水が多く地盤が悪い。

以上、飛鳥宮跡内郭の殿舎名比定についてまとめる。『日本書紀』にみえる建物の使用法や平城宮の殿舎名（橋本、二〇一一b）をも考慮すると、内郭北区画南正殿SB〇三〇一は大安殿、内郭北区画北正殿SB〇五〇一は内安殿にあてられる。南区画正殿SB七九一〇は『日本書紀』持統三年正月甲寅朔条の「前殿」にあてられる。大安殿は内裏正殿とみるのが正しく（岸、一九八八a）、橋本義則が大安殿を宴・君臣一体感醸成の場、内安殿を君臣秩序を明確にする場と検討したように（橋本、二〇一一b）、外安殿は天武十年（六八一）正月丁丑（七日）の記事で内安殿との対で記述されることから北区画南正殿SB〇三〇一と同一とみてよいだろう。

内郭北西の大型建物SB〇九三四を皇后宮の施設とする意見もあるが、[13] 内裏の中に皇后宮が置かれるのは奈良時代末以降であるため（橋本、二〇一一a）、天皇の日常空間を新規に設定したものとするのが妥当である。強いて殿舎名を比定するならば、朱鳥元年（六八六）正月己未（十八日）に御在所としてみえる「御窟殿」、朱鳥元年七月丙寅（二十八日）の「宮中御窟院」がその可能性が高い。

三　宮の系譜　—飛鳥宮から平安宮まで—

以上の検討によれば、飛鳥宮跡の殿舎名は以下のように比定することができる（図11）。

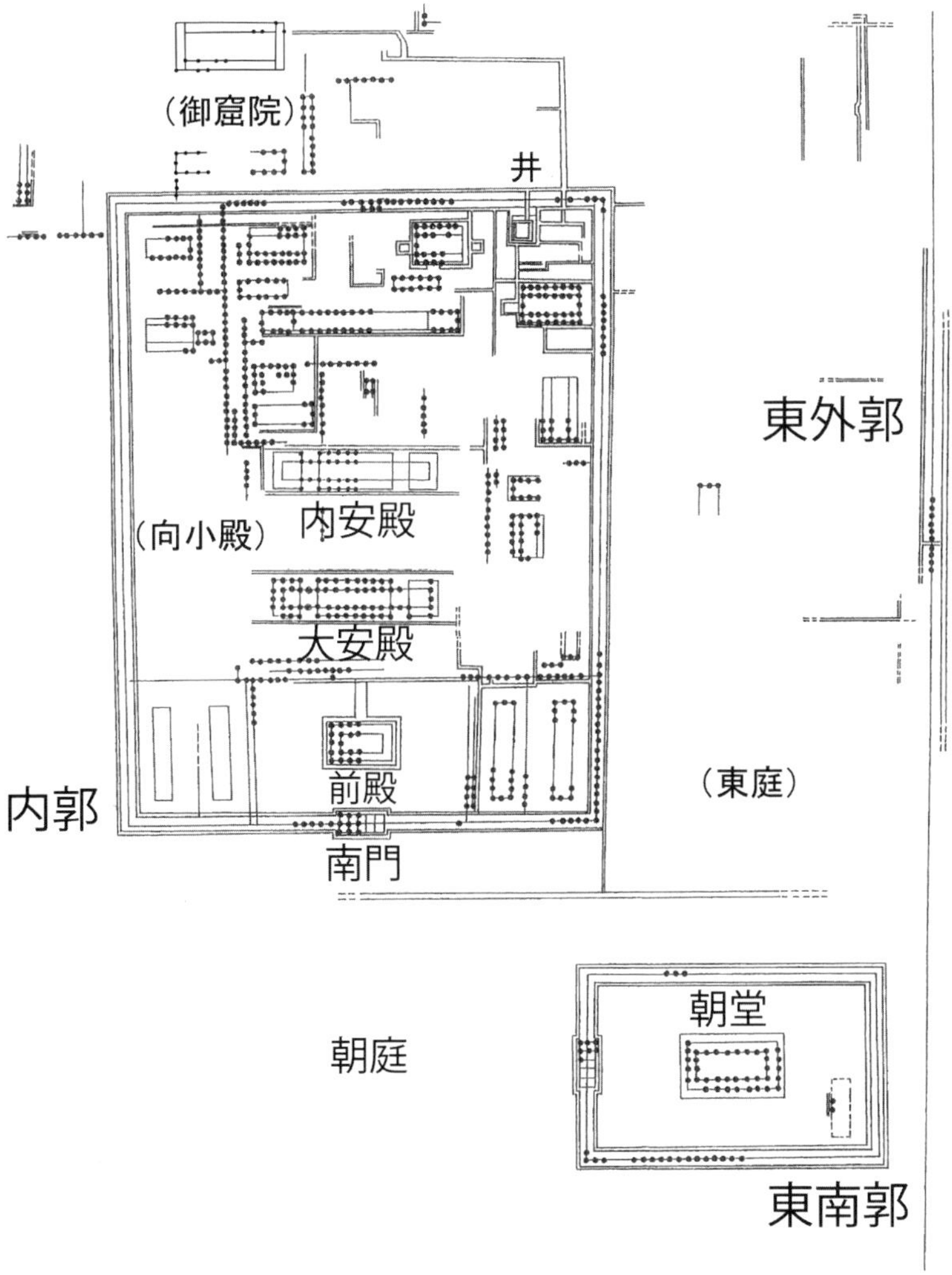

図 11　飛鳥宮跡Ⅲ B 期殿舎名比定（橿考研 2008 に加筆）

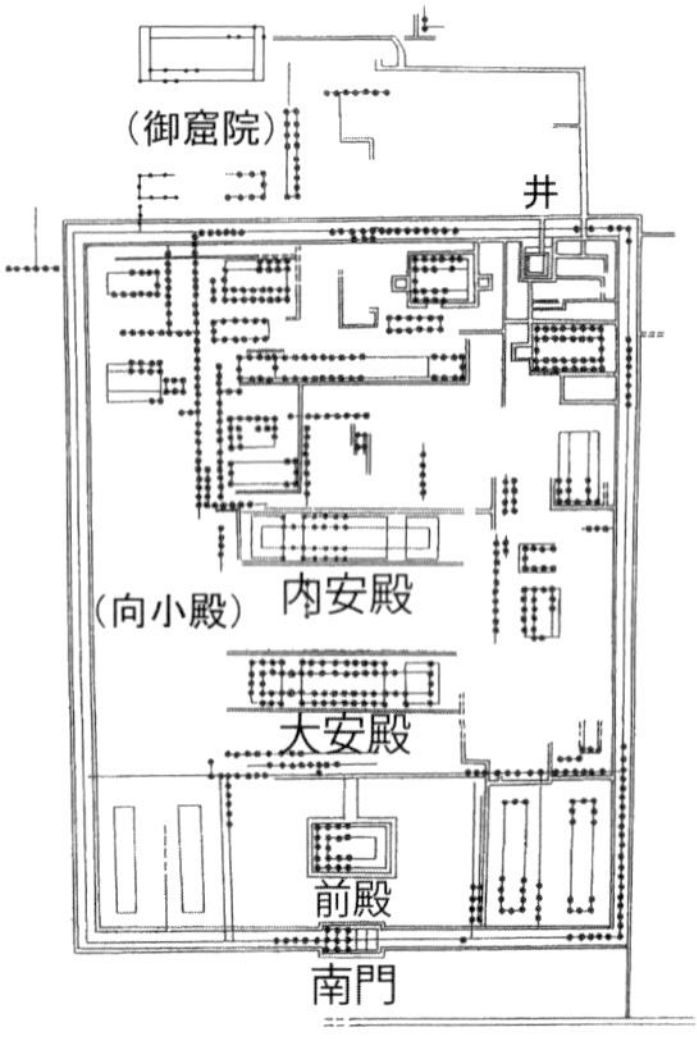

図12　飛鳥宮跡Ⅲ B 期内郭
（橿考研 2008 に加筆）

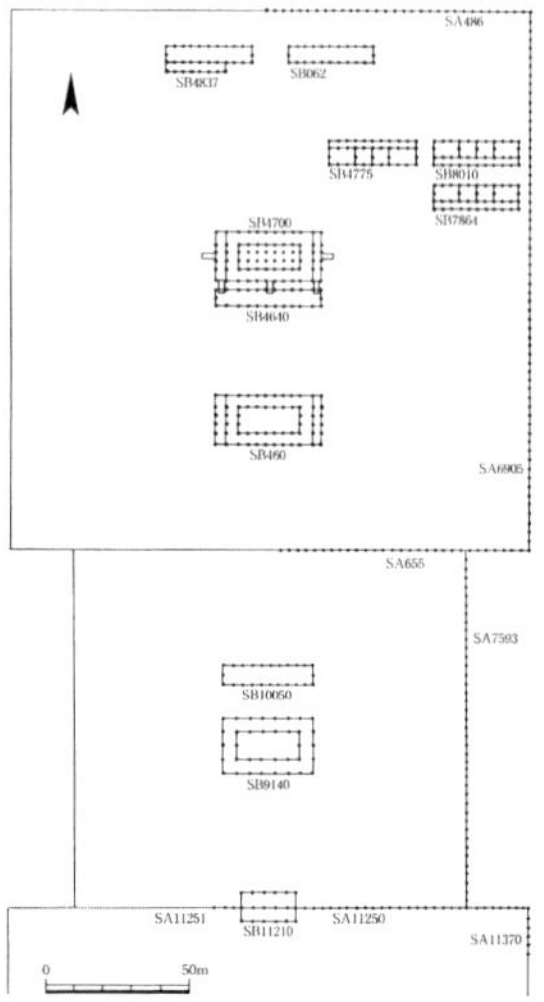

図13　平城宮内裏第Ⅰ期（奈文研 1991）

朝　堂＝東南郭正殿ＳＢ七七〇一
前　殿＝内郭南区画正殿ＳＢ七九一〇
大安殿＝内郭北区画南正殿ＳＢ〇三〇一
内安殿＝内郭北区画北正殿ＳＢ〇五〇一

飛鳥宮の基本的な空間構成は、南から朝庭、南門、前殿、大安殿、内安殿が中軸線上にあり、朝庭の東寄りに朝堂が設けられた。天皇の御在所である内郭北区画には二つの安殿が南北に並び、内安殿が内裏の中心部分に配置された。また内安殿の北側には、比較的大型の切妻屋根建物が多数配置された（図12）。こうした空間構成は平城宮内裏第Ⅰ期にもみられ、少なくとも七世紀後半から八世紀前半にかけての宮の基本構造と評価してよいであろう。平城宮内裏第Ⅰ期では、内裏の中心に内安殿ＳＢ四七〇〇（正確に表現するとＳＢ四七〇〇南面中央が内裏の中心）が置かれ、その南に同規模の大安殿ＳＢ四六〇が配置された（橋本、二〇一一ｂ）（図13）。内裏の二つの正殿のレイアウトは飛鳥宮と平城宮で完全に一致し、内安殿を内裏中心に置いた建物配置が、恐らくは藤原宮を経て平城宮まで継承さ

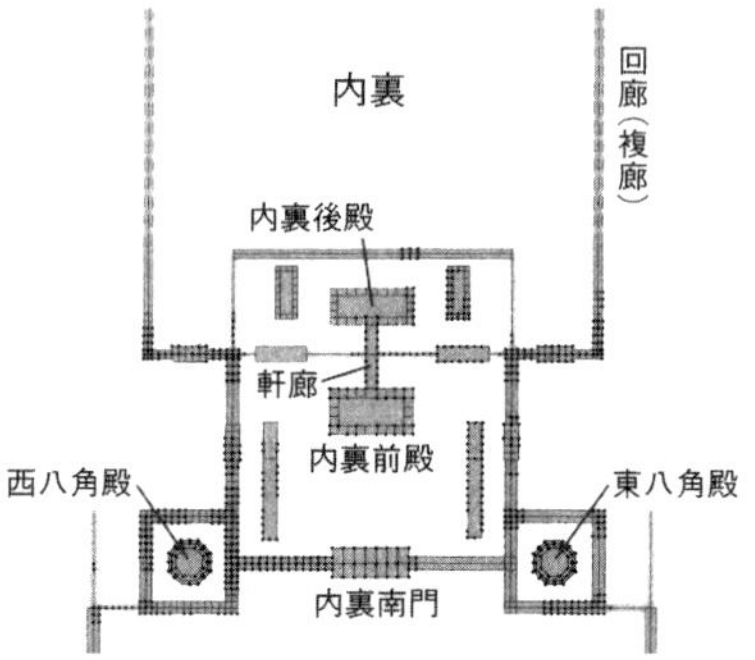

図15　難波長柄豊碕宮内裏（積山2014）

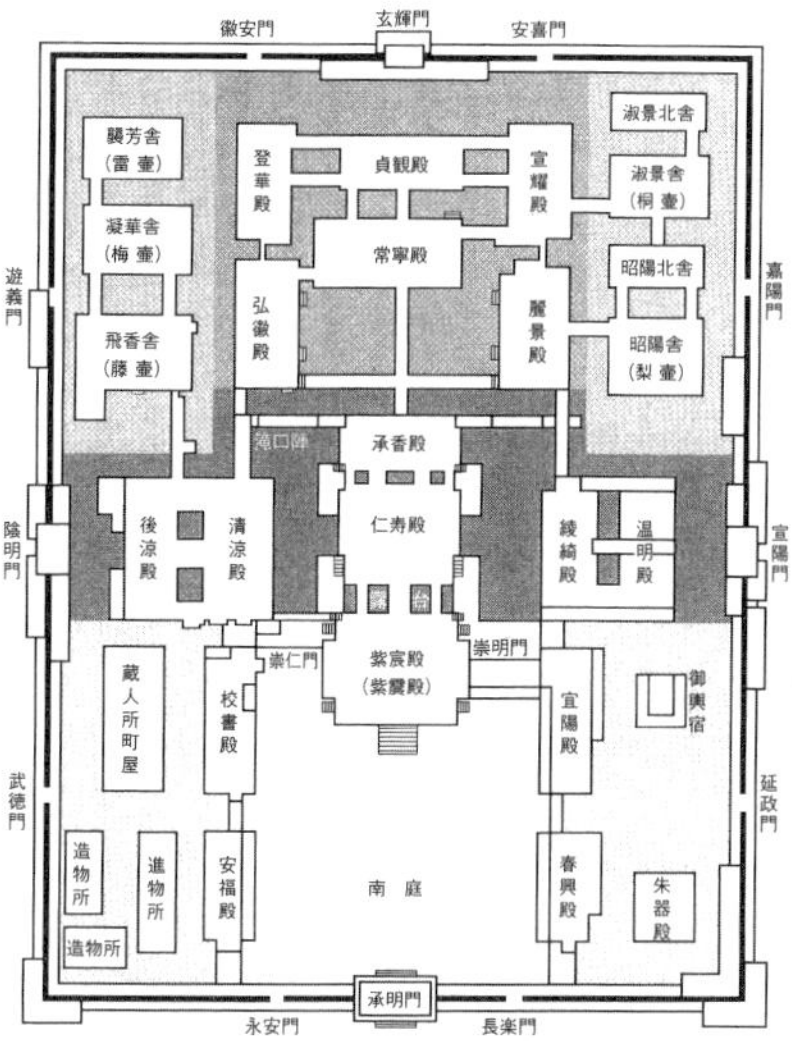

図14　平安宮内裏（橋本2011）

れたと考えられる。[14] 飛鳥宮・平城宮の内裏はほぼ正方形で、中心に内安殿、その南に大安殿を配置するが、これは平安宮でも共通するものであり、平安宮では正方形に近い長方形の内裏中央に仁寿殿を置き、その南に紫宸殿を配置する（鈴木、一九九〇）（図14）。橋本義則が指摘するように大安殿―内安殿構造から前殿―寝殿構造への変化が奈良時代後半にみられるものの（橋本、二〇一一c）、内裏の空間構成は平城宮内裏第Ⅱ期以降に変容しながら平安宮まで基本的に継続したといえる。また内裏正殿の平面プランについては、飛鳥宮跡内郭北区画正殿の形式はその後採用されず、飛鳥宮跡内郭北西に増設された大型建物SB〇九三四の形式が平城宮内裏にも採用された。

一方で大極殿・朝堂院の位置関係は変動が多く、難波宮の配置（図15）が藤原宮に継承されたものの（ただし難波宮は掘立柱建物＝和風建築、藤原宮は礎石建ち・瓦葺き建物＝唐風建築）、平城宮に遷ると朝堂院は中央区（礎石建ち・瓦葺き建物＝唐風建築）と東区（掘立柱建物＝和風建築）が並立し国家的儀式は大極殿がある中央区で、日常的な朝政は東区朝堂院で行なわれるようになった。聖武朝以降は内裏の構成は複雑に変化するが長岡宮で再び統合される。しかし平安宮では朝堂院と豊楽院に分離されたことから、伝統を保守する内裏とは異なって大極殿・朝堂院はどの時代においても政治的事情その他の理由によりプランが変更されやすいものであった。

七世紀から九世紀にかけての宮中枢部分のあり方を概観すると、内裏と大極殿・朝堂院とでは上記のような違いがあり、後者は大極殿の焼失や朝堂院での執務衰退を契機として政務・儀礼が内裏に収束・完結するようになる。公卿は天皇の侍臣化し「太政官制の主要部分が内裏＝天皇に吸収されてゆく」（橋本、二〇一八）。こうした形態は七世紀の飛鳥宮跡内郭で天皇・群卿によって行なわれた政治形態と潜在的に繋がるものがあるように思われる。

おわりに

以上、飛鳥宮跡の発掘調査成果に基づく飛鳥浄御原宮の空間構造の分析と殿舎比定を行ない、平城宮・平安宮へもその要素が継承されていることについて論じた（図16）。

飛鳥宮跡における東南郭正殿（朝堂）の成立は、天皇に権力を集中させた天武朝における皇親政治から浄御原令に基づく太政官政治への転換という意義をもち、律令太政官制の重要性が増大したことを示している[15]。天武〜持統朝における「朝堂」の成立によって天皇の空間と臣下の空間は明確に分離され、内郭南区画正殿＝前殿は天皇による独占的性格を強めることとなる。天皇と臣下の距離を大きくする動きは　天武朝における天皇の地位を相対的に「絶対化」させるものであり、律令太政官制・律令官僚制の形成過程を如実に表すものと評価できる。

大極殿は飛鳥宮では未成立で、内裏から朝庭へ出御するための施設「前殿」として内郭南区画正殿・南門が難波宮と同様に飛鳥宮で天皇出御の殿舎として造営された。藤原宮では前殿の機能が大極殿に一本化されたが、平城宮では中央区（唐風）と東区（和風）とに分化し、さらに聖武朝の遷都を挟んで宮の構成は複雑に変化した。長岡宮では朝堂院が一つに戻ったが、平安宮では朝堂院と豊楽院に分化することで落ち着いた。

内裏について、飛鳥京跡第一五一次・第一五三次調査により内郭北区画中央に二棟の正殿が南北に並ぶことが明らかになり、内裏の基本的な配置を七世紀後半にまで遡って検証することが初めて可能となったことは意義深い。先に述べたように飛鳥宮跡内郭北区画北正殿ＳＢ〇五〇一（内安殿）は内郭北区画の中心に位置し、内裏において最も重要な殿舎であることがわかる。内郭北区画南正殿ＳＢ〇三〇一（大安殿）は内郭北区画の南寄りに位置し、前面に広い庭を備えることから内裏区画の中でより公的な政務・儀礼を行なう施設であった。平安宮までの内裏部分については、中央部分は大安殿・内安殿の大型殿舎が南北に二棟並ぶ空間構成が飛鳥宮から平城宮を経て継承され、平安宮では大安殿が紫宸殿に、内安殿が仁寿殿に名を変えながら基本的な配置が存続した。

こうした点を踏まえると、飛鳥宮から平安宮まで連続する要素を明確に見出すことができる。さらに、宮中儀式のいくつかが天武朝にすでにみえていることを考慮すれば、飛鳥宮と平安宮の間には大きな断絶があるとすることはできず、むしろ逆に平安宮をもとに遡及的に飛鳥宮を追究することにも一定の有効性があるものと期待できる。

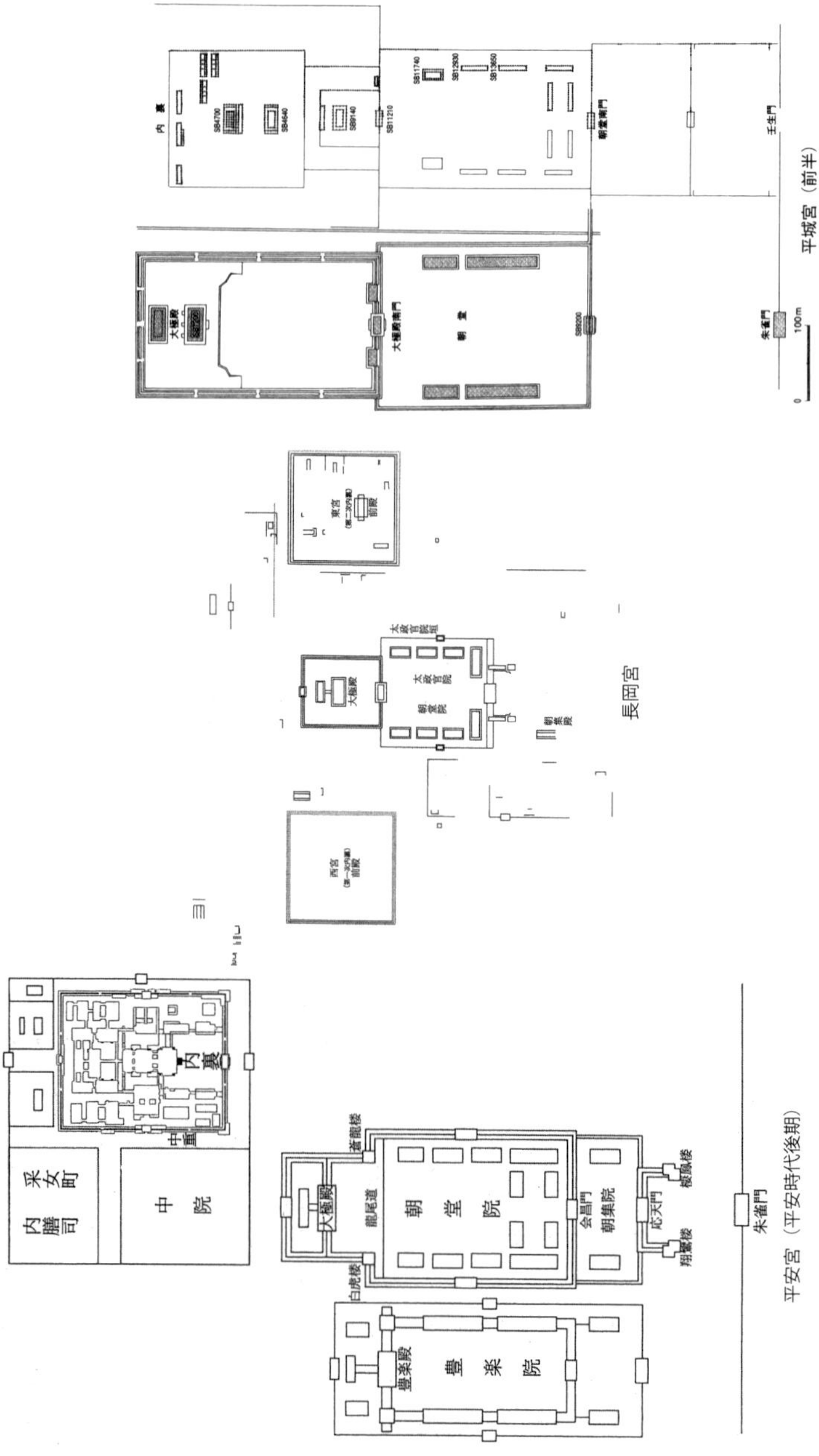
平城宮（前半）
内裏
大極殿
大極殿南門
朝堂
朝集殿南門
朱雀門
壬生門
100m
長岡宮
太政官院
朝堂院
大極殿
朝集殿
平安宮（平安時代後期）
内裏
采女町
内膳司
中院
大極殿
龍尾道
朝堂院
会昌門
朝集院
応天門
蒼龍楼
白虎楼
棲鳳楼
翔鸞楼
朱雀門
豊楽殿
豊楽院

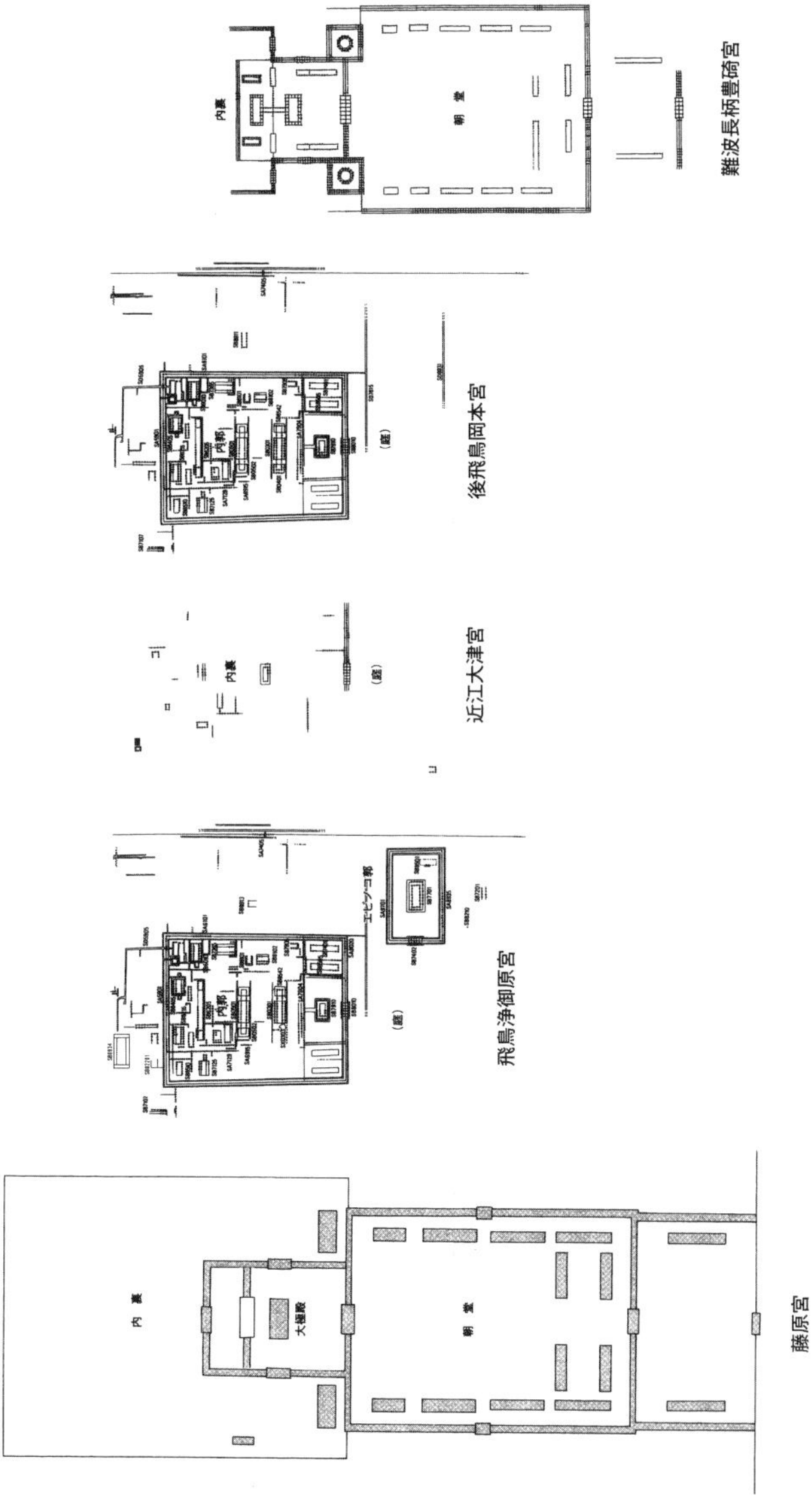

図 16　古代宮都中枢部の変遷（筆者作成）

注

（1）エビノコ郭は遺構発見時に所在地の小字名をとってエビノコ郭と仮称されたが、小澤毅が提唱するように東南郭と呼ぶのが客観的であり妥当と考える（小澤、二〇〇三）。

（2）このほか『三代実録』元慶八年（八八四）五月二十九日条引用の和銅六年（七一三）十一月十六日官宣にも「親王太政大臣出二入朝堂一者。…」と上位者入堂時の礼儀に関する規定がみえる。

（3）山元章代は上記の詔について藤原宮での儀礼を規定して先行して出されたものとするが（山元、二〇〇七）、誤りであろう。

（4）なお、東南郭の北方にも広範囲のバラス敷きを確認しており（飛鳥京跡第八一次・第一七九次・第一八三次調査）、天武朝「東庭」にあたる可能性がある。またⅡ期遺構の真南に位置することからこの部分は飛鳥板蓋宮の朝庭でもあった可能性がある。

（5）南辺は第一一六次調査、北辺は第一三六次調査、西辺は第一三三次調査で検出しているが、東辺は未確認であるため正殿ＳＢ七七〇一の中軸線を基準に反転復元した数値としている。

（6）小澤毅は、階段の出の寸法と想定角度から床高一・六ｍ以上と推測する（小澤、二〇〇三）。

（7）林部均は当時発掘調査を担当した菅谷文則に「廃絶後その上面を覆った整地土層（跡地整理）から出土したものであることを確認した」とするが（林部、二〇〇一）、こうした口頭での遣り取りによって層位関係の解釈を変更することは客観性を損なうものである。また小澤毅も林部と同様に調査時の理解に疑問を呈している（小澤、二〇〇三）。

（8）ただし太政大臣に皇子、右大臣に旧皇族が任命されたことから持統四年（六九〇）段階ではまだ過渡期だったとみられる。また平安宮延休堂につながる親王の座も飛鳥宮跡では東南郭正殿が兼ねたであろう。

（9）なお朝堂院東第一堂は平城宮後半の朝堂院以降は他の朝堂との隔絶性が解消され、太政官曹司へと政務の場が移ることによって優位性が低下したらしい（寺崎、二〇〇六／橋本、一九九五）。

（10）前期難波宮跡でも東西に朝堂が並ぶ朝堂院の遺構があるので、難波長柄豊碕宮においても少なくともその理念はあったとみてよい。

（11）正面に階段が付かないのは高御座も同様であり天皇は北面から登壇した（古尾谷・箱崎、一九九七）。

（12）『飛鳥宮跡Ⅲ』は階段の痕跡が存在するとあるが、東南郭正殿のような明確なものではない。

（13）相原嘉之は「天皇に準じる人物とすれば、皇后以外にない」「内郭（天皇宮）外にある正殿宮の建物は、皇后宮の可能性がある」とする（相原、二〇一七）。

（14）藤原宮内裏については発掘調査が進まないため詳細が不明だが、やはり大極殿院の北側に正方形の内裏を想定できるだけの空間がある。

（15）ただし太政大臣は皇子、右大臣は旧皇族が任命されており、皇親政治の影響を残した過渡期だったとみられる。

参考文献

相原嘉之、二〇一七「飛鳥浄御原宮の宮城―官衙配置の構造とその展開―」（『古代飛鳥の都市構造』吉川弘文館）

小澤　毅、二〇〇三『日本古代宮都構造の研究』青木書店

小澤　毅、二〇一八『古代宮都と関連遺跡の研究』吉川弘文館

狩野　久、一九九〇「律令国家と都市」（『日本古代の国家と都城』東京大学出版会）

岸　俊男、一九八八a「朝堂の初歩的考察」（『日本古代宮都の研究』岩波書店）

岸　俊男、一九八八b「難波の都城・宮室」（前掲著書）

鬼頭清明、二〇〇〇「日本における大極殿の成立」（『古代木簡と都城の研究』塙書房）

志村佳名子、二〇一五『日本古代の王宮構造と政務・儀礼』塙書房

鈴木　亘、一九九〇『平安宮内裏の研究』中央公論美術出版
積山　洋、二〇一四『東アジアに開かれた古代王宮　難波宮』〈シリーズ「遺跡を学ぶ」九五〉新泉社
鶴見泰寿、二〇一五『古代国家形成の舞台　飛鳥宮』〈シリーズ「遺跡を学ぶ」一〇二〉新泉社
寺崎保広、二〇〇六「朝堂院と朝政に関する覚書」（『古代日本の都城と木簡』吉川弘文館）
奈良国立文化財研究所、一九六二『奈良国立文化財研究所学報一〇　平城宮跡第一次伝飛鳥板蓋宮跡発掘調査報告』
奈良国立文化財研究所、一九九一『平城宮発掘調査報告書ＸⅢ　内裏の調査Ⅱ』）
奈良文化財研究所、二〇〇一『奈良文化財研究所紀要』二〇〇一
奈良文化財研究所、二〇二二『藤原宮大極殿院の調査（飛鳥藤原第二一〇次調査現地見学会資料）』
奈良県教育委員会、一九七一『飛鳥京跡一』奈良県史跡名勝天然記念物調査報告第二六冊
奈良県教育委員会、一九八〇『飛鳥京跡二』奈良県史跡名勝天然記念物調査報告第四〇冊
奈良県立橿原考古学研究所、一九七八「飛鳥京跡昭和五十二年度発掘調査概報」（『奈良県遺跡調査概報一九七七年度』）
奈良県立橿原考古学研究所、一九九八『飛鳥京跡　第一三六～一三九次、豊浦寺第三次他発掘調査概報』（『奈良県遺跡調査概報一九九七年度』）
奈良県立橿原考古学研究所、二〇〇八『飛鳥京跡Ⅲ』奈良県立橿原考古学研究所調査報告第一〇二冊
奈良県立橿原考古学研究所、二〇一一『飛鳥京跡Ⅳ』奈良県立橿原考古学研究所調査報告第一〇八冊
奈良県立橿原考古学研究所、二〇一二『史跡・名勝　飛鳥京跡苑池一　飛鳥京跡』奈良県立橿原考古学研究所調査報告第一一一冊
奈良県立橿原考古学研究所、二〇一四『飛鳥京跡Ⅵ』奈良県立橿原考古学研究所調査報告第一一七冊
奈良県立橿原考古学研究所、二〇二二『史跡　飛鳥宮跡（飛鳥京跡第一八九次調査）現地説明会資料』
仁藤敦史、二〇一一『都はなぜ移るのか　遷都の古代史』吉川弘文館

橋本義則、一九九五「朝政・朝儀の展開」（『平安宮成立史の研究』塙書房）
橋本義則、二〇一一『古代宮都の内裏構造』吉川弘文館
橋本義則、二〇一一a「内裏と皇后宮―皇后宮の退転と後宮の成立―」（『古代宮都の内裏構造』吉川弘文館）
橋本義則、二〇一一b「奈良時代の天皇の居所に関する語彙の検討」（『古代宮都の内裏構造』吉川弘文館）
橋本義則、二〇一一c「平城宮の内裏とその歴史的変遷」（『古代宮都の内裏構造』吉川弘文館）
橋本義則、二〇一八「平安京の成立と官僚制の変質」（『日本古代宮都史の研究』青史出版）
早川庄八、二〇〇〇「律令制の形成」（『天皇と古代国家』講談社）
林部　均、二〇〇一『古代宮都形成過程の研究』青木書店
古尾谷知浩・箱崎和久、一九九七「高御座の考証と復原」（『奈良文化財研究所年報一九九七―Ⅰ』）
山元章代、二〇〇七「「朝堂」の成立とその性質　―持統紀「朝堂」記事の再検討―」（『古代都市とその形制（奈良女子大学二十一世紀ＣＯＥプログラム集 Vol.一四）』）
渡辺晃宏、二〇〇六「平城宮中枢部の構造―その変遷と史的位置―」（『古代中世の政治と権力』吉川弘文館）

飛鳥の王宮と外交儀礼
―小墾田宮とエビノコ郭の機能―

田島　公

はじめに　―邪馬台国（卑弥呼）や「倭の五王」と外交儀礼―

一九八四年三月末に京都大学教授を定年退官された後、同年四月から奈良県立橿原考古学研究所所長となった恩師の岸俊男の編による『まつりごとの展開』〈日本の古代7〉（中央公論社、一九八六年）で、私は、「外交と儀礼」を担当し、「邪馬台国の卑弥呼」や「倭の五王」（大王）は、外国の使者とは直接会見せず、国家意志の伝達も口頭により行っており、中国王朝との交流・交渉の中で文書（国書）による伝達方式を学び、推古朝で隋使を迎えるにあたって、倭国は中国的な外交儀礼（賓礼）を採用したこと、中国王朝の皇帝を中心とした東アジア世界の秩序やルールのもとで外交交渉を行うために必要な文書外交と賓礼とを倭国でも導入するのは七世紀初頭であり、最終的に確立するには、その後、約一世紀の歳月が必要で、大宝律令の制定（七〇一年）以降であったことなどを指摘した（田島、一九八六）。

これは、一九八四年一月に京都大学大学院文学研究科に提出した修士論文「律令国家の外交権と「賓礼」」(その中心的な部分は田島、一九八五として発表)に関連して、同年二月頃、岸先生に提出した年度末レポート(「律令制以前の外交儀礼」)をもとに、一九八六年四月に宮内庁書陵部に就職したばかりで多忙の中、お盆に数日間の年次休暇をとって一気に書き上げたものであった。八月下旬の勤務帰りに、当時、本社が東京都中央区京橋にあった中央公論社の編集部の岡野俊明氏にまだ手書きの原稿を届け、その後も、約四ヵ月弱という短期間で同年十二月に刊行されるまで、校正のため何度か帰宅途中に竹橋駅から京橋駅まで通った記憶がある思い出深いものでもある。

但し、同じ巻の他の執筆者と内容が重複する史料や記述を削除した他、紙幅の関係や一般向けの本ということもあって、史料引用なども大幅に圧縮し、論証も簡略化したこと、更に六・七世紀の阿斗(あと)(阿刀)や相楽(さがらか)の客館の比定地や難波館も含めた客館と王宮との外交儀礼上の繋がりや役割分担など、十分にわからなかった部分が明確に書けなかった憾みもあったことや、何よりも発掘調査の進展により小墾田宮や「飛鳥宮」の構造が解明されるのではないかと期待しつつも、文献史料に見える殿舎名と発掘遺構との比定にまだ定説がなく、木簡も出土し始めてきたばかりなので、今後の発掘調査の結果によっては迂闊には発表できないと思い、レポートの全容に関しては発表を控え、そのまま篋底に留めておいた。ただし七世紀の王宮やその周辺に位置した客館での外交儀礼の実態に関する問題は、ずっと気になって考えていた。

その後、宮内庁書陵部から東京大学史料編纂所に転出した年である一九九七年の秋に研究計画書を提出して採択された科学研究費一九九八～二〇〇〇年度基盤研究(A)、二〇〇二～〇五年度基盤研究(A)、二〇〇七～一一年度学術創成研究費、二〇一二～一六年度基盤研究(S)、二〇一七～二一年度基盤研究(S)と大型科学研究費の研究代表者を二二年間もほぼ毎年のように務めることとなり、落ち着いてこの問題に取り組むことができなかったが、そのような中でも、当時の橿原考古学研究所の菅谷文則所長の依頼や推薦もあって、二〇一六年四月からは橿原考古学研究所の特別指導研究員に、十月からは奈良県飛鳥京跡活用検討委員会の委員に、それぞれ就任することとなり、「飛鳥宮跡」の最新の研究成果や保存や将来の活用について関心を抱くようになった。更に、吉川真司編『軍事と外交交渉』〈講座　畿内の古代学Ⅳ〉（雄山閣出版、二〇二二年）の執筆者として、約三六年ぶりに上記レポートをもとに再考し、「京（みやこ）」・難波における外交儀礼」と題し、かなり長い論文を執筆させていただいた（田島、二〇二二）。そこでは、「畿内」という講座の内容に則して、大陸や半島の外国使が列島内の「トックニ」から「ウチックニ」に入る際に、外国使に付随していると考えられていた異国の神の穢れを神酒や水で祓うことを「トックニ」と「ウチックニ」の境界地点や船から上陸し滞在する「客館」で行うことに重要な意味があったという外交儀礼の本質や、「未開の王」としての倭王に危険が及ぶのを避けるという習俗から、極力、王宮に外国使を入れようとせず、王宮に入れたとしても、倭王は外国使と直接会見しなかったことを述べた。

些か思い出めいたことを長々と書いたが、それは、前掲の『まつりごとの展開』〈日本の古代7〉が刊行されてから約四〇年近くたとうとしているが、基本的には拙稿を始め、全体としてそれほど誤りがなかったのではないかと思うと共に、七世紀の王宮と外交儀礼（賓礼）の問題でもまだ解明されていない点があり、それを糸口に「飛鳥宮」や小墾田宮の問題が解明できるのではないかと思ったからである。

本稿は、七世紀の王宮での外交儀礼（賓礼）が、王宮の変遷と共に、政務（まつりごと）としてどのように変化し、確立していったのか、中国王朝を中心としたユーラシア東部地域において、倭国から日本へと展開する中で、国際秩序にも対応できるような外交交渉や外交儀式が出来るような王宮の構造を持った、天皇を中心とした中央集権的な古代国家の宮殿を創り出していく過程の一端を解明することを意図したものである。従って、前掲のようなかなり以前の論文（田島、一九八六）とごく最近の論文（田島、二〇二二）の延長上に、七世紀の小墾田宮での外交儀礼（賓礼）の後、舒明朝以降、「飛鳥宮」の時代の外交儀礼に関して、『日本書紀』では王宮で行われた外交儀礼の場所が「朝（みかど）」と記されることが多いこともあり、具体的な王宮名や殿舎で如何なる儀礼が行われたのかが、藤原宮まで明確に記されてないことから、この点に関して実は推古朝より後でも「小墾田宮」が外交儀礼の場として利用された可能性が高いことを指摘し、最後に飛鳥浄御原宮の「エビノコ郭」の機能に関して、儀礼の視角から検討し、本書の冒頭の「問題提起」でも指摘したように、「天下」を喪失した時代と評価した「飛鳥宮」時代に、「天下」を回復するため、当時の政権首脳部が苦悩しつつ考え出した、殿舎の一つの用途に関しての憶説を述べることにする。

なお、本稿は、前掲の二つの拙稿及び二〇二二年十一月六日に、奈良県立橿原考古学研究所附属博物館令和四年度秋季特別展「宮廷苑池の誕生〜飛鳥京苑池から日本庭園へ〜」の【研究講座】第二回目として、同研究所講堂で行った筆者の講演「古代の苑池と政務・儀礼・外交」を取り込み、「飛鳥宮」に引きつけて再構築したもので、一部内容が重複することをお断りしておく。

最初に、倭王（大王）が外国使の前に姿を現さなかったことを示す史料として、以下に『日本書紀』雄略紀を引用しておく。

【史料1】『日本書紀』雄略天皇十四年（四七〇カ）紀

正月丙寅朔戊寅（十三日）、身狭村主青（むさのすぐりあを）等、共二呉國使一、將（ともなヒ）二呉所レ獻手末才伎（てひと）、漢織（あやはとり）・呉織（くれはとり）及衣縫（きぬぬい）兄媛・弟媛等一、泊二於住吉津（すみのえのつ）一。是月（正月）、爲二呉客道一、通二磯歯津（しはつ）一、路名二呉坂一。(1)

三月、命下臣連（おみむらじ）一迎中呉使上。卽安二置呉人於檜隈野一、因名二呉原一。以二衣縫兄媛一奉二大三輪神一、以二弟媛一爲二漢衣縫部一也。漢織・呉織衣縫、是飛鳥衣縫部・伊勢衣縫之先也。

四月甲午朔（一日）、天皇（雄略）欲レ設二呉人一、歴二問群臣一曰、「其共食者、誰好乎」。群臣僉曰、「根使主、可」。天皇、即命二根使主一爲二共食者一。遂於二石上高抜原一、饗二呉人一。時、密遣二舎人一、視二察装飾一。舎人復命曰、「根使主所レ著玉縵、太貴最好」。又衆人云、「前迎レ使時、又亦著レ之」。於レ是、天皇欲二自見一、命下二臣連一装上レ如二饗之時一、引二見殿前一。

『宋書』倭国伝に見える順帝の昇明二年（四七八）における倭王の武（＝ワカタケル大王・雄略天皇）の「上表文」から知られるように、「呉」（中国の南朝政権）と倭王武と間で外交交渉があったことから、『古事記』雄略天皇段の「呉人」の来訪記事（「此時、呉人參渡來。其呉人安二置於呉原一。故號二其地一、謂二呉原一也」）の他、『日本書紀』雄略天皇六年（四六二カ）四月是月条に「呉國」が使者を遣わして「貢獻」したとあり、同十年（四六六カ）九月戊子（四日）条には身狭村主青らが「呉」が献上した二つの鵝を将来し筑紫に到ったとあることは史実と考えられる。そして、同十二年（四六八カ）四月己卯（四日）条には、身狭村主青と檜隈民使博徳とを使者として呉に派遣したことが見え、身狭村主青らが少なくとも二回は呉に派遣されていたことが知られるが、雄略天皇十四年紀（【史料1】）からは、送使と思しき「呉國使」への迎接（外交儀礼）が窺える。注目すべきは、来航した「住吉津」から雄略の王宮のあるヤマトに招き入れ、「臣連」らに迎えさせ、「檜隈野」（呉原）に「安置」させたにもかかわらず、雄略は呉国使を引見して会見するのでもなく、呉国使と共同飲食する「共食者」を任命し、「呉國使」を王宮から離れた「石上高抜原」という恐らくは高い木のある「原」で「饗」した上に、その様子を「舎人」を派遣して「呉國使」の「装飾」を「視察」させたということである。

一　推古朝の外交儀礼 ―小墾田宮の特殊性―

（1）櫻井豊浦宮

『日本書紀』崇峻天皇五年（五九二）十一月乙巳（三日）条によれば、蘇我馬子が「群臣」を詐って集め、「東國之調」（『万葉集』巻二―一〇〇番の久米禅師の歌に見える「東人之荷向」に同じか。田島、二〇〇五a）を「進」る儀を崇峻の王宮（倉梯柴垣宮）で催し、東漢直駒に崇峻天皇を弑させた。そのため「群臣」の衆議により、敏達天皇の皇后（大后）である額田部皇女が同年十二月己卯（八日）条に「豊浦宮」で即位したことが見える（額田部皇女＝豊御食炊屋姫〔推古〕天皇は確実な女帝の初例と言われている）。「豊浦宮」は『元興寺伽藍縁起幷流記資財帳』によれば、「楷〔櫻〕井等由羅宮」「佐久羅韋等由良宮」（櫻井豊浦宮）とも呼ばれ、王宮として機能していたことは、正倉院所蔵の上総国が貢納した調布の墨書銘に「櫻井舎人部」が見え、それは所謂「宮号舎人」の最後を飾ることからも実証され、注目されている（川尻、二〇〇三・二〇一九）。その後、推古天皇九年（六〇一）五月条に推古は「耳梨行宮」（伝承地：樋口神社〔耳成山の北西麓〕）に移ったとあるが、「是時、大雨。河水漂蕩、満二于宮庭一」とあるので、行宮の伝承地が正しければ、その北側を西に流れる米川が氾濫して「宮庭」まで水が満ちたことになる。

そして、推古天皇十一年（六〇三）十月壬申（四日）条によれば「小墾田宮」に遷った。小墾田宮は造営に約一年半をかける、当時としては大規模な工事であったと思われ、完成を待って、同年十二月に冠位十二階の制定がなされ、翌十二年正月に冠位が初めて「諸臣」に賜与され、それを実際に用いた元日の儀式が小墾田宮で行われた可能性が高い。その後、四月には憲法十七条の制定、九月には朝礼の改訂（「宮門」を出入りする際、梱を越える際は、匍匐礼・跪礼を行う）など、従来の王宮とは異なり、小墾田宮は政務や儀式を行う王宮であったと思われる。

（2）小墾田宮での外交儀礼

この小墾田宮で、隋使や新羅使などに対する外交儀礼が行われたことは、以下の有名な【史料2】～【史料4】によって知られている。

【史料2】『日本書紀』推古天皇十六年（六〇八）八月壬子（十二日）条・丙辰（十六日）条

壬子、召唐客於朝庭、令奏使旨。時、阿倍鳥臣・物部依網連抱二人、為客之導者也。於是、大唐之國信物、置於庭中。時、使主裴世清、親持書、兩度再拜、言上使旨而立之。其書曰、「皇帝問倭皇。使人長吏大禮蘇因高等、至具懷。朕、欽承寶命、臨仰區宇、思弘德化、覃被含靈。愛育之情、無隔遐邇。知皇介居海表、撫寧民庶、境内安樂、風俗融和、深氣至誠、遠脩朝貢。丹款之美、朕有嘉焉。稍暄。比如常也。故、遣鴻臚寺掌客裴世清等、稍宣往意、幷送物如別」。時、阿倍臣、出進、以受其書、而進行。大伴嚙連、迎出承書、置於大門前机上、而奏之。事畢而退焉。是時、皇子・諸王・諸臣、悉以金髻花着頭。亦衣服皆用錦・紫・繡・織及五色綾羅。一云、服色皆用冠色。

丙辰、饗唐客等於朝。

【史料3】『隋書』巻八一　東夷伝倭国条

大業三年、其王多利思比孤遣使朝貢、（中略）明年、上遣文林郎裴清、使於俀國。度百濟行至竹島。南望聃羅國、經都斯麻國、迴在大海中。又東至一支國、又至竹斯國、又東至秦王國、其人同於華夏、以爲夷洲。疑不能明也。經十餘國達於海岸。自竹斯國以東、皆附庸於倭。倭王遣小德阿輩臺從

數百人一、設二儀仗一鳴二鼓角一來迎。後十日、又遣二大礼哥多毗（額田部比羅夫カ）一從二二百餘騎一郊勞。既至二彼都一。其王（倭王）與レ清（裴世清）相見、（倭王）大悦曰、「我聞二海西有二大隋禮義之國一、故遣朝貢。我夷人（いじん）、僻（へき）二在海隅（ざいかいぐう）一不レ聞二禮義一。是以、稽（けい）二留境内（りゅうきょうない）一不二即相見一。今故清レ道飾レ館、以待二大使（裴世清）一、冀聞二大國惟新之化一」。清答曰、「皇帝（煬帝）、徳並二二儀（天と地）一、澤（めぐみ）流二四海一、以二王慕レ化、故遣二行人一、來此宣諭」。既而引レ清就レ館。其後、清遣レ人謂二其王一曰、「朝命既達、請即戒塗（かいと）」。於レ是、設二宴享（えんきょう）一、以遣レ清。復令二使者隨レ清、來二貢方物一。此後遂絶。

【史料4】『日本書紀』推古天皇十八年（六一〇）十月丁酉（九日）条・乙巳（十七日）条

丁酉（九日）、客等拜二朝庭一。於レ是、命下秦造河勝・土部連菟一爲中新羅導者上。以二間人（はしひと）連鹽蓋・阿閉臣大籠一爲二任那導者一。共引以自二南門一入。立二于庭中一。時、大伴咋（くひ）連・蘇我豊浦蝦夷臣・坂本糠手（あらて）臣・阿倍鳥子（とりこ）臣、共自レ位起之、進伏二于庭一。於レ是、兩國（新羅・任那）客等、各再拜、以奏二使旨一。乃四大夫、起進啓二於大臣（蘇我馬子）一。時、大臣自レ位起、立二廳前一而聽焉。既而賜二祿諸客一、各有差。

乙巳（十七日）、饗二使人等於朝一、以二河内漢直贄一爲二新羅共食者一、錦織首久僧爲二任那共食者一。

小墾田宮の「朝庭」は、外交儀礼（拝朝・国書の捧呈・使者による「使旨」を伝達する儀式、使者への饗宴）の場であった。「客館」ではなく、王宮内に外国使を招き入れての外交儀礼は先に述べたように画期的で、隋使の場合など、冠位十二階で制定された位階にほぼ対応したと思しき衣服を纏った「皇子・諸王・諸臣」が「朝庭」の儀式に参加していたと思われ、隋の王城で遣隋使が見聞きしてきた外交儀礼（賓礼）が行われたらしいが（瀧川、一九六二によれば、それは『江都集礼』によるものとする）、卑弥呼や倭の五王の一人である雄略（ワカタケル大王）段階における、外国使節に王が会わず、王宮に招き入れない外交儀礼と大きな差がある（田島、一九八六・二〇〇五b）。

【史料3】によれば、倭王は裴世清を「相見」て、互いに言葉を交わしていることになっているが、拝朝の儀式に関して、具体的で詳細な【史料2】によれば、「倭王」としての推古が儀式の場に出御していたことが書かれておらず、小墾田宮の「朝庭」で裴世清が捧呈した煬帝からの国書を、「導者」の阿倍鳥が裴世清から受け取り、進んで、（「大門」の向こう側から）迎え出てきた大伴囓が国書を阿倍鳥から受け継ぎ、「大門前」に設置された「机」の上に置いて、（「大門」の向こう側の殿舎〔大殿〕にいたと思われる）推古に対して国書を奏しているという奏上の有り方や、更に【史料3】では倭王が女性であることを特記していないことなどから、『隋書』倭国伝のもとになった裴世清の報告の一部は、正確でないと考える。

このように小墾田宮では、初めて隋使裴世清らや新羅使・「任那使」などの外国使節を宮内の「朝庭」に招き入れて、拝朝や饗宴を行ったが、その時の様子などから、岸俊男は小墾田宮の構造の模式図を作成し、そこでの政務（儀式）についても言及している。復原される小墾田宮の構造は、図のようであり、南から、「宮門」（「南門」）・「朝庭」、更に「大門」（閤門）があり、その奥（北）に推古のいる「大殿」（大安殿カ）が存在した。儀式は「朝庭」で行われ、「朝庭」は「庭」と「廳」（朝堂）から構成され、「位」「机」が置かれた（岸、一九七五・一九八六）。

なお、小墾田宮の位置は不明だが、奈良県明日香村奥山に所在する奥山廃寺（奥山久米寺）＝小治田寺に比定され、「大后寺」という法号を有する寺院で、推古天皇の死を契機として創建された小墾田宮付属寺院と推測された

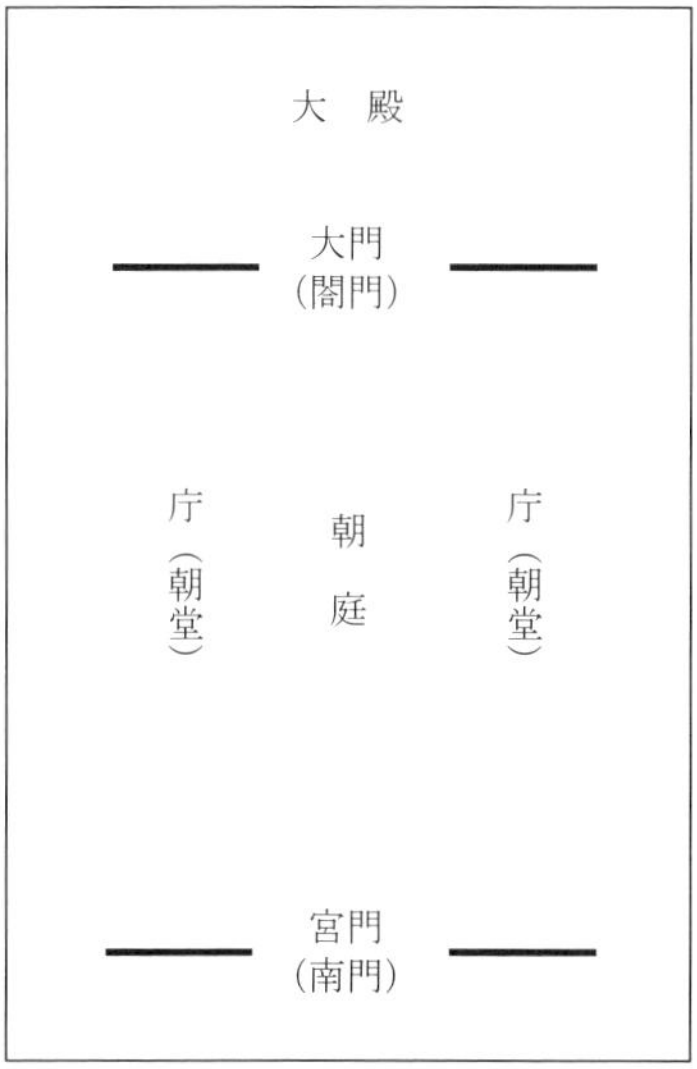

図　小墾田宮の構造（岸 1981）

吉川真司の説（吉川、二〇一三）が正しく、小墾田宮を奥山廃寺周辺に考える説が妥当かと考える（本書西本論文）。奥山廃寺の調査（飛鳥藤原第一一四―八次発掘調査、一九七一年）によれば、奈良時代に施された瓦敷きの下層には、七世紀前半の瓦で整地した瓦層があり、瓦敷きを施す前に、比較的大規模な伽藍内建物の改作があったことがうかがえるという。なお、以下の史料には「小墾田」の地を詠み込んだ歌があるが、余り取り上げられていないようであるので掲げておく。

【史料5】『万葉集』巻一一　寄レ物陳レ思

二六四四　小墾田之（をはりだの）　板田乃橋之（いただのはしの）　壊者（こほれなば）　従桁将去（けたよりゆかむ）　莫戀吾妹（なこそわぎも）

（歌意：小墾田にある板田の橋がたとえ壊れても、〔壊れずに残っている〕橋桁を伝わってでも行きますよ。だから決して恋しがらないでほしい。我が恋人よ）。

小墾田宮の故地に関しては、雷丘東方遺跡から「小治田宮」と墨書された土器が多数出土しているのが『日本書紀』を除く文字資料としては唯一のように思われがちだが、「小墾田」の地に関しては、八世紀中葉以前の歌に「小墾田」の「板田乃橋」が詠まれ、橋桁や橋脚が存在するかなりしっかりした構造のよく知られた橋があったことから、橋の遺構が発見されれば、当地の比定の参考になりうると考える。

その後の小墾田宮の維持・継続を考える上では、以下の記事が参考になる。

【史料6】『日本書紀』大化五年（六四九）三月戊辰（二十四日）条

是夜、興志（蘇我倉山田）意欲レ焼レ宮、猶聚二士卒一。宮謂二小墾田宮一。

推古天皇の没後の大化五年段階でも小墾田宮は維持されていたことが確認できる。

二　舒明朝・皇極朝の王宮を中心とした外交儀礼

以下、迂遠な論証を行うので、行論の都合で、結論を先に述べておくと、この間、「飛鳥宮」（岡本宮・板蓋宮）の宮内には外国使を招き入れていない。しかし、「朝（みかど）」で外国使が「饗（あえ）」を受けていることが『日本書紀』に見えるが、この「朝」は舒明や皇極の居所としての王宮ではなく、「小墾田宮」であり、そこで外国使への迎接が行われていたと考える。

（1）小墾田宮での外交儀礼

『日本書紀』によれば、舒明天皇二年（六三〇）三月丙寅朔（一日）に、この頃に高句麗使と百済使は筑紫に来航したと思われ、八月庚子（八日）に「朝」で「饗」された後、九月丙寅（四日）に帰国の途についたとある。一方、十月癸卯（十二日）条によれば、舒明は飛鳥岡本宮に遷っている。このことから、八月八日の高句麗使・百済使に「饗」を行った「朝」は飛鳥岡本宮ではありえず、「朝」とは、当時、存在していた王宮から考えると、小墾田宮内の「朝庭」か「廳（まつりごとどの）」であろう。なお、同二年是歳条に「改修㆓理難波大郡（おおごおり）及三韓館（みつのからひとのむろつみ）㆒」とあるので、高句麗と百済の使は改めて修理された「難波大郡」で迎えられ、「三韓館」（難波館のうち高句麗館と百済館が使用されたか）に滞在していたらしい。

更に、舒明天皇四年（六三二）八月条に「大唐」が高表仁を派遣して、倭国の遣唐使犬上三田耜を送って来て、共に対馬に泊まるとあり、十月甲寅（四日）条によれば、唐使高表仁が「難波津」に到着した際には、「難波江口」

にて、鼓・吹・旗・幟で飾った三二艘の飾船で迎え、双方が船上で挨拶をした後、上陸した高表仁は「導者」に案内されながら「難波館」の前に到り、担当者に引率され「館」に入り、その日、高表仁に「神酒」を給わったが、その後の記事は、高表仁が帰国の途に就いたことを記す翌五年（六三三）正月甲辰（二十六日）条まで飛んでしまう。

一方で、『旧唐書』には、『日本書紀』に見えない以下の記事がある。

【史料7】『旧唐書』東夷伝倭国条

貞觀五年、遣レ使獻二方物一。大宗（太宗・李世民）、矜二其道遠一、勅二所司一、無レ令二歳貢一。又遣二新州刺史高表仁一持レ節往撫レ之。表（高）仁無二綏遠之才一、與二王子一爭レ禮、不レ宣二朝命一而還。

倭国が、唐の貞観五年（舒明天皇三年（六三一））に使を派遣し、方物を献上したが、太宗は遠方のため、毎年の朝貢を求めず、（翌年）新州刺史高表仁を派遣した。しかし高表仁は「綏遠」（辺境を安定させること。「綏」は、やすんずるの意）の才知と能力がなく、倭国の「王子」と「禮」を争って、「朝命」すなわち、太宗の仰せを宣告できずに帰国したという。

『日本書紀』は舒明天皇四年（六三二）十月四日に「難波館」に入った記事の後、翌年正月二十六日の帰国記事を記すだけで、高表仁を唐まで送るはずの「送使」も対馬までしか行かなかったことから、高表仁は王宮での「使旨」の奏上ができず、国書や国信物も倭王に進上できなかったらしい。このトラブルが起こった場所が難波館などの客館なのか、舒明の王宮（後述の様に飛鳥岡本宮）なのかは、記載がないので不明だが、難波館に着いてから帰国記事までの期間が二ヵ月と二十日余りあることから、高表仁は、飛鳥の舒明の王宮まで到ったものの、倭国の「王子」（山背大兄王か）と「禮」（国信物の進上・国書の捧呈・「使旨」の奏上等の儀式のやり方か）を巡って争って、使命を遂げられず帰国したと思われる。推古朝の例をもってすれば、この王宮は飛鳥岡本宮となるが、簡単には断定できない。

舒明朝における、外国使への同様の「朝」での外交儀礼としては、舒明天皇七年（六三五）六月甲戌（十日）条に「百濟遣二達率（ぬら）柔等朝貢一」（難波津への到着記事か）とあり、七月辛丑（七日）条に「饗二百濟客於朝一」と見えるが、この時の「朝」は、先に述べた舒明天皇二年（六三〇）十月癸卯（十二日）条に、舒明は小墾田宮から「飛鳥岡傍（ほとり）」に遷り、この地が「岡本宮」（飛鳥岡本宮）ということが記されて、その後、岡本宮が火災の為に「田中宮」に遷ったと同八年（六三六）六月条にあるので、舒明天皇七年七月七日の段階での「朝」は、まだ岡本宮であると考えられようが、「朝」と記すのみで、岡本宮であるとは記されていない。一方、継続されていた小墾田宮とも記されていない。そこで、次の皇極朝の事例から、外交儀礼で用いられた「朝」の正体を検討する。

『日本書紀』皇極天皇元年（六四二）四月癸巳（八日）条によれば、「太使翹岐（ぎょうき）、將二其從者一拜朝」とあり、場所は不明だが、百済大使が従者を伴って「拜朝」しており、乙未（十日）条によれば、「蘇我（蝦夷）大臣、於二畝傍家一、喚二百濟翹岐等一。親對語話。仍賜二良馬一匹・鐵廿鋌一。唯不レ喚二塞上（さいじょう）一」とあって、蘇我蝦夷が「畝傍家」で大使の翹岐らと面会している。そして七月乙亥（二十二日）条に「饗二百濟使人大佐平智積等於朝一。或本云、百濟使人大佐平智積及兒達率闕レ名・恩率軍善。乃命下二健兒一、相中撲於翹岐前上。智積等、宴畢而退、拜二翹岐門一」と見え、百済使を「朝」で「饗」すとあり、更に、十月甲午（十二日）条では「饗二蝦夷（越邊蝦夷カ）於朝一」とあり、蝦夷を「朝」で「饗」している。ここでも「朝」と記すのみである。

一方、皇極の王宮はというと、『日本書紀』によれば、舒明天皇十三年（六四一）十月丁酉（九日）条に、舒明が「百濟宮」で崩御し、丙午（十八日）条に百済宮の北に大規模な「殯」が営まれ（「百濟大殯」と呼ばれた）、皇極天皇元年（六四二）正月辛未（十五日）条によれば、皇極は即位し、暫くはそのまま「百濟宮」に居を構えていたらしい。九月辛未（十九日）条に、新たな「宮室」、すなわち「板蓋宮」の造営計画が告げられたとある。十二月甲午（十三日）条に、一年二ヵ月に及ぶ舒明の「殯」が終了し、漸く年末の壬寅（二十一日）条に舒明は埋葬された。と同時に皇極は「百濟宮」から「小墾田宮」に遷ったという。但し「或本」には、「東宮」（皇太子・大兄の宮）の「南庭」に造られた「權宮」に遷ったとある。そして、皇極天皇二年（六四三）四月丁未（二十八日）条によれば、皇極は「權宮」（東宮南庭之權宮）から「飛鳥板蓋新宮」に移った。

このように、皇極は即位当時の皇極天皇元年（六四二）正月、舒明の百済宮に居を構えていたが、同年十二月二十一日に小墾田宮に遷幸した。但し「或本」では、皇極は、東宮の中大兄の宮の「南庭」に設けた「權宮」（仮宮）であった。いずれにせよ、皇極天皇元年には百済宮の近くで、大規模な殯（殯宮）が営まれており、そうしたところに外交儀礼のために外国使を招き入れることは、殆どあり得ないと思われる。そこで注目されるのは、皇極天皇元年十二月二十一日の記事に見える小墾田宮である。それは、小墾田宮は、皇極が一時的にせよ利用できる状態であり、推古朝の隋使らへの対応以来で慣れていることもあり、外交儀礼の会場としても使用されていたと考えるのが合理的であろう。

以上のことから、皇極天皇元年紀に見える外国使や蝦夷に対する「拜朝」の場所や「饗」が行われた「朝」は小墾田宮の「朝庭」と考えられる。そうすると、遡って舒明天皇七年（六三五）七月七日段階で百済使を「饗」した「朝」も、舒明天皇四年（六三二）の唐使の高表仁を迎え入れようとした外交儀礼の会場は、小墾田宮の「朝庭」が利用された可能性が高いと想定される。

明確な史料がなく、迂遠な考証であるが、こう考えられると、舒明朝でも外国使を王宮に招き入れての外交儀礼が行われていたが、その会場は舒明が日常的に居る岡本宮ではなく、推古朝以降も維持され、隋使を迎え入れたこともある小墾田宮であった可能性が高い。そうであれば、七世紀前半の王宮での外交儀礼における小墾田宮の特殊性、「饗」を中心とした外交儀礼の会場のために維持された王宮の存在が想定される。外国使節を王の居所に招き入れて直接対面するという、「未開の王」にとって危険な行為は禁忌（タブー）であるという習俗はまだ生きていたのである（田島、一九八六・二〇二二）。

（2）飛鳥板蓋宮での外交儀礼

乙巳の変の直前の模様と当日の出来事を記した『日本書紀』皇極天皇四年（六四五）六月甲辰（八日）条・戊申（十二日）条によれば、「大極殿」で行われた「三韓進レ調之日」（「三韓」とは高麗（高句麗）・百済・新羅）に、併せて「三韓表文」を「讀唱（よみあげ）」る儀式があった。そこでは「卿（まえつぎみ）」（大夫）が大王（天皇）の前で「表文」を読み上げたようである。その場所は、切り付けられた入鹿が皇極の「御座」に「轉就（まろびつい）」ていること、入鹿殺害直後に皇極が「殿中」に入ってしまったこと、入鹿の「屍」が雨の降る「庭」に「席障子（むしろしとみ）」で覆われていたことからして、小墾田宮の新羅・「任那」両国使に対する儀礼の例（【史料4】）も援用しながら再確認すれば、「三韓進レ調」の儀が行われる日に付随して実施された、「三韓表文」を皇極に対して「卿」（大夫）が読み上げる場は、岸の復原図で言えば、「大門」（閤門）の南にある「朝庭」ではなく、「大門」で区切られた奥にある「大殿」内か、その南の「大門」と「大殿」とに挟まれた「庭」かのいずれかと思われる。入鹿暗殺事件当日、皇極の「御座」があった「殿」前には「三韓」の使者はいないが、「大門」の南の「朝庭」に「三韓」の使者がいた可能性はあり得る。しかしそこまでは記されておらず、その当否は不明である。なお、一般に「大極殿」は文飾であり、「大安殿」（大殿）のことで、「十二通門」も『日本書紀』が編纂された当時の平城宮の宮城十二門の知識による文飾であるとされている。

次に孝徳朝ではあるが、飛鳥の王宮が外交儀礼でまだ用いられていた可能性のある事例を検討する。

【史料8】『日本書紀』大化元年（六四五）七月丙子（十日）条

高麗・百濟・新羅、並遣レ使進レ調。百濟調使、兼二領任那使一、進二任那調一。唯百濟大使佐平縁福、遇レ病留二津館一（難波）、而不レ入二於京一。巨勢徳太臣、詔二於高麗使一曰、「明神御宇日本天皇詔旨、天皇所レ遣之使、與二高麗神子奉レ遣之使一、既往短、而將來長。是故、可下以二温和之心一、相繼往來上而已」。又詔二於百濟使一曰、「明神御宇日本天皇詔旨、始、我遠皇祖之世、以二百濟國一爲二内官家一、譬如二三絞之綱一。中間、以二任那國一、屬二賜百濟一。後、遣二三輪栗隈君東人一、觀二察任那國堺一。是故、百濟王隨レ勅、悉示二其堺一。而調有レ闕。由レ是、却二還其調一。任那所レ出物者、天皇之所二明覽一。夫自レ今以後、可四具題三國與二所レ出調一。汝佐平等、不レ易レ面來。早須二明報一。今重遣二三輪君東人・馬飼造一（闕レ名）」。又勅、「可レ送二遣鬼部達率意斯妻子等一」。

この記事は、高句麗・百済・新羅の各国の使者が「調」を進め、「百濟調使」が「任那使」を兼ねて「任那調」を進めたことを記すが、注目すべきは、ただ百済大使のみは病を得て「津館」（難波館）に留まって、「京」に入らなかったとしている点である。そして、更に巨勢徳太が高句麗使や百済使に対して、個別に孝徳の「詔」を伝えている。注意深く読むと、高句麗使・新羅使や病気の大使以外の百済使は、「京」に入ったと思われる。従って、高句麗・百済・新羅各国使による「進調」はおそらく「京」で行われたことになる。五月後の大化元年十二月癸卯（九日）条に「難波長柄豊碕」に遷都したと見えるので、この時の「京」は、まだ、飛鳥板蓋宮ということになる。しかし、「乙巳の変」が起こって一ヵ月しかたっていない、血なまぐさい惨劇の記憶や穢れの残る板蓋宮で、本当に「三韓」進調の儀や高句麗・百済使への詔宣が行われたかはかなり無理があり、この時も実は小墾田宮が使用された可能性が高い。

（3）難波長柄豊碕宮での外交儀礼

【史料9】『日本書紀』斉明天皇元年（六五五）七月己卯（十日）条

於二難波朝一、饗二北（越）蝦夷九十九人・東（陸奥）蝦夷九十五人一、幷設二百濟調使一百五十人一。仍授二柵養蝦夷九人・津刈蝦夷六人、冠各二階一。

七月十一日に「難波朝」（難波長柄豊碕宮の朝庭・朝堂）で北蝦夷（越蝦夷）九九人・東蝦夷（陸奥蝦夷）九五人に「饗」し、更に「百済調使」一五〇人に「設」し、柵養蝦夷九人・津刈蝦夷六人に冠各二階を授けたという。百済使は一五〇名と大人数で、従来なら饗宴は難波大郡で行われることだが、広大な規模の難波長柄豊碕宮の威容を百済使に見せつけるためか、一九四人もの蝦夷と同席した饗宴であった。

これを遡る半年前の同年正月甲戌（三日）条に斉明天皇は、「飛鳥板蓋宮」において即位したことが見えるので、それ以降、斉明天皇の王宮は飛鳥板蓋宮で、七月の高句麗使・百済使・新羅使による「調」の貢進儀礼が行われたのは、存続していた「難波朝」＝難波長柄豊碕宮であり、外交儀礼上の同宮の使われ方は注目され（外交儀礼を行っていた小墾田宮の機能を継承したものか）、一方で、飛鳥の斉明の王宮には外国使を入れていない原則は維持されている。

（4）斉明朝の飛鳥川原宮・飛鳥岡本宮での外交儀礼

さて、次に斉明朝の王宮と外交儀礼との関係を検討する。(2)

【史料10】『日本書紀』斉明天皇元年紀十月条・是冬条

十月己酉（十三日）、於二小墾田一、造二起宮闕（おほみや）一、擬レ將二瓦覆（かはらぶき）一。又於二深山・廣谷一、擬レ造二宮殿一之材、朽爛（ただレタル）者多。遂止（やメテ）弗レ作。

是冬、災二飛鳥板蓋宮一、故遷二居飛鳥川原宮一。

十月十三日、「小墾田」に「宮闕」（「宮闕」には宮殿の両脇に設けられた高殿・門という意味があるが、ここでは、一般に宮殿の殿舎を意味するか）を造り建て、瓦で（屋根を）覆（ふ）こうとした。また、「深山・廣谷」に、「宮殿」を造ろうとした（建築用の）資材（木材）が（放置され）朽ちて崩れてぼろぼろになってしまったものが多いので、遂に（造営工事を）中止し、作ることが出来なかったという（本書海野論文参照）。注目すべきことに、小墾田宮を瓦葺にしようとしたが、何らかの理由で工事が中断され、建築用の木材が山や谷に放置され、朽ちて形を成さなくなり、使えないため、新たに瓦葺の宮殿を建てることを中止したという。このことから、少し前までは、小墾田宮が機能していたこと、更に、瓦葺にして機能させようとしていたことが想定される。特に、瓦葺ということは、外国使節を迎えるためである可能性がある。しかし、一方で、この記事のあと、小墾田宮の記事が見えないので、小墾田宮は、これ以降、飛鳥の王宮周辺での外交儀礼では利用できなかったか、利用しようとしなかったことが読み取れる。なお、是冬条によれば、冬に飛鳥板蓋宮が火災で焼けてしまったため、飛鳥川原宮に遷ってそこを王宮としたとある。

【史料11】『日本書紀』斉明天皇元年（六五五）是歳条

高麗・百濟・新羅並遣レ使進レ調。（百濟大使西部達率余宜受・副使東部恩率調信仁、凡一百餘人。）蝦夷・隼人、率レ衆（ともがら）内屬、詣レ闕（みかど）朝獻。新羅、別（ことに）以二及湌彌武（みむ）一爲レ質（むかはり）、以二十二人一爲二才伎者（てひと）一。彌武、遇レ疾（やまひ）而死。

この記事から、以下の三点が判明する。

①高句麗・百済・新羅が揃って使いを派遣して「調」を進めたこと（このうち、百済大使は余宜受・副使は調信仁で、百余人であった）。

②蝦夷・隼人が衆を率いて、服属してやってきて、「闕」（宮殿）に至って、朝廷に貢物をさし出したこと。

③新羅が、本来の「調」の貢進以外に、「質」（人質・身代わり）の彌武なる者（病を得て亡くなる）と「才伎者」（手を使ったわざに巧みな者。技術者）一二人を進めたこと。

これらの記事は、【史料9】の「難波朝」における記事のうち、百済調使一五〇人に対して「設」した記述が【史料11】の①と、「北越蝦夷」九九人と「東陸奥蝦夷」九五人を「饗」した記述が【史料11】の②と、それぞれ類似しており、壬申の乱（六七二年）で、斉明朝や天智朝の記事のもとになる史料が失われたことによる『日本書紀』の重複記事の可能性があるが、②に見える「闕」が「難波朝」であって、飛鳥の王宮（飛鳥板蓋宮か飛鳥川原宮）ではない可能性が高い。

【史料12】『日本書紀』斉明天皇二年（六五六）紀

八月条

庚子（八日）、高麗遣二達沙等一進レ調。（大使達沙・副使伊利之、總八十一人。）

是歳条

於二飛鳥岡本一、更定二宮地（みやどころ）一。時、高麗・百濟・新羅、並遣レ使進レ調。爲（ために）張二紺幕於此宮地一。而饗焉。遂起二宮室一、天皇（斉明）乃遷、號曰二後飛鳥岡本宮一。（中略）災二岡本宮一。

斉明天皇二年に「飛鳥岡本」の地（舒明天皇の岡本宮のあった場所）を再び「宮地」と決定した（「後飛鳥岡本宮」）。ちょうどその時に高句麗・百済・新羅の三国が一緒に使者を遣わして「調」を進めてきたため、宮殿造営予定地に

「紺幕」を張って、三国の使者（「貢調使」）をもてなす「饗」を行ったこと、そして「宮室」を造ったことが見える。しかし岡本宮は同年中に火災で焼失したことも記されている。

以上から、斉明天皇二年（六五六）八月八日の高句麗の「進調」の使者総勢八一人の来訪記事のあと、九月条にそれに対する送使と思しき使い（遣高句麗使）に関する記事が見えるので、恐らくは八月中下旬頃、下っても九月上旬頃までに、高句麗・百済・新羅の三国の使者が「調」を進める儀式が行われたが、それは是歳条も参考にすると、飛鳥後岡本宮の宮室の造営予定地（飛鳥宮跡Ⅲ-A期遺構に相当カ）に「紺幕」を張って、そこで「饗」をしてもてなしたことが知られる。これは、外国使を後飛鳥岡本宮の王宮造営予定地という「倭京」の中心部に招き入れたものの、「宮室」（王宮）内の建物（殿舎）や「朝庭」でもなく、何もないところに「紺幕」を張って「饗」したことから、遡れば雄略朝の「石上高抜原」での、近い時代では飛鳥寺西の槻木広場という野外での饗宴（後述）と同じである点に類似し注目される。このように、斉明朝でもあくまでも、大王（天皇）がいる王宮（宮殿）には、外国使を入れないという原則が貫かれている。

なお、王宮を訪れた蝦夷や隼人など「化外人」辺境の人々や「覩貨邏（とから）國」などの古代国家を形成していない外国人をもてなす（饗応する）場所として斉明朝以降に機能したのが、飛鳥寺西の槻木広場であった（後述）。

一方、斉明朝以後、天智朝（近江大津宮）・天武朝（後飛鳥岡本宮・飛鳥浄御原宮）・持統朝（飛鳥浄御原宮）では、白村江の戦（六六三年）を始め、対外関係が戦争状態など戦時体制になった時期であった為に、倭国の王宮に敵対する外国の使者を入れず、外交儀礼を王宮内で行うことは、文武天皇の藤原宮までなかった。これは、外交儀礼の舞台装置たる都城の整備や、外交権の天皇への一本化を行うため、「ウチツクニ」の入口からは内部には入れず、王宮やその付近にも入れさせず、殆ど、筑紫で対応したからである。使者を入れたとしても、浄御原令の施行により律令体制が整い始めた持統朝からであり、「ウチツクニ」の海からの入口である「難波館」までであったと考えられる（田島、一九八六）。

すなわち、中国を統一した隋唐帝国の使者が倭国を訪れる中、中国皇帝が行う外交儀礼を模倣した、使者を王宮内に招き入れる外交儀礼が倭国でも小墾田宮で初めて採用され、倭国王（大王）が「未開の王」としての性格を徐々に解消されるものの、舒明朝・皇極朝では大王が居住する王宮と別に維持されてきた小墾田宮で外交儀礼がなされていた。しかし、巨大な難波長柄豊碕宮の朝堂（朝庭）の出現を契機に、外交儀礼における外国使に対する「開かれた」王宮が出現しかけるが、七世紀後半以降は、中国や朝鮮半島諸国との対外関係の悪化や対外戦争により、天皇が大極殿に出御する外交儀礼の実現は、文物の儀が揃う、大宝令施行前後の文武朝まで持ち越された。

なお、七世紀後半の倭国（日本）からの遣使が帰国後に復命した会場については下のような記事がある。

【史料13】『日本書紀』天武天皇紀

天武天皇十年（六八一）七月辛未（四日）条

辛未（四日）、小錦下采女臣竹羅爲㆓大使㆒、當摩公楯爲㆓小使㆒、遣㆓新羅國㆒。是日、小錦下佐伯連廣足爲㆓大使㆒、小墾田臣麻呂爲㆓小使㆒、遣㆓高麗國㆒。

天武天皇十一年（六八二）五月戊申（十六日）条

戊申（十六日）、遣㆓高麗㆒大使佐伯連廣足・小使小墾田臣麻呂等、奏㆓使旨於御所㆒。

「遣高麗（高句麗）」大使佐伯廣足と小使小墾田麻呂が復命し、「使旨」を天武天皇に奏する場合、「御所」（飛鳥浄御原宮の大安殿（飛鳥宮跡Ⅲ期-B遺構のＳＤ〇三〇一）カ）で行っていたと推定される。これは、「（２）飛鳥板蓋宮での外交儀礼」で述べたように「三韓之表文」が読み上げられた飛鳥板蓋宮の皇極の「御座」のあった「大殿」であったことを参考にすると、小墾田宮で言えば、外国使が「朝庭」で「使旨」を奏したのは、岸俊男による復原図（前掲73頁図）の「大門」（閤門）の北側にある「大殿」の系譜を引いた同じ性格の建物かと思われる。

三　飛鳥寺西の（槻木）広場での「化外人」への「饗」―「饗」は夜に野外で行われた―

『日本書紀』によれば、斉明朝から持統朝の間、唐や新羅・高句麗・百済以外の外国人（＝「化外人」）に対する「饗」が所謂「飛鳥寺西槻の広場」で行われていることが知られる。

【史料14】『日本書紀』斉明天皇紀

(1)斉明天皇三年（六五七）七月己丑（三日）条・辛丑（十五日）条

己丑（三日）、覩貨邏國男二人・女四人、漂二泊于筑紫一。言、「臣等、初漂二泊于海見嶋（あまみ）一」。乃以レ驛召（はいま）。

辛丑（十五日）、作二須彌山像於飛鳥寺西一。旦（あしたに）(3)設二盂蘭瓮會一、暮（ゆうべに）饗二覩貨邏人一。（或本云、墮羅人。）

(2)斉明天皇五年（六五九）三月甲午（十七日）条

甲午（十七日）、甘檮（あまかし）丘東之川上（かはら）、造二須彌山一、而饗二陸奥與レ越蝦夷一。(4)（檮、此云二柯之一。川上、此云二箇播羅一。）

(3)斉明天皇六年（六六〇）五月是月条

是月、（中略）又、皇太子（中大兄）初造二漏剋一、使二レ民知レ時。又、阿倍引田臣、闕レ名、獻二夷五十餘一。又、於二石上池（いそのかみいけの）邊（ほとり）一作二須彌山一。高如二廟塔（びょうとう）一。以饗二肅愼（みしはせ）卌七人一。(5)（後略）

これらの記事から、斉明朝では、(1)「都貨邏人」六人を「飛鳥寺西」で、(2)「陸奥」と「越」の「蝦夷」を「甘檮丘東川上」で、(3)「肅愼」四七人を「石上池邊」で、それぞれ「饗」していることが知られる。

一方、天武朝では次の三件の記事が知られる。

【史料15】『日本書紀』天武天皇紀

(4)天武天皇六年（六七七）二月是月条

是月（二月）、饗二多禰嶋人等、於飛鳥寺西槻下一。

(5)天武天皇十年（六八一）九月庚戌（十四日）条

庚戌（十四日）、饗二多禰嶋人等于飛鳥寺西河邊一。奏二種々樂一。

(6)天武天皇十一年（六八二）七月甲午（三日）・丙辰（二十五日）・戊午（二十七日）条

甲午（三日）、隼人、多來貢二方物一。是日、大隅隼人與二阿多隼人一相二撲於朝庭一。大隅隼人勝之。

丙辰（二十五日）、多禰人・掖玖人・阿麻彌人、賜レ祿各有レ差。

戊午（二十七日）、饗二隼人等於明日香寺之西一、發二種々樂一。仍賜レ祿各有レ差。道俗、悉見レ之。（後略）

天武朝では、(4)「多禰嶋人」らを「飛鳥寺西槻下」で、(5)「多禰嶋人」らを「飛鳥寺西河邊」で、(6)「隼人等」を「明日香寺之西」で、それぞれ「饗」している。

最後に持統朝では同二年十二月十二日に「蝦夷」男女二一三人を「飛鳥寺西槻下」で「饗」している。

【史料16】『日本書紀』持統天皇紀

持統天皇二年（六八八）十一月己未（五日）、蝦夷百九十餘人、負二荷調賦一而誄焉。

(7)同年十二月丙申（十二日）、饗二蝦夷男女二百一十三人於飛鳥寺西槻下一。仍授二冠位一、賜レ物各有レ差。

持統天皇八年（六九四）十二月乙卯（六日）、遷二居藤原宮一。戊午（九日）、百官拜朝。（中略）辛酉（十二日）、宴二公卿・大夫一。

持統天皇九年（六九五）五月己未（十三日）、饗二隼人大隅一。丁卯（二十一日）、觀二隼人相撲於西槻下（飛鳥寺）一。(6)

以上、斉明朝から持統朝までの「化外人」に対する「饗」の記事は以下のようにまとめられる。

先ず、会場の「飛鳥寺（明日香寺）西」（(1)・(4)〜(7)）、「甘檮丘東之川上」（(2)）、「石上池邊」（(3)）は同じ場所と思われる。次に、「饗」が行われた日は、十二日（(7)）・十四日（(5)）・十五日（(1)）・十七日（(6)）・二十七日（(6)）・不明（(3)・(4)）であり、二十七日と不明の日を除くと、満月かその前後に集中する（因みに場所不明の持統天皇九年（六九五）五月の「饗」は十三日なので、満月に近い）。

最後に、人数的には、六人（(1)）、四七人（(4)）、二一三人（(7)）である。(2)は明確ではないが、人数が多そうである。こうした大人数の「饗」は【史料9】の斉明天皇元年（六五五）七月十一日の「難波朝」で「北（北越）蝦夷」九九人・「東（東陸奥）蝦夷」九五人を「饗」し、併せて「百濟調使」一五〇人を「設」したことに類似している。

このように、「飛鳥宮」時代の斉明朝から持統朝における大人数の「化外人」への「饗」は、屋外の飛鳥寺の西の槻木広場で夜間に月の光や松明の火のもとでに行われた可能性が高く、確実な例として【史料14】(1)の記事から、覩貨邏人への「饗」は夕暮れから行われている。なお、(1)では「須彌山像」、(2)・(3)では「須彌山」を造り、(5)・(6)では「種種樂」を奏しており、仏教的要素も加わっている。

飛鳥寺西の槻木広場での「饗」は、孝徳朝の広大な難波長柄豊碕宮の朝庭・朝堂で行われた「饗」を継承した、服属儀礼的様相も含んだ大規模な外交儀礼の饗宴が、倭国段階のコスモロジー（世界観）に基づく王宮に隣接した世界樹（天下樹）の下で、仏教の須弥山を中心とした世界観（石上、二〇〇六）も加わった「化外人」に対する饗宴に変化し、夜に野外で月明かりや松明の灯のもと、行われたものである。これは「未開の王」の習俗と仏教という世界的宗教が混ざり合った外交儀礼と言えるが、後飛鳥岡本宮内や飛鳥浄御原宮内では行われていないことは重要である。

そもそも、長安城や洛陽城など大規模な宮城での外交儀礼（賓礼）が当然のことと思っている唐の使者や中国王朝に朝貢してきた高句麗・百済・新羅の使者にとって、倭国（日本）で、王宮以外における、屋外（槻木の下や飛鳥川の川原）での外交儀礼としての「饗」（共同飲食）に招かれたら、それは、七世紀においては、「未開」の文化のままの国と思われたであろう。そうしたことが行われたのは、唯一、【史料12】斉明天皇二年（六五六）是歳条に見える「後飛鳥岡本宮」の造営予定地に「紺幕」を張って行った「饗」のみである。これは、王宮の建設予定地という説明で高句麗・百済・新羅などの使節に理解をしてもらったのかもしれない。

しかし、これは例外的な事例で、飛鳥寺西の槻木広場での「饗」は、まだ古代国家を形成していない「化外人」が来訪した際にのみ用いられており、唐や高句麗・百済・新羅などの使者に対して、飛鳥寺西の槻木広場で「饗」された事例がないことは注目される。

四　飛鳥浄御原宮の「エビノコ郭」の機能

以上、検討したように、外国使節に対する、外交儀礼の場に関しては、推古朝で「小墾田宮」が果たした役割を果せる場所が、「飛鳥宮」（岡本宮・板蓋宮・後岡本宮・浄御原宮）の宮内にはなかったようである。そのため、舒明朝・皇極朝・孝徳朝では、存続されていた小墾田宮が外交儀礼の場として使われたと考えたが、【史料10】から想定されるように、斉明天皇元年（六五五）十月十三日以降は、小墾田宮の修造ができない状態なので、小墾田宮は外交儀礼の場としては利用されなくなったらしい。

まさに、「天下」を喪失していた「飛鳥宮」時代においては、大王（天皇）の居所である王宮に代わって、推古朝以後も存続していた小墾田宮は、唐・新羅・百済・高句麗などの外国使節へ外交儀礼の場（「朝」）として利用されており、唐、新羅・百済・高句麗などの外国使への饗宴の場として、屋外である飛鳥寺西の槻木広場などの世界樹（天下樹）の下が利用されることはなかった。

一方で、外国使が来て王宮内まで入れなければならなくなった場合、すなわち、斉明朝以降の飛鳥の王宮、特に飛鳥浄御原宮に、外国使を招き入れなければならなくなることも、「可能性」としては存在したはずで、王宮内でそれに備えた施設（殿舎）も必要になることも、「理論上」生じ、喪失した「天下」を回復するには、そうした事態に備える必要があった。唐の外交儀礼を知っていれば、まさか、唐使を、屋外の飛鳥寺西槻木広場で饗応する訳に行かなかったと思われるからである。

六六〇年以降の百済滅亡を契機に、六六三年の白村江の戦の敗戦以降は、唐や新羅とは戦争状態で、斉明朝では外国使を王宮の中に入れる機会は、結果として、結局のところなかったが、天武・持統朝では、もしも外国使を「入京」させ、更に飛鳥浄御原宮内に招く事態になった際に用いた可能性があった場所としては、結論を先に述べると「エビノコ郭」しかなかったと思われる。

「エビノコ郭」の性格は大極殿説や朝堂説など諸説あるが（本書海野論文・鶴見論文参照）、その想定される一つの機能としては、外国使に対して王宮内での対応の場所、国書の受納や王言（使旨）の奏上の場、国書を授け、天皇の詔勅の口頭伝達する場、特に饗宴の場として、予定されていた可能性を提起しておきたい。舒明・皇極・孝徳朝において、大王（天皇）の居所である王宮以外の、小墾田宮が果たした外交儀礼上の役割（拝朝や饗宴）を継承し、それを果たせる殿舎や空間は、飛鳥宮跡Ⅲ-B期遺構には、「エビノコ郭」を除くと想定しにくい（なお、「エビノコ郭」の西側の広場も連動して使われていた可能性はある）。

「問題提起」でも述べたように、隋や唐の圧力によって、「天下」を喪失していた倭国（日本）が、「天下」を回復しようとして苦悩していた時代に、もしも、唐や新羅の使者を飛鳥浄御原宮内に招かないといけない事態が生じた場合、すなわち、国書・信物の捧呈、「使旨」の奏上、外国使節への宴会、国書授与など、王宮内を利用した外交儀礼（賓礼）を行う場合、「エビノコ郭」のように、南門がなく、西門しかない特殊な構造は、外交儀礼において、君臣関係が明確にわかってしまう、「天子南面」という南北の位置関係より（田島、一九九八）、東西の構造の関係の方が君臣関係を曖昧にするという意味でも好都合であったと考えたい。[7]

『大唐開元礼』巻一二九「嘉礼」の「皇帝遣ㇾ使詣ㇾ蕃宣労」の儀は、皇帝の詔書を外国の王宮で外国王に授ける儀式であるが、その儀式では、通常は臣下に対して北側を背にしており、南面している国王は、唐の皇帝の国書を持った使者から詔書を受け取る際に、南面する唐の使者の前に進み出て、北面して詔書を受領しなければならないように定められており（田島、一九八五・一九八六）、こうした儀礼を用いるか、或いは『大唐開元礼』巻七九・八〇「賓礼」に規定されていた「受二蕃國使表及幣一」儀、「皇帝宴二蕃國使一」儀を模倣し、「皇帝」を倭王（天皇）に、「蕃國使」を唐使に置き換えた、倭王（天皇）主導の外交儀礼を行うかは、「問題提起」で述べたように「天下」を用いるか、「國内」を用いるか、と共通する大問題であった。かつて、拙稿「外交と儀礼」では、舒明天皇四年（六三二）八月に来訪した唐使高表仁は、十月に難波津で盛大な迎労を受けながら、その後、『日本書紀』には翌五年（六三三）正月の帰国記事しかないのに対して、【史料7】『旧唐書』東夷伝倭国条に「又遣二新州刺史高表仁一持ㇾ節往撫ㇾ之。表仁無二綏遠之才一、與二王子一爭ㇾ禮、不ㇾ宣二朝命一而還」と見えるように、倭国の王子と「礼」を争って、太宗の「朝命」を宣告することなく帰国したことを、国書・信物の受納の儀（拝朝）で、その伝達の儀式次第が双方で異なったために起こったトラブルの発生、例えば、この時に、倭王が出御してこなかったことや、上述の

『大唐開元礼』巻一二九「嘉礼」の「皇帝遣レ使詣レ蕃宣労」の儀のように、高表仁が王宮で北を背にして、倭王に対して南面して、皇帝の詔書を読み上げ、詔書を渡そうとして譲らなかったことを想定した（田島、一九八六）。

その後、『まつりごとの展開』〈日本の古代7〉が文庫化（岸、一九九六）される直前に、「問題提起」でも取り上げた佐立春人の論文（佐立、一九九五）を読み、飛鳥浄御原宮では「天下」を喪失することに至った過去の「苦い経験」に対処する方策が外交儀礼においても検討されたのではないかと気付いたが、原則、誤りの訂正のみだったので、文庫本版（田島、一九九六）に加筆することができなかった。今、ここで、天武朝では、飛鳥浄御原宮の「エビノコ郭」は、一つの使い方として、当初から外交儀礼で使用することも考慮に入れて造ったのではないか。結局は、そうしたことは一度もなかったが、そうした事態も想定して準備していた可能性を指摘しておきたい。なお、近年、外国使と対応する側の方向性の問題を、八世紀の大宰府鴻臚館の構造との関係で検討した研究もある（井上、二〇一四）。しかし、この問題は、先ずは、それ以前の時代、七世紀代の王宮である「飛鳥宮」で考えるべき問題であり、「エビノコ郭」の構造はそうした外交儀礼の「礼」の問題を曖昧にできる構造であったように思われる。

むすび

持統朝で、浄御原令施行後、藤原遷都（六九四年）より前の外国使への対応が記された史料は以下のようである。

【史料17】『日本書紀』持統天皇紀

持統天皇六年（六九二）十一月

戊戌（八日）、新羅遣二級飡朴億徳・金深薩等一、進レ調。賜下擬レ遣二新羅一使直廣肆息長眞人老・務大貳川内忌寸連等祿上、各有レ差。
辛丑（十一日）、饗二祿新羅朴憶徳於難波館一。

持統天皇七年（六九三）

二月
壬戌（三日）、新羅遣二沙飡金江南・韓奈麻金陽元等一、來赴二王（神文王）喪一。
己丑（三十日）、以二流來新羅人牟自毛禮（むじもれ）等卅七人一、付二賜憶徳（朴）等一。

三月
乙巳（十六日）、賜下擬レ遣二新羅一使直廣肆息長眞人老・勤大貳大伴宿禰子君等、及學問僧辨通・神叡等、絁・綿・布上、各有レ差。又賜二新羅王賻物（ふもつ）一。

持統天皇六年十一月八日に新羅使による「進調」の儀（場所は不明）があり、同時に送使が任命され、三日後の十一日に新羅使を「難波館」で「饗」したとあるが、王宮のある飛鳥浄御原宮内に新羅使が招かれたことは書かれていないし、「難波館」と飛鳥浄御原宮との移動時間を考えると、「難波館」で「調」を受領し、「饗」もそこで行ったと考えるべきであろう。この時も飛鳥浄御原宮内に新羅使を入れなかったらしい。また、帰国の際に漂着した新羅人三七人を付して、共に帰国させているが、漂着新羅人は、恐らくは「入京」などはせず、九州で安置していた新羅人かと思われる。更に、持統天皇七年二月三日の新羅王が亡くなったことを伝える新羅使も、「入京」に関する記載ないので、大宰府からの報告記事かと思われる。因に新羅王への「賻物」は、新羅使ではなく、遣新羅使に託している。

一方、藤原遷都以後の最初の外国使への対応記事は以下の通りである。

【史料18】『日本書紀』持統天皇九年（六九五）三月己酉（二日）条

己酉（二日）、新羅遣二王子（せしむ）金良琳・補命（ふみょう）薩飡朴强國等一、及韓奈麻金周漢・金忠仙等、奏二請國政一。且進レ調獻レ物。

新羅使は通常の使に加え、「王子」や「補命」らも派遣して、「國政」を奏請してきたもの、「奏請」が行われた所は記されておらず、大宰府（筑紫館）・難波館・藤原宮の三ヵ所が考えられるが、詳細は不明である。

以上のように、飛鳥浄御原宮段階では、外国使を王宮内に招いて、外交儀礼を確実に行った事例は管見では見出せない。

最後に、拙稿「外交と儀礼」の「律令国家の外交形式の成立と変容」の項に書いた文章を引用して（田島、一九九六）、報告を終えることにする（但し（　）内に参考文献を明示した）。

浄御原令施行後の「持統紀」六年十一月辛丑（十一日）条に難波館で新羅使に「饗禄」したことがみえる。これは浄御原令施行により、迎接・外交儀礼に関する規定や使者の迎接担当官司として玄蕃寮の前身が成立し（田村円澄「玄蕃寮の成立」〔『飛鳥仏教史研究』塙書房、一九六九年〕）、外交儀礼・迎接の場が整い、さらに皇権の確立にともない外交権も天皇の大権事項として確立したため、畿内に使者を迎えて外交儀礼を行えるようになったことの表れであろうか。また、持統朝には本格的な中国的都城の藤原京が成立したが、外国使に対して中国の皇帝のように天皇が姿を現して外国使を引見する場として、中国の伝統的都城制である「三朝制」を導入し（岸俊男『日本古代の宮都』岩波書店、一九九三年）、大極殿（大極殿門の存在する大極殿院）ができたことは、中国的な外交儀礼を行うのに欠かせないことであった。天武・持統朝以前では、「化外人」を飛鳥寺の西の広場でもてなすことが多かったが、そうした意味で、藤原宮の大極殿─朝堂を用い「蕃客」（新羅使）も参加して行われた文武二年・大宝元年の元日朝賀の儀や文武二年正月甲子の拝朝の儀には、文武天皇は外国使の前に姿を現すが、それは律令国家の外交権が皇権のもとに確立したことを象徴的に示す儀式であったと思われる。

注

（1）岩波古典文学大系本は、「爲二呉客道一、通二磯齒津路一。名二呉坂一」と読むが、本稿では四字句を基調として読み改めた。

（2）「「京」・難波における外交儀礼」（田島、二〇二二）では、斉明朝の外交儀礼の検討の原稿が脱漏してしまった。二二四頁の「❸難波長柄豊碕宮での外交儀礼」の次に「❹斉明朝の飛鳥川原宮・飛鳥岡本宮とでの外交儀礼」として入るべきものであったが、私のミスで、提出原稿では脱漏していたので、本稿で明記して補っておく。

（3）辛丑（十五日）条の「旦」を、新訂増補国史大系本・岩波古典文学大系本は「且」とするが、「旦」を岩波古典文学大系本や新訂増補国史大系本など主な活字本は「且」とし「また」と読む。しかし、北野神社本本など『日本書紀』の主要な古写本は「旦」で、「旦設盂蘭瓫會」と「暮饗覩貨邏人」とは、六字句・六字句の対句表現で、「旦」と「暮」が対応するため、「旦」が正しい。既に熊谷公男の論文（熊谷、一九八五）で、本文の内容から「且」を「旦」と読み替えている（二〇二二年十一月六日の講演後の市大樹大阪大学大学院教授のご教示による）。ただ、写本に関しては言及されていないので、再度、指摘させていただく。もともとの古写本の文字からして「旦」なので、この部分は上記活字本の校訂ミスと言えるが、殆どの研究者や史料集では気付いていていない。なお、古写本を中心とした『日本書紀』の写本一覧と刊本や画像のインターネット公開状況に関しては、恋塚嘉（八木書店出版部）のコラム「日本書紀の写本一覧と複製出版・Ｗｅｂ公開をまとめてみた」（二〇一八年二月一日公開・二〇二二年四月十六日更新）https://company.books-yagi.co.jp/archives/4212　に詳しい。

（4）「饗二陸奥與レ越蝦夷一」と読んだ部分を岩波古典文学大系本は「饗三陸奥與二越蝦夷一」と読んでいるが、「陸奥蝦夷」と「越蝦夷」とを「饗」したという意味なので、厳密な読みとしては正確でないため、修正した（注（4）に引用した「道奥與レ越國司」の部分は正しく読んでいる）。

（5）『日本書紀』斉明天皇五年（六五九）三月是月条に「遣二阿倍臣一、闕レ名、率二船師一百八十艘一討二蝦夷國一。（中略）遂置二郡領一而歸。授下道奥與レ越國司位各二階、郡領與二主政一各一階上。或本云、阿倍引田臣比羅夫、與二肅愼一戰而歸。獻二虜卌九人一。」の割書きの注に見える「或本云」以下と関連するか。

（6）持統天皇九年（六九五）五月二十一日条は「（飛鳥寺）西槻下」で隼人に「相撲」をさせているが、「饗」はなされていない。但し、五月十三日条の「隼人大隅」への「饗」の場所は記されておらず、不明である。二十一日条と関連があるとすれば、十三日条の「饗」は「飛鳥寺西槻下」である可能性も捨てきれないが、既に藤原宮遷都後なので、藤原宮の朝堂院の可能性もありうる。

（7）東西の位置関係で、外交儀礼を行った事例として、百済を滅ぼし熊津都督に任命された王文度が、新羅王金春秋（武烈王）に「三年山城」で唐の高宗の「詔」を伝達し、「宣物」を授けようとした際に、東西に対したことが知られる。すなわち、『三国史記』五　新羅本紀　太宗武烈王七年（六六〇年、唐・顕慶五年）の七月十八日条には、「義慈（百済王）率二太子（隆）及熊津方領軍等一、自二熊津城一來降。王（武烈王）聞二義慈降一」とあるように、唐軍・新羅連合軍に攻められた百済の義慈王らは、ついに熊津城から投降した。そして、九月三日条には、「郎將劉仁願、以二兵一萬人一、留二鎮泗沘城一。王子仁泰與二沙飡日原・級飡吉那一、以二兵七千一副レ之。定方（蘇）以二百濟王及王族・臣寮九十三人、百姓一萬二千人一、自二泗沘一乘レ舡廻レ唐。金仁問與二沙飡儒敦・大奈麻中知等一偕行」とあるように、劉仁願を泗沘城に留め、蘇定方は百済王義慈らを伴って泗沘から船に乗り唐に帰国した。そして、二十三日条に「百濟餘賊、入二泗沘一。謀掠二生降人一。留守仁願（劉）、出二唐・羅人一、撃二走之一。賊退二上泗沘南嶺一、竪二四・五柵一、屯聚伺レ隙、抄二掠城邑一。百濟人叛而應者、二十餘城。唐皇帝遣二左衛中郎將王文度一。爲二熊津都督一」とあるように、百済の残兵が泗沘城で反乱を起こし、これに呼応して、叛いたものは二〇余城に達したが、唐の高宗は、百済に五都督府（熊津・馬韓・東明・金漣・徳安の各都督府）を設置し、郎将の劉仁願に都城を守らせ、左衛中郎将の王文度を熊津都督に任命じた。

二十八日条には「至二三年山城一、傳レ詔。文度（王）面レ東立、大王（金春秋・武烈王）面レ西立、錫（たまフ）レ命後、文度（王）、欲下以二宣物一授上レ王、忽（たちまちニ）疾作（やまひおこり）便（すなはち）死。従者攝（かはり）レ位畢レ事」とあり、新羅王の武列王（金春秋）が三年山城で、唐の使臣で熊津都督であった王文度を迎えた際に、高宗の「詔」を持参した王文度は、「東」に「面」して立ち、新羅王（武烈王）は「西」に面して立ち、唐の皇帝の「命」が伝えられ、更に「宣物」を新羅王に授けようとしたところ、王文度が急死してしまったが、文度の従者が代わりを務め、儀式を終了したことが知られる。唐の使臣が唐の皇帝の「詔」を新羅王に伝達する際の立ち位置は、東西方向が用いられたことは当時の東アジアの外交儀礼を考える際に参考となる。

参考文献

石上英一、二〇〇六「コスモロジー―東大寺大仏造立と世界の具現―」（『信仰と世界観』〈列島の古代史7〉岩波書店）

井上信正、二〇一四「〈特集解説〉「西の都」大宰府と外交使節」のうち「6　客館の機能と構成」（『新羅王子がみた大宰府』九州国立博物館・太宰府市教育委員会）

川尻秋生、二〇〇三「「桜井舎人部」考―上総国武射郡の事例から」（『日本歴史』六六一）

川尻秋生、二〇一九「〈古代の都〉への招待」（『古代の都―なぜ都はうごいたのか―』〈シリーズ古代史をひらく〉岩波書店）

岸　俊男、一九七五「朝堂の初歩的考察」（『橿原考古学研究所論集　創立三十五周年記念』吉川弘文館。のち、『日本古代宮都の研究』岩波書店、一九八八年）

岸　俊男、一九八一『日本の古代宮都』日本放送出版協会。のち、『日本の古代宮都』岩波書店、一九九三年）

岸　俊男、一九八六『まつりごとの展開』〈日本の古代7〉中央公論社。のち、中央公論社〈中公文庫〉、一九九六年）

岸　俊男、一九九三『日本の古代宮都』岩波書店

熊谷公男、一九八五「蝦夷の誓約」（奈良古代史談話会編・刊『奈良古代史論集』第一集、のち、真陽社、一九九一年）

佐立春人、一九九五「日本古代の「天下」と「国内」」（『法と国制の史的考察』信山社出版）
瀧川政次郎、一九六三「江都集礼と日本の儀式」（岩井博士古稀記念事業会編・刊『岩井博士古稀記念　典籍論集』）
田島　公、一九八五「日本の律令国家の「賓礼」―外交儀礼より見た天皇と太政官―」（『史林』六八―三）
田島　公、一九八六「外交と儀礼」（『まつりごとの展開』〈日本の古代7〉中央公論社。のち、中央公論社〈中公文庫〉、一九九六年）
田島　公、一九九八「（講演記録）古代日本の外交儀礼と大宰府鴻臚館」（『福岡市立博物館研究紀要』九）
田島　公、二〇〇五a「「東人の荷前」（「東国の調」）と「科野屯倉」―十巻本『伊呂波字類抄』所引「善光寺古縁起」の再検討を通して―」（『律令制国家と古代社会』塙書房）
田島　公、二〇〇五b「大陸・半島との往来」（『人と物の移動』〈列島の古代史4〉岩波書店）
田島　公、二〇一二「「京（みやこ）」・難波における外交儀礼」（『軍事と外交交渉』〈講座　畿内の古代学Ⅳ〉雄山閣出版）
吉川真司、二〇一三「小治田寺・大后寺の基礎的考察」（『国立歴史民俗博物館研究報告』一七九）

飛鳥宮周辺の饗宴施設

小田裕樹

はじめに

古代において饗宴が王権の維持のために重要な意味を有していたことは、既に多くの研究により明らかにされている（田島、一九八六）。しかし、その饗宴がおこなわれた場である饗宴施設について、発掘調査の成果をふまえつつ考古学的に空間構造の特質を明らかにした試みは多くなく、いまだ研究の途上にある。

筆者は、飛鳥地域や平城宮東院地区の調査・研究を通じて、古代の饗宴施設・空間についていくつかの仮説を提示してきた（小田、二〇一四・二〇二〇・二〇二一）。本稿では、この成果の概要を示すとともに飛鳥宮周辺の饗宴施設と目される施設について、その変遷・特質・歴史的意義について論じたい。なお行論の都合上、まず平城宮における饗宴施設に関する新たな知見を紹介し、その上で飛鳥宮周辺の饗宴施設とみられる遺跡を取り上げ、その意義を論じたい。

一　古代における饗宴施設と空間構造

（1）古代宮都中枢部の饗宴施設

奈良時代前半の平城宮では、朱雀門の北方と壬生門の北方に（第一次）大極殿―中央区朝堂院―朱雀門、内裏―（大安殿）―東区朝堂院―壬生門という二つの区画が並列していた（図1）。

中央区朝堂院は瓦葺きの基壇建物四棟で構成され、北方に大極殿南門が位置する。東区朝堂院は奈良時代前半には掘立柱構造の十二棟の朝堂で構成され（下層）、奈良時代後半に瓦葺きの基壇建物に建て替えられた（上層）。この中央区と東区の二つの朝堂院の性格の違いについて、代表的な研究を整理する。

橋本義則は奈良時代の天皇が出御する儀式とその施設・空間に注目し、これらの儀式を大極殿出御型と大極殿閤門出御型に分類した。大極殿出御型＝朝堂院型の儀式は、大極殿に着座する天皇と朝庭に列立する臣下が対面しておこなう儀式である。閤門出御型＝豊楽院型の儀式は、閤門・豊楽殿に着座する天皇と朝堂に着座する臣下が朝庭を取り囲み、朝庭において種々の行事や芸能がおこなわれる饗宴型式の儀式である。そして、これらの平城宮の大極殿と朝堂でおこなわれた儀式が、平安宮では大極殿出御型が朝堂院における儀式に、閤門出御型が豊楽院における儀式として引き継がれたとした（橋本、一九九五）。

今泉隆雄は、大極殿・朝堂でおこなった政務・儀式・饗宴について、天皇の出御の場、臣下の朝堂の着座位置と朝庭の使い方に着目して分析をおこない、（イ）大極殿―朝庭型、（ロ）大極殿―十二朝堂の朝庭型、（ハ）大極殿―十二朝堂型、（ニ）閤門―四朝堂型の四類型に分類した。そして、これらの各類型を中央区・東区の構造と比較

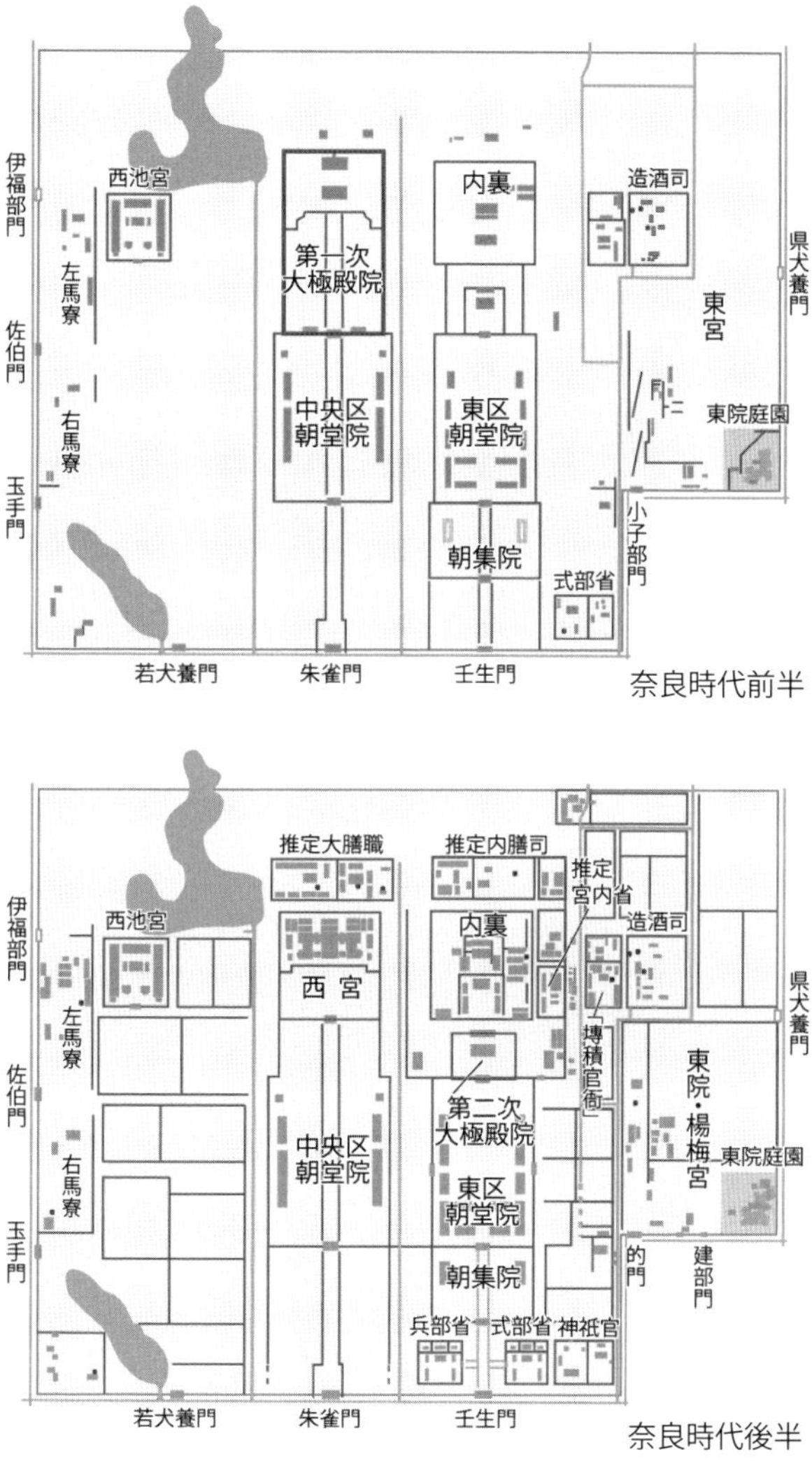

図１　奈良時代前半・後半の平城宮（渡辺 2020）

し、中央区a区（筆者註：大極殿院）―（イ）、中央区b区（同：中央区朝堂院）―（ニ）、東区（同：上層・下層）―（ロ）・（ハ）にあて、中央区朝堂院は儀式・饗宴の特定の日に用いる非日常的な場、東区朝堂院は政務の場で、毎日の朝政が中心となる日常的な場、と整理した（今泉、一九九三）。

橋本・今泉により、平城宮では天皇と臣下が一体となって饗宴をおこなう場として中央区朝堂院と東区朝堂院の二つの空間が存在し、天皇が大極殿閤門に出御し、朝堂に着座する臣下と共に饗宴をおこなったことが明らかにされた。また平安宮の饗宴施設である豊楽院は、平城宮中央区朝堂院の性格を受け継いでおり、豊楽院の四堂構成は中央区朝堂院の四堂構成に由来すると理解されている。

平安宮では十二朝堂の朝堂院と四朝堂の豊楽院が東西に並立し、政務・儀式空間と饗宴空間として使い分けられていた。奈良時代前半の平城宮でも東区の十二朝堂の朝堂院と中央区の四朝堂が存在していたから、両者を関連づける先行研究の見解は首肯できる。

ただし、志村佳名子が指摘するように（志村、二〇一五）、奈良時代後半に饗宴の場として中央区朝堂院を使用した確実な例はなく、東区朝堂院が主に使われていた。また、奈良時代後半の中央区では、第一次大極殿が建っていた場所に「西宮」に比定される複数棟の建物群が建てられていたこと、かつての大極殿南門は小規模な門（SB三七五〇A）に建て替わり、空間構成が大幅に変化していたことが考えられる。

奈良時代後半の平城宮において、中央区朝堂院が饗宴空間として使われていたのかについては不明な点が多く、先行研究で示された中央区朝堂院と豊楽院の四堂構成の系譜関係についても、検討の余地がある。

そのようななか、奈良文化財研究所が継続的に進めている平城宮東院地区の発掘調査により、奈良時代後半における平城宮内の饗宴施設の実態を示唆する新たな知見が得られた。次にその概要を述べたい。

（２）平城宮東院地区の発掘調査成果とその意義

東院地区の発掘調査と楊梅宮の復元

　平城宮は東に張り出し部があり、その南半を東院地区と呼称している。この東院地区については継続的な発掘調査がおこなわれており、遺構変遷に基づく空間構成の特質について検討可能な情報が整理されつつある（小田、二〇二三）。

　特に、奈良時代末にあたる東院六期遺構群の詳細が明らかになってきたことは重要な成果である。筆者は、東院六期の中枢施設を囲む単廊を検出したことを契機に六期遺構群の復元をおこなった（小田、二〇一四・二〇二一）。その結果、東院南門（ＳＢ一六〇〇〇Ｃ）を中軸とし、梁行二〇尺の巨大な単廊に囲まれる東西約九六ｍ、南北約九〇ｍ以上の空間内部に、桁行七間（ＳＢ一九一一六）と一五間以上（ＳＢ一八九一六）の南北棟建物が東西各二棟と空間中央に北廂付きの東西棟建物（ＳＢ一九〇九〇）が存在することを推定した（図２）。また、遺存地割の検討から、この区画の北方に正殿区画と目される空間が推定でき、さらに両区画の間には門の存在が想定できる。

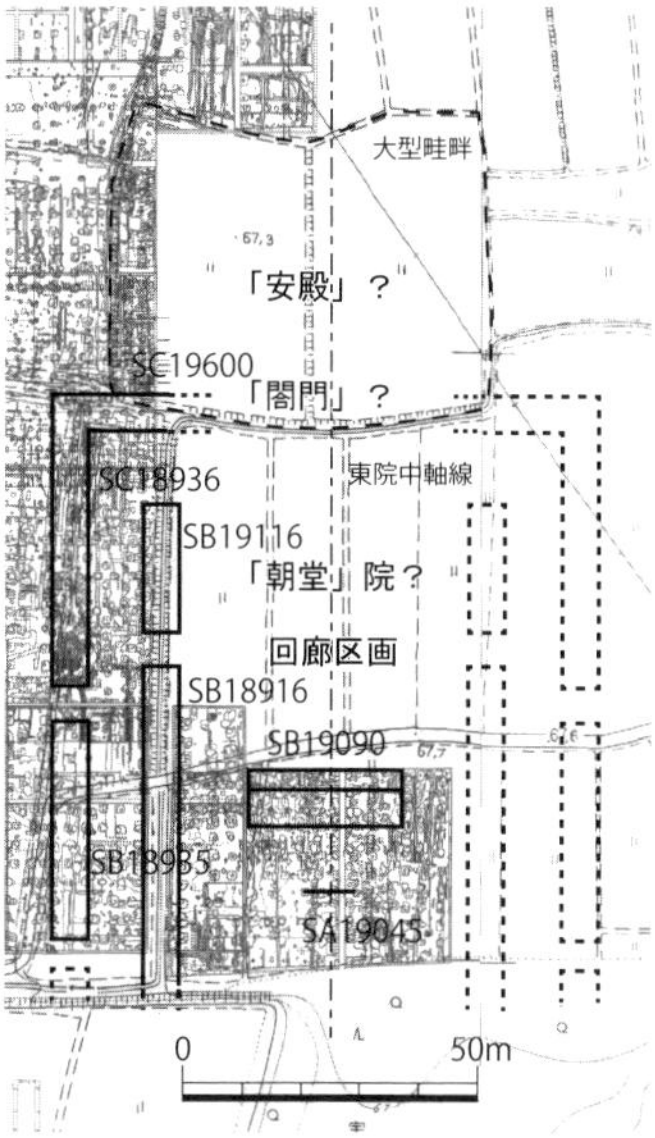

図２　東院６期遺構群中枢部復元図（小田2021）

　東院六期遺構群は、奈良時代末期の宝亀年間に位置づけられ、光仁天皇の「楊梅宮」に比定できる。楊梅宮は宝亀四年（七七三）に完成した施設であり、平城宮東院地区に造営されたと考えられる（岩本、一九九一）。その性格は同じく東院地区に造営された孝謙天皇の「東院」の儀式・空間の内容を受け継いだ施設と考えられている（橋本、一九九一／吉川、二〇〇三）。

楊梅宮の構造については『年中行事抄』の記述を参考に復元が可能である。宝亀五年（七七四）正月十六日の節日儀礼に際して、光仁天皇が「楊梅殿」に出御し、「閤門」前に蝦夷らが参列し、「朝堂」で宴を催した。この史料と東院六期遺構群の遺構配置を対照させると、回廊に囲まれる区画が「朝堂」とそれを囲む院にあたり、「安殿」が位置する正殿区画が北方にあたること、両者の間に「閤門」が存在し、両区画を接続していた可能性が高いと考えられる（小田、二〇一四・二〇二二）。従来、蝦夷との宴がおこなわれた「朝堂」について、東区朝堂院とする説（西本、一九九七）と、楊梅宮でおこなわれたとする説（橋本、一九九一／吉川、二〇〇三）があったが、発掘調査成果に基づくと、後者の可能性が高まったと考える。

これらの考古学的成果から、楊梅宮中枢施設について、①閤門を介して正殿区画と朝堂区画が対置される、朝堂区画は②梁行二十尺の巨大な単廊で囲まれる、③四堂構成をとる、③掘立柱建物構造をとる、との特徴を抽出できる。[1]

平城宮内の饗宴施設の使い分け　楊梅宮は奈良時代末期の饗宴施設のひとつであるが、同時期の平城宮では東区朝堂院（上層）も饗宴の場として使用されており、両者の使い分けが問題となる。[2]

この点については既に橋本義則・吉川聡らの研究がある（橋本、一九九一／吉川、二〇〇三）。正月節会が開催される場や参加者には、その施設の性格が色濃く反映されており、奈良時代後半におこなわれた正月七日、十六日の節会では、蕃客（渤海使）、蝦夷の参加の有無により、節会とその後の宴の場に相関関係があることが明らかにされている。すなわち、蕃客が参加する際には、必ず大極殿閤門・朝堂（東区朝堂院上層）を使用し、東院・楊梅宮は全く使用されていない。一方、蝦夷が参加する正月節会は東院地区でもおこなわれていた。

上述のように、宝亀五年（七七四）に蝦夷が宴を受けた「朝堂」が東院六期遺構群＝楊梅宮である可能性が高まった。これは楊梅宮のみならず、孝謙朝の「東院」でも同様であったことを示唆している。「東院」にも楊梅宮同様の「朝堂」が付設していた可能性が指摘されており（橋本、一九九一／吉川、二〇〇三）、筆者も東院地区の遺構変遷からみて「東院」に朝堂が付設していた可能性が高いと考えている（小田、二〇二三）。奈良時代後半の正月節会に際して、蝦夷は「東院」と楊梅宮の朝堂において宴を受けていたと考えられる。

奈良時代後半の同じ正月節会の場として、蕃客が来朝した際には、大極殿閤門・朝堂を使用し、「東院」と楊梅宮は使用されていない。一方で蝦夷の場合は「東院」・楊梅宮で宴に参加している。これは、正月節会に際して、蕃客と蝦夷では扱いに差があり、饗宴がおこなわれた場についても何らかの違いがあったことを意味している。蕃客来朝時には一貫して東区朝堂院上層を用いていることから、「対外使節来朝時の饗宴の場」として、東区朝堂院上層の性格を位置づけることができる。これは逆にいうと、蕃客は東区朝堂院のみに招かれるものであり、同じ節会・饗宴の場である楊梅宮は、蕃客が入ることのできない空間であったと解することができる。一方、そのような節会・饗宴の空間に蝦夷は参加している。楊梅宮の性格を考える上で、この点が注目される。楊梅宮における饗宴とは、国際的な競合関係にある外国使節（蕃客）を排除し、天皇と臣下および「夷狄」である蝦夷が参加し挙行されたものと解することができる。この饗宴を通じて、天皇を頂点とする君臣関係を再確認し、共同体意識の共有がおこなわれ、さらに蝦夷が参列することにより、支配者意識の高揚が図られたものと推測する（小田、二〇一四）。

ここから、古代の饗宴施設において、二つの空間の使い分けが存在したと考えられる。すなわち、

空間Ａ：対外的要素を排し、天皇―五位以上官人（＋蝦夷）により儀礼を挙行する空間。

空間Ｂ：外国使節に対する体裁を整え、中国風の儀礼を挙行することが可能な空間。

の二つの空間に分類できる。

奈良時代末期の平城宮において、「楊梅宮」は空間A、東区朝堂院は空間Bに該当する。この空間A・Bの使い分けを空間構造という視点で比較すると、東区朝堂院では瓦葺き・礎石建物という中国風の空間内で、「官司の論理」で十二堂に着座した中で饗宴がおこなわれ、楊梅宮では掘立柱建物による伝統的な空間のなかで「位階の論理」で四堂に着座し、饗宴がおこなわれたことが想定できる（小田、二〇一四）。

筆者は、これら空間A・Bの使い分けは奈良時代末期の平城宮内だけのものではなく、古代宮都およびそれ以前の王宮中枢部の饗宴施設の使い分けと空間構造の違いとして表出していたのではないかと考える。この空間の使い分けを、古代王宮・宮都の饗宴施設の変遷の中で系統的に位置づける必要があり、各王宮・宮都における饗宴空間の個別の分析が必要となる。そこで次に飛鳥の饗宴空間について取り上げる(3)。

（3）石神遺跡A三期遺構群の建物配置

飛鳥地域の饗宴施設として奈良県石神遺跡が著名である。石神遺跡は飛鳥宮から北西へ約九〇〇m、飛鳥寺の北西方に位置しており、飛鳥寺西の広場と一体の空間であったと考えられている。また、飛鳥寺西の広場は皇極～持統朝まで蝦夷・隼人・覩貨邏・多禰など朝貢してきた夷狄の服属儀礼と饗応がおこなわれている。今泉隆雄は飛鳥寺西に蕃客である新羅使などは登場せず、来朝の夷狄の饗宴と行事をおこなう場という性格をもち、須弥山と斎槻という諸天と神を媒介とし、天皇と夷狄との支配と服属の関係を固定させる場であったと論じた（今泉、一九八六・一九九二）。

石神遺跡は奈良文化財研究所の発掘調査により、多数の掘立柱建物群や石組溝をはじめ複数期の遺構変遷があることが判明している。このうちA三期遺構群は東区画と西区画に分かれるが、特に東区画の建物配置・空間構成が注目される。第八次調査の『概報一九』をもとに概要を述べる（奈文研、一九八九）（図3）。

A三期遺構群東区画は、中心建物として桁行八間・梁行三間で四面廂が付く南北棟建物SB一二〇〇があり、四間目には間仕切りがある。またSB一二〇〇の南には桁行六間・梁行二間の東西棟建物SB一〇〇〇が当初存在し、方形池SX一〇一〇に作り替える。これらの建物を囲むように桁行の長い無廂建物が東西南北に存在する。東西に位置するSB九八〇・九九〇は同一規模の長大な南北棟建物である。桁行一八間・梁行二間で柱間寸法は二・一m（七尺）等間である。南北に位置するSB八六〇・SB一三五〇は二棟の南北棟建物の外側の側柱筋に東西両妻を揃え、一間分隔てて南北に建つ東西棟建物である。桁行一二間・梁行二間で柱間寸法は二・一m（七尺）等間である。

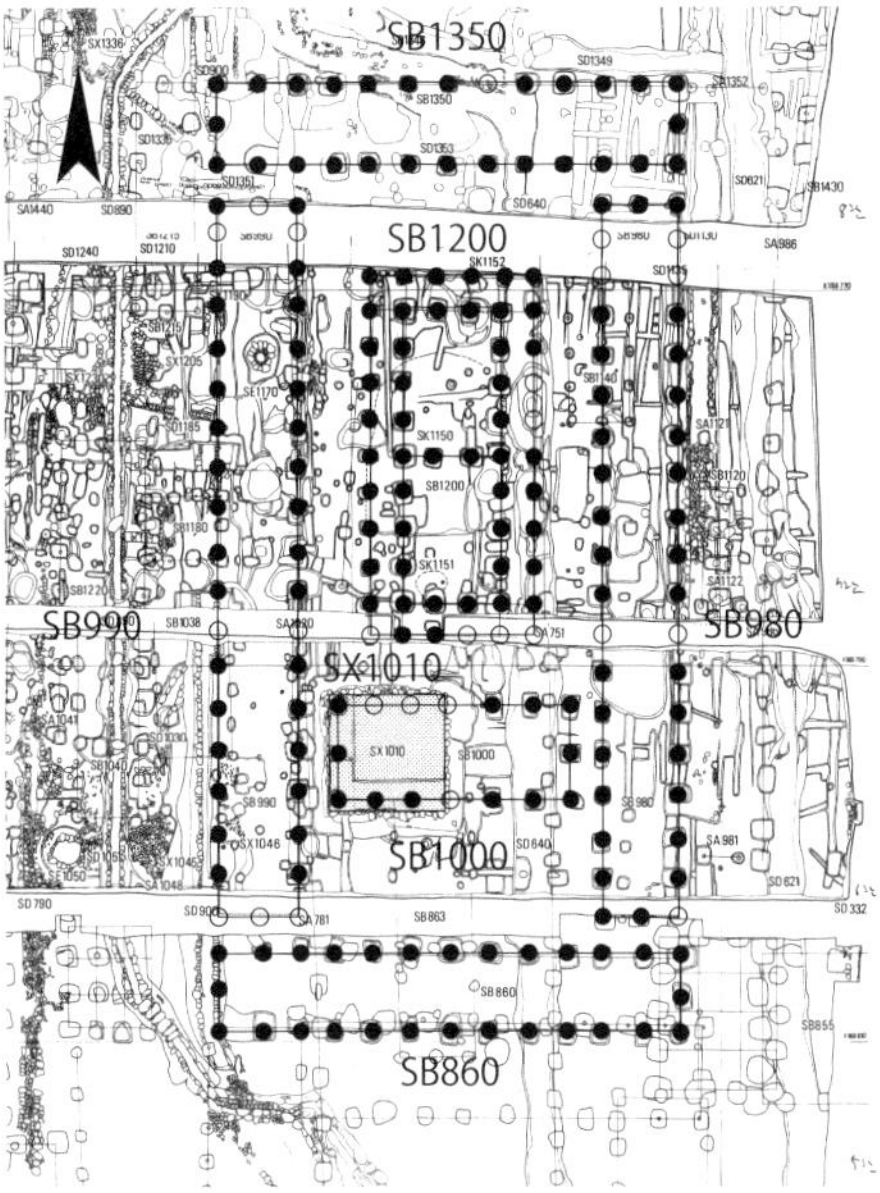

図3　石神遺跡 A3期遺構群東区画
（小田 2020）

これら四棟の建物は、整然とした配置をとって東西幅約二五m、南北長約五〇mの長方形区画を形成している。

石神遺跡A三期遺構群は斉明朝の饗宴施設と評価されている(4)。蝦夷・隼人ら夷狄の服属儀礼・饗応がおこなわれた飛鳥寺西の空間と一体である石神遺跡は、先に分類した空間Aに位置づけることができる。よって、石神遺跡A三期遺構群は飛鳥宮周辺に存在した空間Aの性格を有する饗宴施設の代表例として、古代の饗宴施設の建物配置・空間構造とその系統関係を考える上で重要な事例と考えている。以下に論じる。

（4）古代における饗宴施設の空間構造

奈良時代末期の平城宮において、同じ正月節会の場として使われた東区朝堂院上層と楊梅宮の使い分けと構造の違いをもとに、空間Ａ・Ｂに分類した。そして、飛鳥時代の饗宴施設として知られる石神遺跡Ａ三期遺構群について、空間Ａに位置づけられると考えた。

石神遺跡と楊梅宮では一世紀以上の開きがあるものの、空間Ａの饗宴施設として共通する構成要素を有していることが考えられる。そこで検出遺構をもとに両者の共通点を抽出すると、①広い空間を有し、②梁行の広い長大な建物（塀のような単なる区画施設ではなく、人が着座・侍候することができる）で区画し、③区画内部に中枢建物（廂付建物）と④広場（朝庭）を有する、という点が挙げられる。さらに、⑤掘立柱構造で、⑥瓦葺きではない点も共通する。(5)

ここから、古代における饗宴施設の共通点として、以下の特質が抽出できる。

・長大な回廊・長舎によりロの字形の空間を呈する。
・空間内部に中心的な建物を有する。
・中心的な建物の前面に儀式空間・建物を有する。

これらの要素は、古代宮都中枢部の饗宴空間に不可欠の要素として取り入れられていたことが想定される。

上記の所見をもとに、筆者は饗宴空間の基本モデルを作成した（図４）。これは、石神遺跡Ａ三期遺構群東区画を念頭においたもので、Ａ：中心建物、Ｂ：外周建物、Ｃ：儀式空間から構成される一つの饗宴空間で、Ａ：中心建物の前面にC：儀式空間があり、それらをB：外周建物で囲む建物配置である。この時、B：外周建物は、参列者が着座する施設であるとともに、内部の饗宴空間を外部から隔てる区画施設でもある。

空間構成という視点でみると、A・B・Cからなる一つの饗宴施設の中に、参加者全員が着座し、共飲共食をおこなうことで、一体感を共有できる空間といえる。同時に、A・B・Cのように、着座する建物間相互には中心人物と参列者の位置や距離関係という明確な差が存在することから、これにより、参加者間の相対的な上下関係が明示され、再確認する場であるとみることもできる。すなわち、ロの字形の建物配置は、内部の参加者の一体感の醸成と相対的上下関係の明示の両方を達成することが可能な空間構造といえる。これは、共飲共食と儀礼を通じて天皇・大王―臣下間の共同体意識を醸成し、君臣関係を再確認するという性格を有する饗宴をおこなう施設として有効な空間構造である(6)。

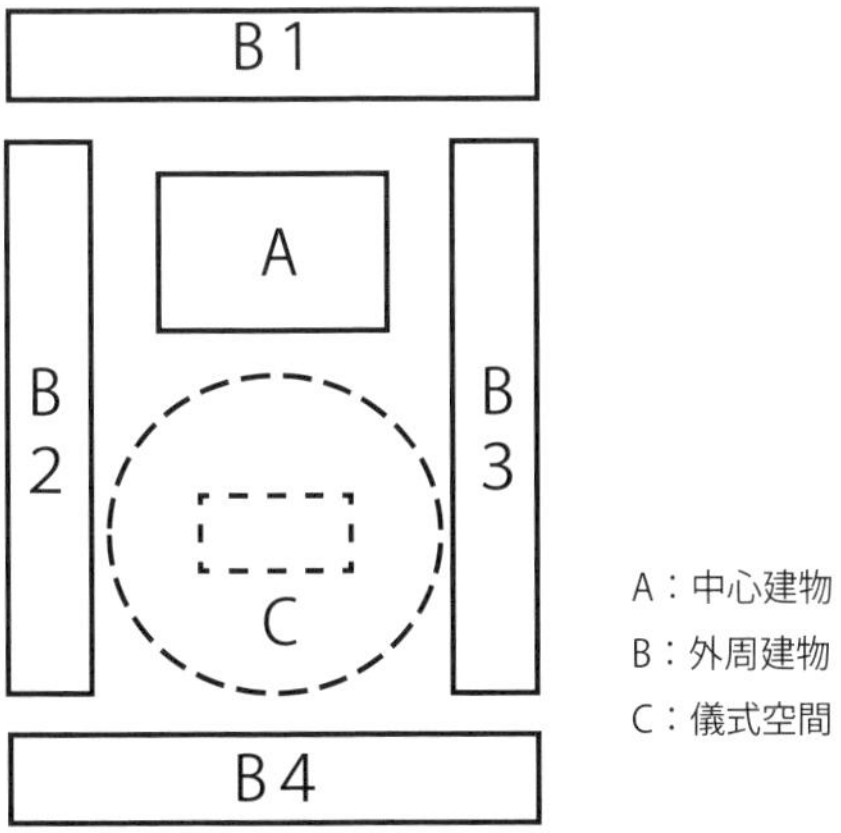

図４　饗宴施設の建物配置モデル（小田 2014）

以上のように、古代の饗宴施設である石神遺跡と楊梅宮から抽出した共通の要素をもとに基本モデルを作成した。その結果、古代宮都中枢施設に見られるロの字形の建物配置とは、天皇・大王を頂点として五位以上官人・マエツギミらとの君臣関係を再確認する饗宴の場として有効な空間構造であったと考えた。これをふまえて、次に飛鳥宮周辺の饗宴施設について考察を進める。

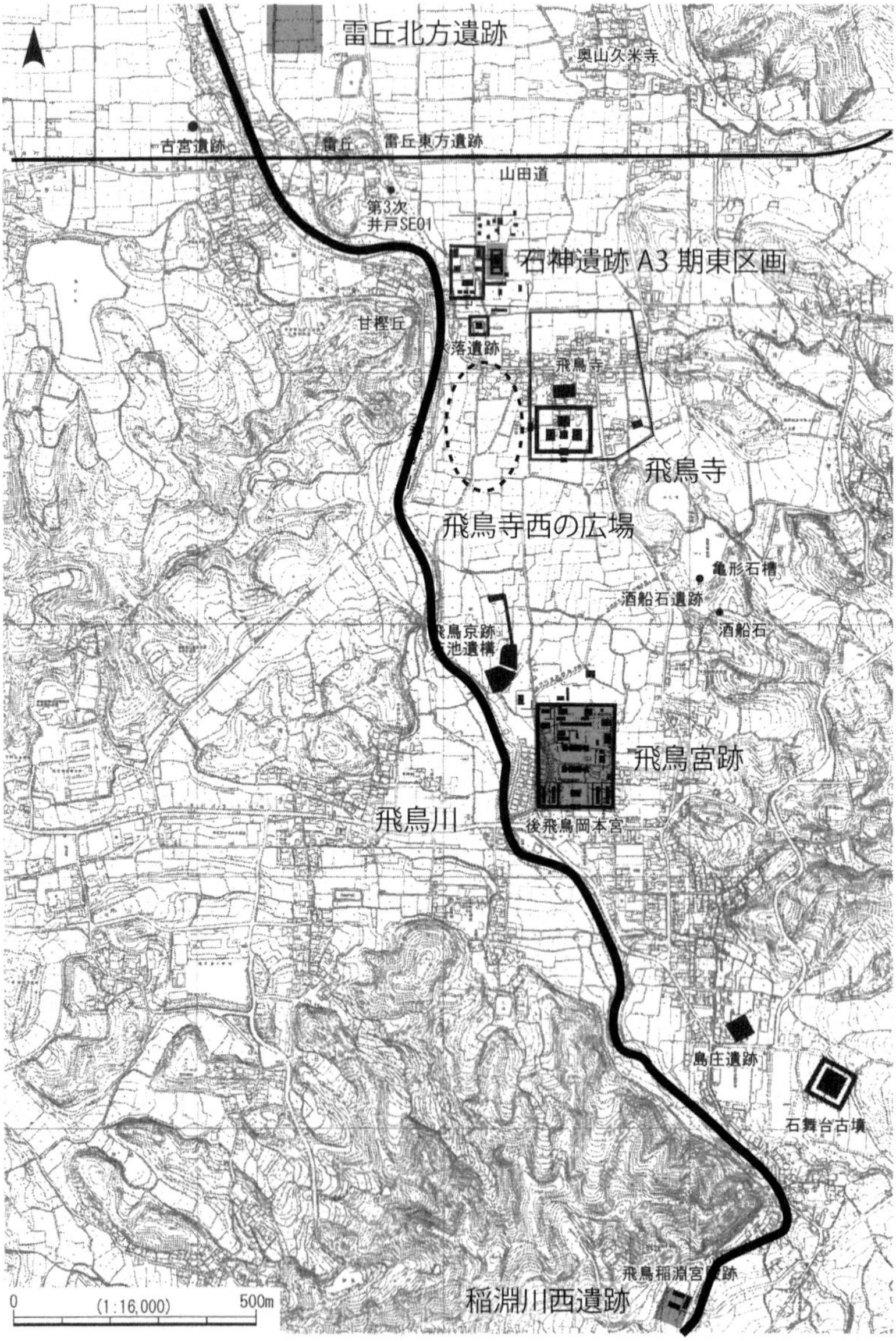

図5　飛鳥地域の「ロの字形」施設の分布（重見 2015 に加筆）

二　飛鳥地域における口の字形配置の建物群と変遷について

（1）飛鳥地域における口の字形配置の建物群

飛鳥地域では先に見た石神遺跡A三期遺構群の他に稲淵川西遺跡と雷丘北方遺跡において、口の字形配置の建物群が確認されている（図5）。以下、概要を整理する。(7)

稲淵川西遺跡　奈良県稲淵川西遺跡は飛鳥宮から南東方へ約一・一㎞に位置する。稲淵川西遺跡では四面廂建物一棟と片廂建物三棟、石敷きを検出している（図6）。『概報六』をもとに概要を述べる（奈文研、一九七七）。SB〇〇一は桁行四間以上、梁行二間であり、南・北・東で廂を検出していることから四面廂建物と想定される。SB〇〇二は東西棟掘立柱建物。桁行八間以上、梁行三間で南側に廂をもつ。柱掘方は、南側柱列・妻柱が通有の柱掘方であるのに対して、入側柱列では布掘り掘方に柱を立てる。SB〇〇三は南北棟建物。桁行二間以上、梁行三間で西側に廂をもつ。柱間寸法はSB〇〇二と同一である。入側柱列と東側柱列を布掘り掘方としている。SB〇〇四は南北棟建物。桁行一五間、梁行三間でSB〇〇三と同様に西側に廂をもち、両者の柱筋と柱間寸法は一致している。西側

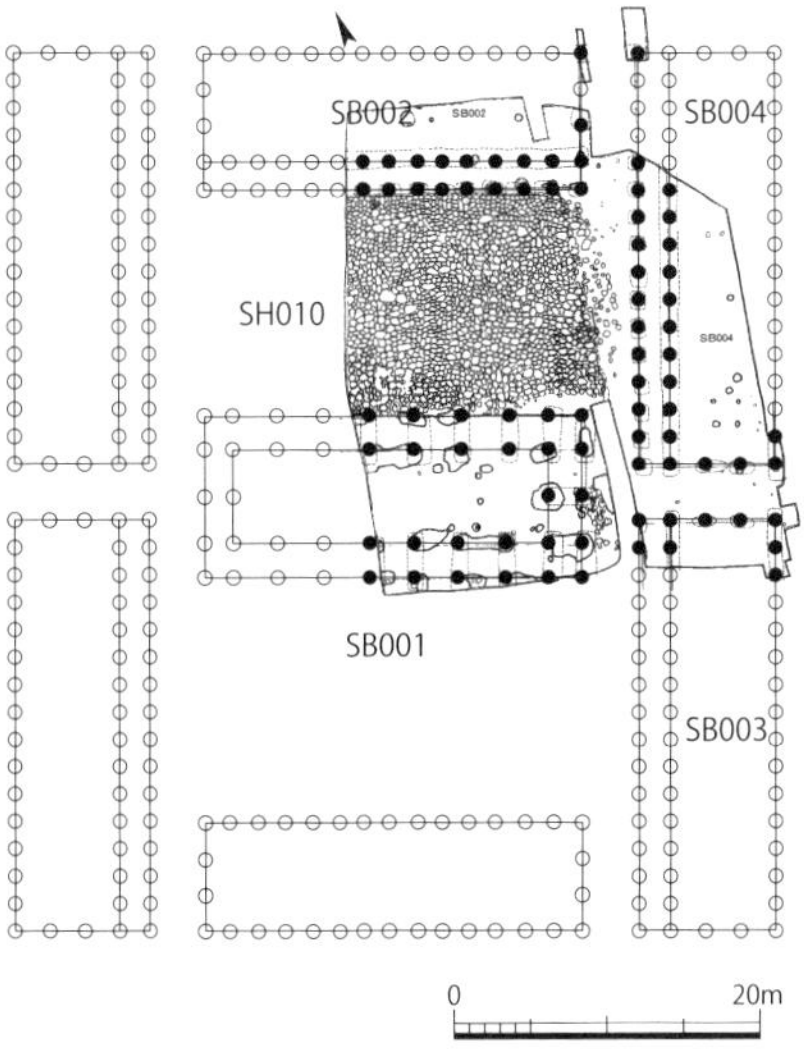

図6　稲淵川西遺跡遺構図（小田 2020）

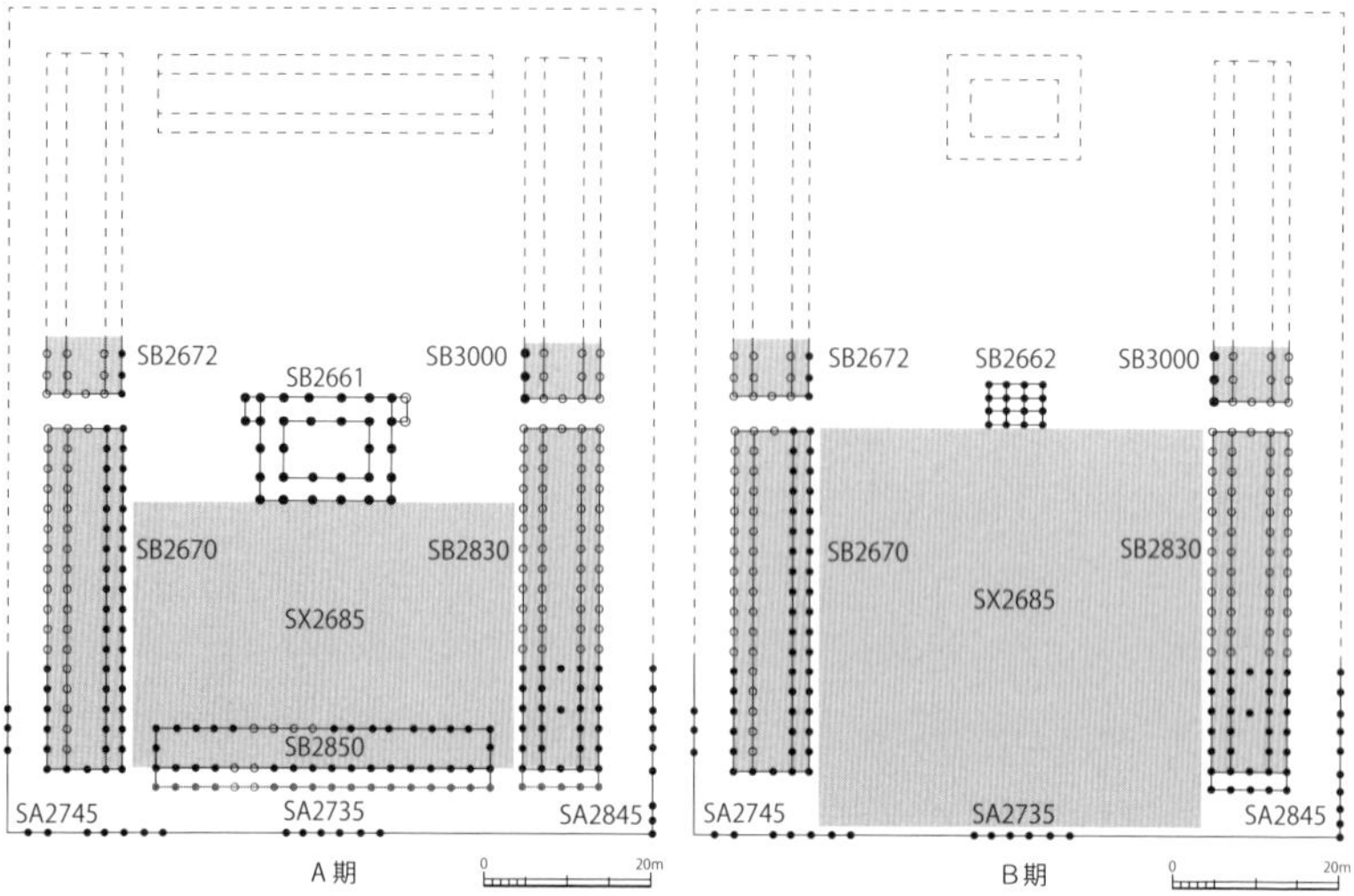

図7　雷丘北方遺跡建物配置復元図　（小田 2020）

柱列と妻柱は個々に柱掘方をもつが、入側柱列および東側柱列は布掘り掘方である。ＳＨ〇一〇は南北一四ｍ、東西一八ｍ以上の石敷き広場。一辺四〇㎝前後の花崗岩質の玉石を用いて全面に敷く。ＳＢ〇〇一とＳＢ〇〇三・〇〇四の間にも敷石抜き取り痕跡が見られることから、石敷き面は南へ帯状に延びていたと推定される。

図6では、柱間の異なるＳＢ〇〇一・〇〇二の桁行総長が一致すると仮定した概報の検討をふまえ（奈文研、一九七七）、ＳＢ〇〇一を九間、ＳＢ〇〇二を一四間と想定し、両者の想定中軸線を基準にＳＢ〇〇三・〇〇四の対称となる位置に同構造の南北棟建物二棟が存在すると推測して作図した。

雷丘北方遺跡　奈良県雷丘北方遺跡は飛鳥宮の北西約一・五㎞、雷丘の北北西約二〇〇ｍに所在する。雷丘北方遺跡では四面廂建物と南北に桁行の長い二面廂建物からなる大規模な掘立柱建物群である。これらは二時期の変遷がある。筆者は概報をもとに建物配置について再検討をおこなった（小田、二〇二〇）（図7）。

その結果、Ａ期には四面廂建物ＳＢ二六六一を中心とし、その前面には礫敷SX二六八五、東西に桁行の長い南北棟建物を二棟ずつ（SB二六七〇・二六七二・二八三〇・三〇〇〇）配置していること、南辺に南面庇を持つ東西棟建物SB二八五〇、北辺にも桁行の長い東西棟建物の存在が推定できることから、ロの字形の建物配置を復元した。また、これらを掘立柱塀（SA二七四五・二七三五・二八四五）が囲んでいた。

B期では四面廂建物が総柱建物SB二六六二となり、南辺の東西棟建物が撤去され、礫敷が敷設される。東西各二棟の南北棟建物は存続しているので、南方に建物がないコの字形に近い空間構成となる。筆者はこの空間構成の変化に伴い北辺に想定する東西棟建物にも変化があった可能性を推測している。

A期の遺構に伴う土器は七世紀後半（飛鳥Ⅳ）が多く、B期の礫敷SX二六八五上面では藤原宮期〜奈良時代の土器がみられることから（奈文研、一九九四）、七世紀後半から藤原京期に展開し、その中でA・B期の改変があったと考えられる。

（2）ロの字形配置の建物群の変遷と特質

石神遺跡A三期遺構群、稲淵川西遺跡、雷丘北方遺跡の三遺跡は桁行の長い建物で中心建物を囲む建物配置が共通していることから、これらを一連の建物配置形式とみることができる。また三遺跡は七世紀中頃から藤原京期までの近い時期に機能していたとみられるが、詳細にみると若干の時期差があり、中心建物や外周建物の構造と空間構成にも差異がみられる。これら三遺跡の建物・空間の各属性に注目して関係性を整理すると（表1）、中心建物が南北棟（石神遺跡A三期）から東西棟（稲淵川西遺跡、雷丘北方遺跡）へ変化し、東西の外周建物が一棟（石神遺跡A三期）から東西二棟（稲淵川西遺跡、雷丘北方遺跡）へ変化したとみることができる。さらに外周建物の廂の数に注目すると無廂（石神遺跡A三期）から片廂（稲淵川西遺跡）、二面廂（雷丘北方遺跡）へ、という段階的な変化とし

遺跡/属性	1. 石神遺跡 A3 期東区画	2. 稲淵川西遺跡	3. 雷丘北方遺跡 A 期	4. 雷丘北方遺跡 B 期
時間	7 世紀中ごろ～後半	7 世紀中頃～後半	7 世紀後半	藤原京期
A: 中心建物	四面廂 南北棟建物	四面廂 南北棟建物	四面廂 東西棟建物	(不明)
B: 外周建物 B1　北	1 棟 無廂建物	1 棟 片廂建物	不明 不明	不明 不明
B2・3 東西	1 棟 無廂建物	2 棟 片廂建物	2 棟 二面廂建物	2 棟 二面廂建物
B4	1 棟 無廂建物	不明 不明	1 棟 無廂建物→片廂建物	なし
C: 儀式空間	前殿→方形池	石敷き	礫敷き	礫敷き (総柱建物)
区画施設	外周建物が兼ねる	不明	掘立柱塀	掘立柱塀

表 1　ロの字形建物配置の各属性（小田 2020）

て説明できる。これらの各属性の変化から、石神遺跡A三期→稲淵川西遺跡→雷丘北方遺跡と変遷した可能性が高いと判断する。

そして、この三遺跡の変遷をみると、①全体規模の拡大、②中心建物の隔絶化、③区画施設と建物の分化という三つの変化の方向性を見出すことができる。

まず①全体規模の拡大は、外周建物の規模と儀式空間の拡大を意味している。外周建物は無廂から片廂、二面廂というように廂の付加による梁行方向の空間の拡大がみられると同時に、東西の外周建物の棟数の増加と桁行方向の空間の拡大を読み取ることができる。これは建物に着座する人数や施設内でおこなわれる活動の規模が拡大したことを反映していると考えられる。儀式空間の拡大は中心建物と外周建物との距離が広がることを意味するものであり、石敷き・礫敷きの舗装は空間の荘厳化がおこなわれたものと理解する。

次に、②中心建物の隔絶化は、①の外周建物の拡大や儀式空間の拡大と相関するものであり、空間内における中心建物の相対的な位置づけが上昇していることを読み取ることができる。中心建物はいずれも四面廂建物という建物形式により外周建物との視覚的な差異（小田、二〇一四）を明示しており、雷丘北方遺跡では床張りの中心建物と玉石敷きの外周建物という床面構造の明らかな違いがみられる。上述のように中心建物と外周建物との距離が広がっていることもふまえると、中心建物内部に着座することができる人物が絞られ、外周建物に着座する人々との差異が明確化されていることが考えられる。

そして、③区画施設と建物の分化は外周建物の機能の確立と関連すると考える。石神遺跡A三期では外周建物が区画施設を兼ねているが、雷丘北方遺跡では外周建物の外側に掘立柱塀が存在しており、この段階では建物と区画施設の機能が分化したとみることができる。これは各建物や空間の機能が明確になり、空間全体が独立した施設として確立したことを示すと捉えられる。

また、三遺跡はいずれも掘立柱建物を採用しており、瓦葺き・基壇建物による大陸風の建築様式とは異なる。これらの特徴は先に見た楊梅宮の特徴とも共通し、伝統的な建物・空間構造の施設と位置づけることができる。

三　飛鳥宮周辺の饗宴施設とその特質

（1）飛鳥宮周辺の饗宴施設

飛鳥地域のロの字形建物配置を呈する三遺跡は饗宴施設の基本モデル（前掲109頁図4）を共有する一連の空間として位置づけられることから、饗宴に適した施設と考えることができる。従来、この三遺跡は個々に遺跡の性格が議論されてきたが、筆者はこれらの遺跡が石神遺跡A三期→稲淵川西遺跡→雷丘北方遺跡と変遷した一連の国家的饗宴施設であった可能性を提起したい（小田、二〇二〇）。

三遺跡では、いずれも中心建物―外周建物に囲まれる空間に石敷き・礫敷きが施されており、これらは儀式空間として用いられていた可能性が高い。石神遺跡A三期では前殿や方形石組池などが設けられており、儀式空間としての使用と改変の過程が窺える。また、雷丘北方遺跡でも外周建物となる南北棟建物は身舎内部まで石敷きが施されており、これは居住用の建物とは異なる建物構造である。内庭部は礫敷きが施され、B期には総柱建物が建てられるなどの儀式空間として整備されている。これらの建物配置・空間の特徴は、単なる邸宅や官衙とは考え難く、「ロの字形」の空間構造を活かした饗宴空間であった可能性を提起したい。

現時点では出土遺物からの裏付けをおこなえていないが、石神遺跡では飛鳥寺西の広場に隣接すること、須弥山石が出土したこと、北斉～隋代の施釉陶器（小田、二〇一二）のように稀少な搬入品が出土したことから、饗宴施設としての性格が窺われる。(8) 稲淵川西遺跡・雷丘北方遺跡についても、今後出土遺物の見直しや新たな資料の蓄積により、饗宴を示唆する資料が見出されることを期待したい。

また、三遺跡の変遷は、個々の施設に求められた空間的機能の変化のみならず、宮都中枢部すなわち王権における饗宴の位置づけの変化を反映しているものと解する。三遺跡の変遷から、全体規模の拡大、中心建物の隔絶化、区画施設と建物の分化という変化の方向性を見出したが、ここから饗宴の規模および参加者の拡大傾向を読み取ることができ、饗宴を通じて、中心人物の隔絶化と中心人物―参列者、参列者間の相対的な上下関係の形成・定着が進んだことが窺える。

さらに、これらの施設が飛鳥・藤原地域に所在した王宮の外縁に設けられている点が注意される（前掲110頁図5）。石神遺跡A三期、稲淵川西遺跡は後飛鳥岡本宮・飛鳥浄御原宮の時期、雷丘北方遺跡は飛鳥浄御原宮から藤原宮の時期にあたる。三遺跡は王宮内部ではなく、王宮の外縁に位置しており、場所を遷移しつつ造営された饗宴施設と位置づけられる。

今泉隆雄によると、飛鳥寺西の広場や石神遺跡でおこなわれていた夷狄の朝貢・服属儀礼は藤原宮大極殿・朝堂での儀式の中に組み込まれたとされる（今泉、一九八六）。しかし、本稿で検討した三遺跡の変遷と関係性を考えると、「夷狄の服属儀礼をともなう饗宴空間」は王宮（飛鳥宮）周辺において短期間で場所を遷移しつつ、藤原京が造営され、飛鳥宮から藤原宮へと王宮が移動した後でも、京域内にあたる雷丘北方遺跡において存続していた可能性が考えられる。

藤原宮では、大極殿・朝堂院など各種の儀礼空間が宮内に取り込まれたと考えられているが（渡辺、二〇〇六）、飛鳥寺西の広場でおこなわれていた「夷狄の服属儀礼をともなう饗宴空間」は「王宮の外縁」に営まれるという性質を保ち続けていたのではなかろうか。

夷狄の饗宴空間とは本稿で分類した空間Aにあたる。飛鳥の三遺跡はいずれも掘立柱建物を採用しており、瓦葺き・基壇建物による大陸風の建築様式とは異なっている。これらの特徴は先にみた楊梅宮の特徴とも共通し、大王―臣下の関係性を再確認し、共同体意識を高める機能を有する饗宴が、より伝統的な空間の中で挙行されていたことが窺える。

（2）ロの字形空間の成立過程

筆者は、饗宴施設の可能性があるとみた三遺跡が王宮の外縁に位置し、いずれも飛鳥川の河辺に近い、という共通点を有する点に注目している。これは、飛鳥時代以前におこなわれていた饗宴の名残ではないかと考えている。

敏達紀の服属儀礼　筆者が注目するのは、『日本書紀』敏達十年（五八一）閏二月条の蝦夷の服属記事である。(9)

十年春潤二月、蝦夷数千、寇二於辺境一。由レ是、召二其魁帥綾糟等一。（魁帥者、大毛人也。）詔曰、惟、儞蝦夷者、大足彦天皇之世、合レ殺者斬、応レ原者赦。今朕遵二彼前例一、欲レ誅二元悪一。於レ是、綾糟等懼然恐懼、乃下二泊瀬中流一、面二三諸岳一、歃レ水而盟曰、臣等蝦夷、自レ今以後、子々孫々、（古語云二生児八十綿連一。）用二清明心一、事二奉天闕一。臣等若違レ盟者、天地諸神及天皇霊、絶二滅臣種一矣。

この記事では、帰服して来朝した蝦夷の首長綾糟らが、敏達天皇の他田宮の傍を流れる泊瀬川（初瀬川）で、三輪山（「三諸岳」）に向かって、水をすすって服属の誓いをたてたことが記述されている。

熊谷公男は、この記事には蝦夷の誓約のありさまが具体的に記述されていると評価し、詳細な検討をおこなった（熊谷、一九八五）。熊谷によると、この誓約は蝦夷の首長が、天地諸神や天皇霊を媒介として、蝦夷集団の王権に対する服属を誓うという本質を持っていたこと、隼人の服属儀礼の事例もふまえると王権に対する服属を確認・維持する手段の一つとしてくり返されたことが指摘されている。さらに熊谷は、飛鳥寺西の空間についてもふれており、「飛鳥寺の西の広場にあった大槻の樹と須弥山は、そのもとで誓約をおこなうのにふさわしい、聖なる性格をもったもの」と評価し、「ここでおこなわれる饗宴もふつうの饗宴とはちがった特別な意味をもったとみるべきであろう」と推測する。

熊谷の研究をふまえると、敏達朝において初瀬川の辺で蝦夷の服属儀礼がおこなわれており、七世紀後半の飛鳥寺西の広場の服属儀礼に繋がっていたことが推測される。とすると、飛鳥寺西の広場でおこなわれた服属儀礼と饗応とは、他田宮の周辺（王宮内ではなく、王宮の傍である）にあたる初瀬川でおこなわれていた儀礼を受け継ぐものであり、飛鳥時代以前の王権に対する服属儀礼の場の要件を満たしていたと評価できる。

上述の石神遺跡、稲淵川西遺跡、雷丘北方遺跡の三遺跡における、飛鳥の王宮の周縁かつ飛鳥川沿い、という立地の共通点は、飛鳥に王宮が造営される以前の初瀬川の辺でおこなわれていた服属儀礼と饗応の場の特徴を受け継ぐものであったと考えられる(10)。そのような立地において、饗宴に適したロの字形の空間構造を基調とする饗宴施設が造営されたものと考えられる。

飛鳥時代以前の饗宴空間　最後に、飛鳥時代以前の饗宴空間について、見通しを示したい。図4（前掲109頁）の「ロの字形」の饗宴施設の基本モデルがどのように成立したのかについて検討する。

長直信は、古代官衙における長舎は五～六世紀代の大型建物（長舎）からの発展と考え、変遷過程についてモデル化をおこなった（長、二〇一四）。筆者は、この長のモデルについて、儀礼空間として利用されたある建物（建物A）を桁行方向に拡張し、間仕切りや棟数の増加により機能を分散させた過程を示すモデルと解する。一方で、建物Aを梁行方向に拡張するモデルも考えることができる。すなわち、間仕切りや廂を付加することにより空間・機能を分化して利用する方向性も想定可能である。

筆者は、飛鳥時代以前の王宮周辺に儀礼空間として利用されたある建物（建物A）が存在し、この一棟の建物の内部空間を広げるために桁行方向・梁行方向の二方向への拡張がおこなわれた結果、複数棟に機能分化した建物が組み合わさって、石神遺跡A三期遺構群をはじめとする「ロの字形」の建物配置が成立したと想定する（図8）。また飛鳥時代以前の建物A内部では中心人物―客―参列者らがロの字形の配置で着座し、儀礼が挙行された可能性を推測する（図9）。

あくまで基本モデルからの推測ではあるが、当初、王宮周辺の一棟の建物内でロの字形に着座した形でおこなわれていた饗宴が、儀式・儀礼の複雑化や参加者の増加など規模が大きくなるに従い、建物ごとの機能分化の必要が生じ、中心建物・外周建物・儀式空間で構成される饗宴空間へと発展したと推測する。今後、飛鳥時代以前の王宮

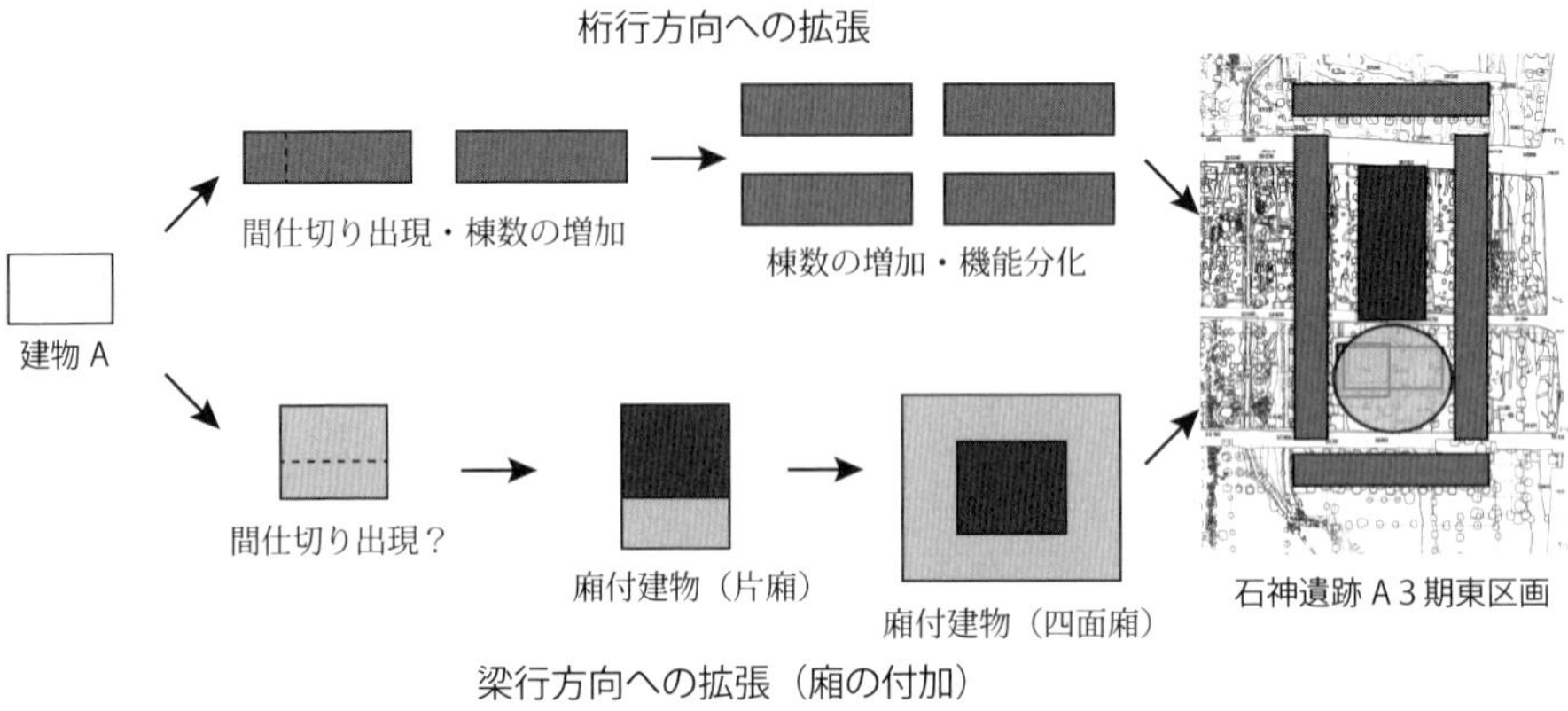

図8 「ロの字形」建物配置の成立過程（筆者作成）

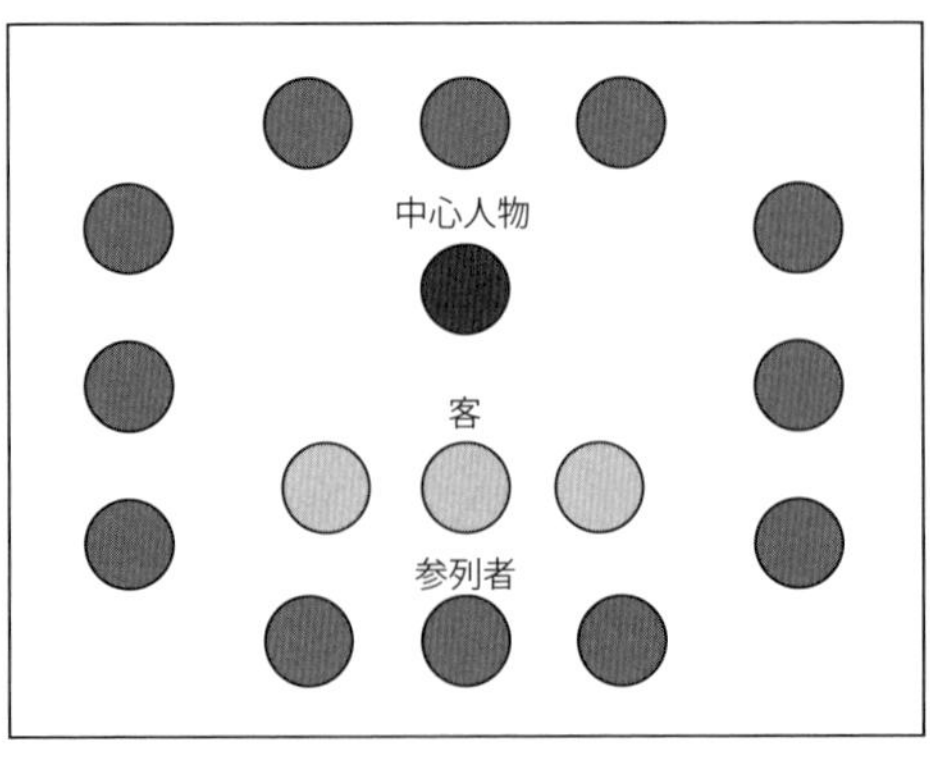

図9 建物A内部の着座位置復元（筆者作成）

がおかれた地域周辺で、この施設（建物A）の可能性を持つ遺構の検出が期待される。(11)

飛鳥時代以前から王宮の傍の川辺において王権に対する服属儀礼と饗応がおこなわれていたが、飛鳥に王宮が移る頃には、その規模が拡大し、中心建物や外周建物を組み合わせたロの字形を呈する饗宴施設が造営されたものと考えられる。そして、この王宮周縁の饗宴施設は石神遺跡、稲淵川西遺跡、雷丘北方遺跡と飛鳥川沿いで場所を変えつつも藤原京期まで存続したと考えられる。

まとめ

本稿では、以下の点について述べた。
一、古代宮都中枢部の饗宴施設はロの字形の空間構造を基本とする。
二、奈良時代末期の平城宮では対外使節の参列の有無により饗宴空間の使い分けがみられる（空間A・B）。
三、飛鳥地域では、ロの字形配置の建物群をとる遺跡（石神遺跡A三期遺構群、稲淵川西遺跡、雷丘北方遺跡）が存在し、これらは飛鳥宮の周辺に設けられた饗宴施設であった可能性が考えられる。
四、飛鳥宮周辺に設けられた饗宴施設は、蝦夷らの饗応に使用された空間として前代の大王―臣下の饗宴空間の系譜に繋がる可能性が考えられる。

〔謝辞〕本稿は、二〇二三年九月に開催されたシンポジウム「飛鳥宮の儀礼と空間構成」での口頭発表の内容を文章化したものである。シンポジウムに登壇された各先生から有益なコメントを頂いた。記して感謝申し上げます。

また、本稿の一部は科学研究費課題番号二一H〇〇六〇九および二〇H〇一三五四の成果を含む。

注

（1）楊梅宮全体の構造については前稿（小田、二〇二一）で復元した。

（2）前稿では東区朝堂院上層と楊梅宮に加えて、奈良時代末期の平城宮内裏についても検討をおこなった（小田、二〇二一）。

（3）楊梅宮において四朝堂および単廊が見つかったことで、先行研究で示された中央区朝堂院と豊楽院の四堂構成の系譜関係についても再検討が必要と考えている。平安宮豊楽院の四朝堂を複廊で接続する構造が、楊梅宮の構造を受け継いだ可能性も考えられる。この点については別稿を期したい。

（4）近年、奈良文化財研究所では報告書刊行に向けた出土土器の再整理や過去の調査の再検討が進められている（尾野ほか、二〇一六・二〇一七／森川、二〇二四）。この再検討によっても、ロの字形を呈するA三期遺構群東区画の建物群の同時性とこれらの建物群が「浄御原宮期」とされる時期の土器を多量に含むB期整地土に覆われていることは追認できる（尾野ほか二〇一七／小田、二〇二〇）。現在でもA三期遺構群のロの字形の建物配置を斉明朝の施設と見ることに矛盾はない。

（5）このほか、古代宮都中枢部の饗宴施設として、平城宮中央区朝堂院や平安宮豊楽院の四堂構成が注目される。石神遺跡や楊梅宮と比較すると、①・②・④が共通する。また⑤・⑥が異なるが、中央区朝堂院と豊楽院では外国使節が参列する饗宴がおこなわれており、これと関連して瓦葺き、礎石建ちの建築様式が採用された可能性がある。

（6）前稿ではこの基本モデルに、饗宴参加者の要素を加えて考察した（小田、二〇一四）。

（7）本節の内容は小田二〇二〇による。

（8）石神遺跡では東北系の黒色土器の出土も著名である。この黒色土器については近年の再整理により、飛鳥浄御原宮期から藤原宮期の層位から出土していることが明らかにされている（土橋、二〇二〇）。よって、石神遺跡出土の東北系黒色土器を斉明朝の饗宴施設とみるA三期遺構群と直接結びつけることは難しいが、持統朝にも飛鳥寺西でおこなわれていた蝦夷の服属儀礼・饗応との関連まで否定することはできない。

（9）『日本古典文学大系新装版　日本書紀』下、岩波書店による。

（10）この場合の服属儀礼と饗応の場とは、本稿で分類した空間Aの特徴と考えられる。なお敏達紀のように、実際に蝦夷らが飛鳥川に入ったか否かは不明であるが、石神遺跡A三期遺構群に設けられた方形石組池において類似する儀礼がおこなわれた可能性も推測できる（今泉、一九九二）。

（11）奈良県上之宮遺跡で検出された石組み導水施設と四面廂建物・回廊はその候補の一つである。また、奈良県南郷遺跡群や三重県城之越遺跡など古墳時代の導水施設などの儀礼空間との関係も今後検討する必要がある。

参考文献

今泉隆雄、一九八六「蝦夷の朝貢と饗給」（『東北古代史の研究』吉川弘文館）
今泉隆雄、一九九二「飛鳥の須弥山と斎槻」（『東北大学文学部研究年報』四一）
今泉隆雄、一九九三「平城宮大極殿朝堂再論」（『古代宮都の研究』吉川弘文館、初出一九八九）
岩本次郎、一九九一「楊梅宮考」（『甲子園短期大学紀要』一〇、甲子園短期大学）
小田裕樹、二〇一二「石神遺跡出土施釉陶器をめぐって」（『花開く都城文化』飛鳥資料館）
小田裕樹、二〇一四「饗宴施設の構造と長舎」（『長舎と官衙の建物配置』奈良文化財研究所）
小田裕樹、二〇二〇「飛鳥地域におけるロの字形配置の建物群について」（『難波宮と古代都城』同成社）
小田裕樹、二〇二一「平城宮東院六期遺構群の復元と構造」（『持続する志』下、岩永省三先生退職記念論文集刊行会）
小田裕樹、二〇二三「平城宮東院地区の遺構変遷に関する基礎的検討」（『文化財論叢Ｖ』奈良文化財研究所）

尾野善裕・森川実・大澤正吾、二〇一六「飛鳥地域出土の尾張産須恵器」（『奈良文化財研究所紀要二〇一六』）
尾野善裕・森川実・大澤正吾、二〇一七「飛鳥地域出土の湖西窯産須恵器」（『奈良文化財研究所紀要二〇一七』）
熊谷公男、一九八五「蝦夷の誓約」（『奈良古代史論集』一）
熊谷公男、一九九七「蝦夷と王宮と王権と」（『奈良古代史論集』三）
重見　泰、二〇一五「石神遺跡の再検討」（『新羅土器からみた日本古代の国家形成』学生社、初出二〇〇七）
志村佳名子、二〇一五「平城宮の饗宴儀礼」（『日本古代の王宮構造と政務・儀礼』塙書房、初出二〇一〇）
田島　公、一九八六「外交と儀礼」（『まつりごとの展開』〈日本の古代7〉中央公論社）
長　直信、二〇一四「九州における長舎の出現と展開」（『長舎と官衙の建物配置』奈良文化財研究所）
土橋明梨紗、二〇二〇「石神遺跡出土の東北系黒色土器」（『奈良文化財研究所紀要二〇二〇』）
奈良国立文化財研究所、一九七七「稲淵川西遺跡の調査」（『飛鳥・藤原宮発掘調査概報七』）
奈良国立文化財研究所、一九八九「石神遺跡第八次調査」（『飛鳥・藤原宮発掘調査概報一九』）
奈良国立文化財研究所、一九九四「左京十一条三坊（雷丘北方遺跡）の調査（第六九―一三・第七一―八次）」（『飛鳥・藤原宮発掘調査概報二四』）
西本昌弘、一九九七「奈良時代の正月節会について」（『日本古代儀礼成立史の研究』塙書房）
橋本義則、一九九一「平城宮の内裏」（『平城宮発掘調査報告XⅢ』奈良国立文化財研究所）
橋本義則、一九九五「平安宮草創期の豊楽院」（『平安宮成立史の研究』塙書房、初出一九八四）
森川　実、二〇二四「石神遺跡A期遺構群の出土土器とその年代」（『奈文研論叢』四）
吉川　聡、二〇〇三「文献資料より見た東院地区と東院庭園」（『平城宮発掘調査報告XⅤ』奈良文化財研究所）
渡辺晃宏、二〇〇六「平城宮中枢部の構造」（『古代中世の政治と権力』吉川弘文館）
渡辺晃宏、二〇二〇『日本古代国家建設の舞台　平城宮』新泉社

飛鳥宮の空間構成とエビノコ郭正殿の建築的特質

海野　聡

はじめに

宮殿の空間構成やその変遷を考えるうえで、各区域の建物配置と儀礼に関する検討や建築的な特徴の分析は重要な課題である。いっぽうで、七世紀以前の建築については現存建築が限られ、ことに古代宮殿に関しては、平城宮東朝集堂を移築した唐招提寺講堂を除き、現存しない。古代の宮殿をみていくと、藤原宮以降、礎石・瓦葺・朱塗り、土間による大陸的な建築とする大極殿院の一画と掘立柱・素木・植物性の葺材・床張りによる内裏の一画という対比によって、空間が構成されていることが、発掘調査や文献・絵画史料などから知られる。(1)では、これらの古代宮殿の空間的特質が形成されたのはどの段階なのであろうか。

既往研究で知られるように、「大極殿」の語は『日本書紀』皇極四年（六四五）六月戊申（十二日）条の記述はともかくとして、天武十年（六八一）二月甲子（二十五日）条の天武天皇が諸臣を大極殿に召して、浄御原令の制定を指示したという記事に確認でき、飛鳥浄御原宮には大極殿が存在したと考えられている（渡辺、二〇〇一／小澤、二〇〇三ほか）。通説では発掘調査の成果と合わせて、内裏内郭の南東にあるエビノコ郭という一画の正殿が大極殿と目されており、本稿ではこの説を踏襲する。いっぽうで、建築的特徴をみると、このエビノコ郭正殿は、藤原宮以降の大極殿とは大きく異なる点があるにもかかわらず、建築学的な検討が十分になされているとは言いがたい。(2)それゆえ、本稿では飛鳥宮における儀礼とエビノコ郭正殿を中心とする飛鳥宮の空間や主要な巨大殿舎を対象に取りあげ、建築的な特質を検討してみたい。

一　飛鳥宮の空間構成と儀礼

（1）儀礼の成立と空間の設計

儀礼と設計　飛鳥宮には大きく三時期の遺構が重なっており、Ⅰ期は北で西に二〇度程度振れる遺構群で、火災を受けており、飛鳥岡本宮とみられている。Ⅱ期は大造営により、大規模な区画を形成したことが遺構からうかがえ、飛鳥板蓋宮とみられる。いずれも上層の遺構保護のため、下層の検出遺構が限られ、これらの時期の主要な殿舎の構成は不明である。

Ⅲ‐A期は内郭と外郭で構成されており、Ⅲ‐B期にはそこにエビノコ郭が加わっており、それぞれ先行研究の整理に従って、Ⅲ‐A期を斉明・天智の後飛鳥岡本宮、Ⅲ‐B期を天武・持統の飛鳥浄御原宮と考える（林部、二〇〇一／小澤、二〇〇三）。すなわち王宮の中核（内裏）相当に新たに大極殿の一画という空間が付加されたと捉える。ただし、前期難波宮のような整然と並ぶ朝堂院は確認できない。近年、Ⅲ期を三時期に分けて、Ⅲ‐a期は

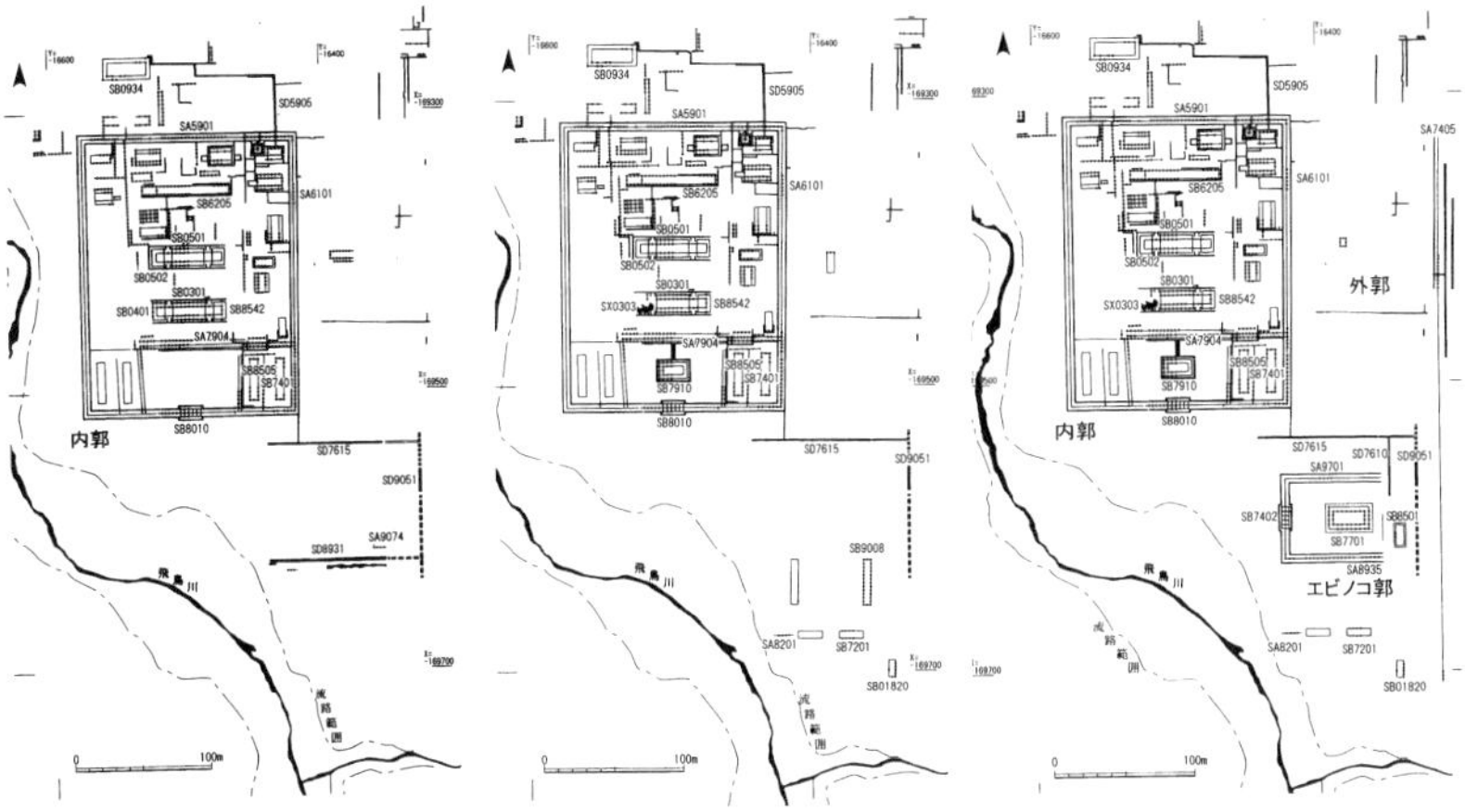

Ⅲ－a期　　Ⅲ－b期　　Ⅲ－c期

図1　飛鳥宮の遺構変遷（重見 2023）

内郭前殿のない時期、Ⅲ-B期は内郭前殿が付加され、東南区画に殿舎が整備された時期、Ⅲ-c期はエビノコ郭が整備された時期、という区分が提示されている（重見、二〇二〇）（図1）。ここでは内郭前殿の付加を画期とみており、飛鳥宮の機能や儀礼の整備にともなう改造を示す重要な変化と考えている。

これを踏まえ、飛鳥宮の空間構成と建築の関係を考えるうえでは、①内郭における前殿の出現[3]、②内郭から独立したエビノコ郭正殿、③朝堂院の有無[4]、の三点が課題である。これらの施設や施設群は宮殿における政務や儀礼と深い関係があり、既往研究でも述べられるように、社会制度が整っていくなかで、宮殿の空間構成が確立していく過渡期の様相を示している。

さて建築では設計→施工→完成→使用というプロセスを経るが、設計の時点で建物の機能を想定するか否かという点が重要である。宮殿建築の場合、設計の前提となる機能は権力誇示装置としての荘厳性であろうが、具体的な使用でいえば、儀礼や政務がそれにあたる。

もし儀礼や政務などの機能が先行して確立しており、この機能にしたがって宮殿が設計された場合、建築や空間はそれらに合わせたものとなる。これに対して、儀礼や政務が未確立、あるいはその機能に応じた場の割り振りが不十分な場合、造られた建築や空間に合わせて儀礼が執り行われる。前身建物の喪失による再建であれば、機能・設計ともにある程度の部分が固まっていて、〈規範〉が形成されているから、不具合がなければ、それを踏まえた設計・再建というプロセスとなる。いっぽうで、前身建物で改善すべき点があれば、機能の再検証から新たな設計というプロセスを経る。それゆえ古代宮殿の空間構成に関して言えば、儀礼に建築や空間を合わせるのか、建築や空間に儀礼を合わせるのか、という違いは、両者の形成過程を考えるうえで重要な視座となる。

元日朝賀　古代宮殿の儀礼と空間に関する建築史の数少ない研究では、鈴木亘は推古朝の小墾田宮以降の「朝庭」は元日朝賀、朝参、外国使拝朝、上表などの朝儀および正月射礼あるいは朝臣、外国使臣の賜饗など饗宴の場であったと指摘する（鈴木、一九九〇）。そしてこれらの儀礼の多くがその後の宮殿では大極殿で行われていない点から、その儀礼の場は大安殿であり、飛鳥浄御原宮には大極殿はなかったと考えている。ただし、大極殿の成立と儀式の定型化の間の時期差や儀式の場の変更も十分に考えられ、後世の儀礼の場との齟齬は飛鳥浄御原宮が大極殿不在であった根拠とはなりえず、再考の必要がある。

元日朝賀の場の変遷を例にみてみよう。元日朝賀は正月七日・踏歌の節会などとともに、年中行事のなかでも特に重要な儀式で、元日に天皇が文武百官から朝賀を受ける。これらの元日朝賀と宮殿空間の特徴や幢幡の並べ方の変遷については、拙稿で述べているが[5]、藤原宮における大宝元年（七〇一）の正月儀礼の様子を「文物の儀、是に備われり」と『続日本紀』に記しているように、それ以前の元日朝賀では儀礼と空間が整っていなかったとみられる。すなわち、藤原宮を機能と空間の一致であると『続日本紀』は位置づけているのである。

藤原宮では大極殿院の前でW字形に並ぶ幢幡の遺構が見つかっており、上記の記述と一致する儀礼空間が演出された。奈良時代以降は幢幡を一直線に並べる形式となり、平城宮第一次大極殿の前、恭仁宮朝堂院南門の北、平城宮第二次大極殿の前・西宮の南庭[6]、長岡宮大極殿の前で一列に並ぶ幢幡の遺構が発見されており、場所については、一部をのぞき、大極殿の前が〈規範〉となっていった。この古代宮殿の様相をみて、藤原宮での位置は大極殿院の外であることに加え、幢幡の並べ方もW字形で、平城宮以降の方法とは大きく異なる。それゆえ一直線に並ぶ幢幡、大極殿前という元日朝賀の儀式としての〈規範〉が成立したのは、奈良時代前半の平城宮の時点である。

飛鳥宮の元日朝賀に話を戻すと、持統三年（六八九）正月の朝賀の場は、エビノコ郭が成立しているにもかかわらず、内郭前殿であり、大極殿ではない。この時が持統天皇の即位前である点を踏まえねばならないが[7]、平城宮以降の大極殿に継承されていく君臣関係の確認儀礼の空間は依然として、王宮の中核（内裏）の前殿であったと捉えられる。

これを受けて、元日朝賀の場を考えれば、飛鳥宮では内郭（内裏）前殿と庭で、藤原宮では大極殿院の南門の前、すなわち朝堂院であり、いずれも大極殿院内ではない。この点は奈良時代以降の様相と大きく異なるもので、元日朝賀が大極殿の前、あるいは大極殿院内という場所性を獲得しておらず、機能と場の関連が〈規範〉として未成立であることの証左である。元日朝賀は孝徳天皇の大化二年（六四六）を初例とするように、大極殿成立以前から儀礼は先行して存在していた。このことを踏まえれば、元来、元日朝賀は王宮内で行われており、その場が内郭前殿という場に受け継がれたとみられる。大極殿が成立したことで、平城宮以降、この儀礼が大極殿の空間と組み合わされ、相乗的に大極殿の観念的意義を高めていったのであろう。

（２）内郭前殿の出現と三つの主要殿舎

では内郭前殿ＳＢ七九一〇の出現はどのように捉えられるのであろうか。そもそもＳＢ七九一〇がⅢ-Ａ期から存在したのか、後から加えられたのかによって、その存在意義は異なるが、前殿が後から付加された場合、重見泰が述べるように、天皇が王宮の基本構造として、天皇のもとへ群臣が侍候し、彼らが取り仕切る空間であった形式から、天皇の出御という形式への変化と捉えることに一定の妥当性がみえる（重見、二〇二三）。つまり機能と設計の関係においては、天皇の出御という機能にもとづいた前殿の設計と位置付けられるのである。さらに踏み込めば、後述のように内郭西南・東南の区画の庁から前殿南の庭に出てきて、そこから前殿への奏上というプロセスも想起される（図２）。

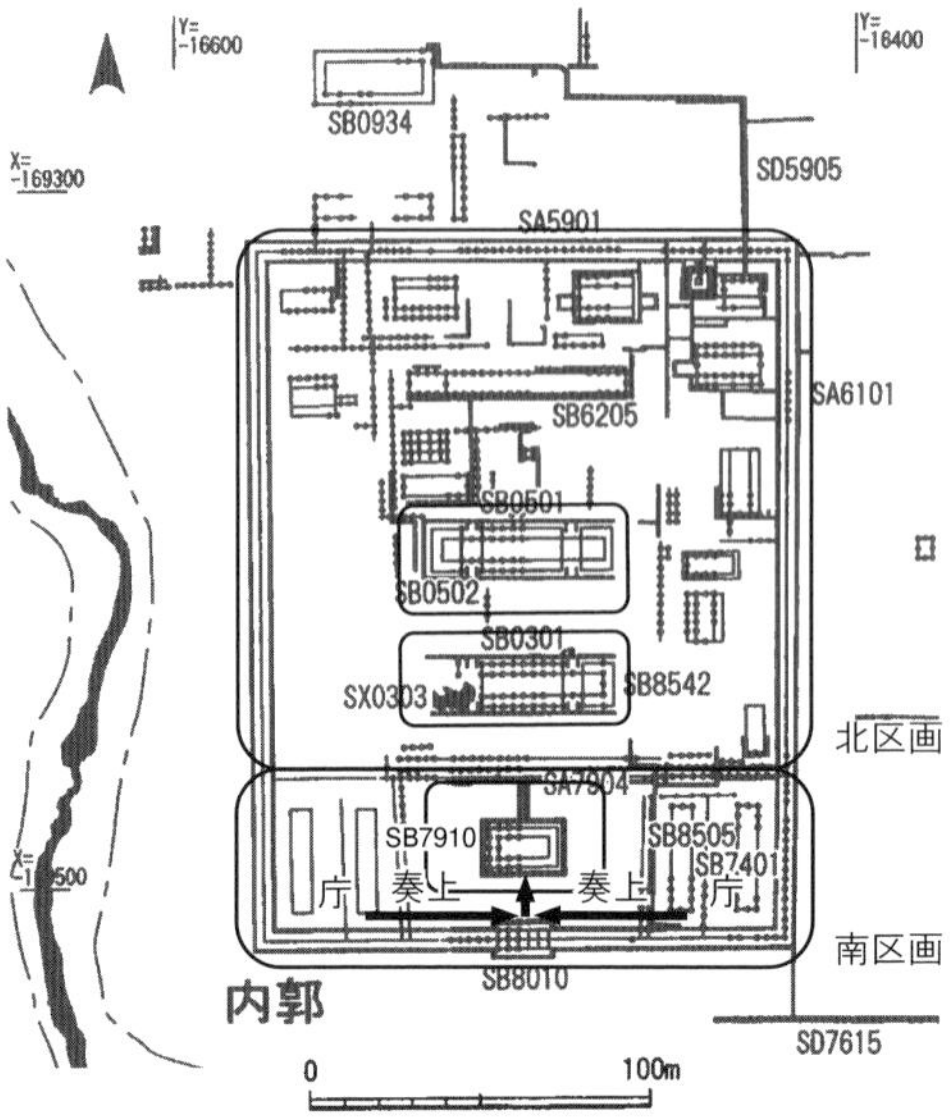

図２　飛鳥宮内郭の３つの主要殿舎（重見 2023 に加筆）

内郭のさらに北方には東西棟の巨大な建物の両脇に小建築が取り付き、これが同形同大で南北に並んでいる。南方の外安殿とみられるＳＢ〇三〇一には南北二ヵ所ずつの階段があるいっぽうで、北の内安殿とみられるＳＢ〇五〇一には階段の痕跡がない(8)。これをもって、外安殿が群臣の侍る空間であるのに対して、内安殿は天皇が限定的な者を招き入れる専有性の高い空間であるという指摘がなされている（鶴見、二〇一五／重見、二〇二〇ほか）。大安殿をどこに比定するかについては課題があるが、発掘遺構をみる限り、内郭部分に前殿・内安殿・外安殿と主要殿舎が三列に並んでいたことは確かであり、大安殿はこのいずれかであろう（図2）。

これらを踏まえ、この三棟の建築的特徴をみると、SB七九一〇は桁行七間、梁間二間の身舎に四面庇の廻る構造である。四面庇の隅木を架かる入母屋造・寄棟造の屋根が推定でき、中心建物としてふさわしい屋根形状であるが、これは南方の庭があることから外観上の荘厳を意識したものである。さらに後述のように桁行が奇数間であり、中軸性が強い。この内郭前殿SB七九一〇は平城宮では東区下層正殿のSB九一四〇に相当する建物で、朝庭に対する正殿となる大安殿であろう。

これに対して、飛鳥宮のSB〇三〇一・〇五〇一はいずれも身舎桁行八間、南北二間の南北に二面庇の付く建物で、両脇に向小殿とみられる建物が付く。ここでの大きな特徴は先述のSB〇五〇一に階段の痕跡がないこと、桁行が偶数間であること、切妻造と推定されることの二点である。特に桁行偶数間では、中軸上に柱が置かれるため、中軸性を認めがたい。SB〇五〇一の南方に空閑地が広がる点を考慮せねばならないが、建物と庭の関係性の強い桁行奇数間のSB七九一〇とは異なり、中軸性の弱いSB〇三〇一とSB〇五〇一はこれらの建物同士、あるいはそれらと向小殿という建物同士の関係性で完結する空間の志向性とも捉えられる。

また既往研究でも指摘されているように、SB〇三〇一・〇五〇一と同じように同形同大の建物が南北に並ぶ形式は平城宮内裏のⅠ期のSB四七〇〇・四六〇〇にも確認できる（図3）。この平城宮の両者の間にはSB四六四〇があり、飛鳥宮とは異なるが、一対の同形同大の建物の南北並列は内裏の建築の〈規範〉として形成されていったとみられる。

これらの空間の性格をみていくと、前殿のある内郭南区画・エビノコ郭がバラス敷であるのに対して、内郭北区

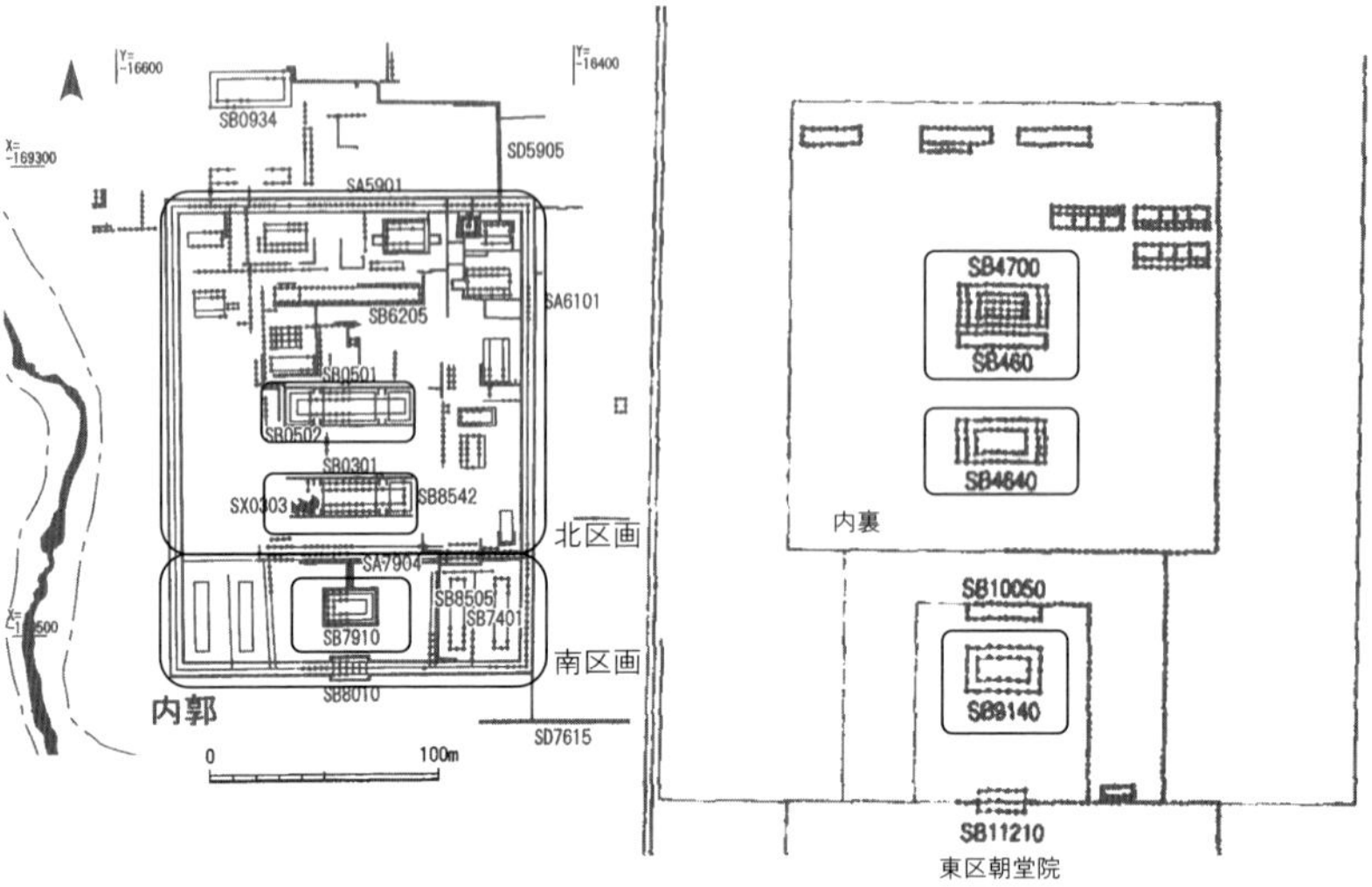

図３　飛鳥宮Ⅲ－ｃ期内郭（左）と平城宮内裏Ⅰ期（右）の主要殿舎
（重見 2023・林部 2008b に加筆）

画が大粒の石敷であることからも、両者の空間の違いがみえ[9]、さらに前殿とエビノコ郭の造営の時期や性格に共通性がうかがえよう。両者は内郭南方の朝庭とみられる空間と接しており、同時に内郭における南区画と北区画の空間的な性格の違いが表れている。すなわち建築の設計において、内郭前殿ＳＢ七九一〇やエビノコ郭正殿は前庭やその先の空間（朝庭）からの視認性が包含されているのに対し、内郭北区画の建物の荘厳性は基本的に区画内で完結するとみられ、両者には宮殿空間における存在意義の点で差異が認められる。

（3）エビノコ郭の空間構成と朝堂院

エビノコ郭　林部均の主張のように、大極殿は天武天皇の王位継承の正統性を示す舞台装置として創出されたものである（林部、二〇〇八ｂ）。そして朝堂院と大極殿を分けて考える点は筆者も同様の見解である[10]。そして朝堂と朝庭も個別に捉える必要がある。これは難波宮の様相を見れば明らかであるし、平城宮第一次大極殿院についても、政務を掌る東区朝堂院との関係性をことさらに強調する空間構成とはなっていない。ただし、磚積擁壁の上の空間が天皇の専有空間であるのに対して、下の空間は臣下のための朝庭の性格を有したものとは捉えられる。

それを踏まえて、天武十年（六八一）二月甲子（二十五日）条の天武天皇が皇后とともに大極殿に出御し、親王・諸王・諸臣を召して、浄御原令の制定を指示したという記述や同年三月丙戌（十七日）条の帝紀や記録の編纂を指示した記述からは、平城宮以降にみられるような大極殿院の天皇の独占的空間としての強い性格はみえず、一定の実務空間としての機能を有していた可能性がうかがえる。ただし群臣による合議の場ではなく、天皇からの重要事項の伝達の場であり、朝堂院とも性格が異なる。(11)

あくまで大極殿は君臣秩序の構築のための象徴的な空間で、天皇の独占的空間を志向しているという前提に立てば、飛鳥宮でこの専有性を示す空間はエビノコ郭以外には想定しがたい。浄御原令の制定や歴史記録の編纂という志向自体が儀礼的要素をともなうものであったと考えられるが、とくに浄御原令による統制という社会的変革に応答するための象徴として大極殿が設置されたとみれば、浄御原令の制定の指示が大極殿でなされたことは理念的には合致する。同時に大極殿は実務的な要件で群臣が立ち入ることができる場でもあったことは、後世の強い専有性とは異なる特徴で、注目に値する。

そこで問題となるのが、エビノコ郭南東隅のＳＢ八五〇一である。エビノコ郭が藤原宮以降の大極殿院と同様の天皇の独占的な空間であるとすると、臣下の座となる脇殿が共存するとは考えにくい。逆にＳＢ八五〇一が共存するのであれば、大極殿院の空間の性格が藤原宮以降とは大きく異なる証左となる。それゆえエビノコ郭南東隅のＳＢ八五〇一は飛鳥宮における大極殿及び大極殿院の空間的特質の解釈を大きく左右する存在である。このＳＢ八五〇一については、エビノコ郭の東辺が未確定であることを念頭に、後殿である可能性（後掲142頁図9）や礫敷があるとはいえ、エビノコ郭の区画外である可能性、別時期の遺構の可能性など(12)、さまざまな建物の存在意義が考え得る。この点については、さらな発掘調査の進展を期待したい。

飛鳥宮の朝堂院の有無

前期難波宮では、広大な朝堂院が形成されているのに対し、飛鳥宮では朝庭は内郭南方の空閑地とみられるいっぽうで、朝堂院は未確認である。朝堂はともかくとして、朝堂院という桁行の長い堂が整然と並ぶ空間が飛鳥宮に存在したかについては、古代の宮殿空間と儀礼を考えるうえで、重要である。朝堂と朝庭を別々に捉えると、内郭の西南・東南の細長い長舎は庁とみられ、内郭南方の朝庭には朝堂とみられる遺構は検出されていない。小墾田宮では庁（朝堂）と大門で囲まれた朝庭による政務空間の構成が想定されているが、現在、推定されている飛鳥宮では朝庭と庁が分離している可能性が高いのである。たとえ朝堂の並ぶ一画が別の場所で発見されたとしても、朝庭とみられる空間が朝堂の場と別離している点は飛鳥宮の空間的特質として捉えておくべきであろう。むしろ朝堂と朝庭は別々の存在で、両者の融合が朝堂院の形成につながった可能性を示唆している。

いっぽうで、エビノコ郭とその南方の空間が一体的に使われていたと推定し、南方の空間に南北棟の建物が左右対称に広がると小澤毅は推定している（小澤、二〇〇三）（図4）。この場合、大極殿南門に相当するエビノコ郭南門が存在しないことは藤原宮以降の空間構成と比べて重大な差

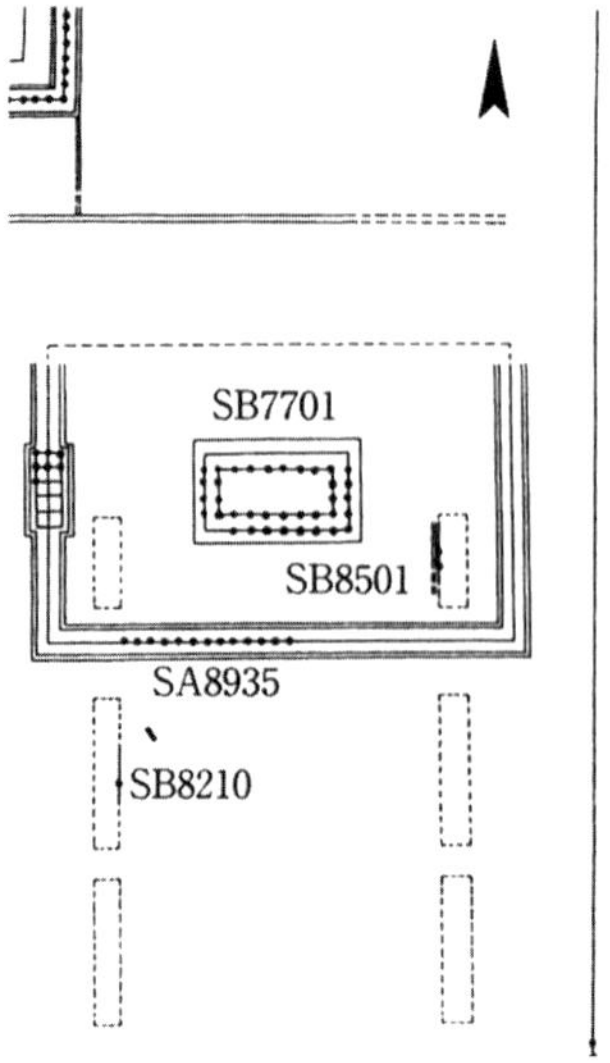

図4　小澤毅想定の飛鳥宮朝堂（小澤 2003）

異として指摘できる。大極殿院・朝堂院の空間的な接続の観点からは、両者の独立性が極めて高くなり、さらに朝堂院の正殿たる建物が不在となる。鶴見が推定するようにエビノコ郭正殿を朝堂と見ても（鶴見、二〇一五）、同様の問題を抱えており、またエビノコ郭の付加以前の飛鳥宮で朝堂不在という問題も生じる。朝堂が宮殿に必須の施設であれば、やはりⅢ期当初から存在する内郭東南・西南の長舎が朝堂にあたるのであろう。この朝堂の位置を鑑みると、臣下の空間である朝堂から内郭前殿の前に移動し、そこから天皇へ奏上という一連の流れも想起される。こう考えた場合、内郭前殿が天皇への奏上の場であるのに対し、大極殿が天皇からの詔の場と二つの異なる意思伝達の空間構成とも捉えられる(13)。

そもそも朝堂はあくまで臣下の空間であり、その場と天皇専有の大極殿の空間は接続する必要性はないのではなかろうか。こう捉えれば、もし小澤毅の述べるようなエビノコ郭南方への朝堂の展開があったとしても（小澤、二〇〇三）、エビノコ郭とその南方の空間との関連性は重要ではない。現に平城宮で第一次大極殿と政務を掌る東区朝堂院は離れており、大極殿は政務空間を有した朝堂院の正殿としての機能は有していない。この点で、明治以来、既往研究で大極殿を朝堂院の正殿とみる向きが強いものの（関野、一九〇七）、後世の平安宮八省院のように、朝堂院の正殿としての大極殿という位置づけが飛鳥宮の時点で成立していたかについては、慎重にならざるを得ない。

むしろ飛鳥宮Ⅲ-c期では、この時点で朝堂院がなかったがゆえに、大極殿は国家儀礼の場としての象徴的な意義を持つだけではなく、朝堂院の政務の機能も一部、備えており、藤原宮以降、朝堂院の設置が定型化していったことで、大極殿が象徴性に特化した機能へと集約していくと考えられる(14)。むろん、朝堂院は新たな大極殿の系譜から生まれたのではなく、庁の系譜、すなわち大王の住まい・政治の中心としての王宮の中核、つまり内裏(15)の系譜であるが、飛鳥宮では、そこに大極殿の区画が加わったことで、朝堂院の不在に起因して大極殿における政務機能の混在を招いた。鶴見はエビノコ郭正殿の朝堂の可能性を指摘するが、この点で言えば、エビノコ郭正殿は象徴性を備え、天皇の専有性を示す大極殿でありながらも、本来の朝堂の持つ政務機能も有していたとは理解できよう。

つまり飛鳥宮では朝堂の政務機能と朝庭の儀式機能を空間的に分離させ、両者の機能が分化されて大極殿へと移されたのであろう。とりわけ機能にもとづいて設計がなされたのではなく、象徴性のある建築が設計され、そこに機能があてがわれたため、形態としては内郭からエビノコ郭が独立したが、本来、象徴性の強い儀礼の場に、政務の機能が混在することになったと考えられる。

以上のような空間構成をみていくと、前期難波宮、飛鳥宮、藤原宮の宮殿の空間構成は、朝堂院の形成、大極殿の形成、両者の共存空間の形成と変遷しており、過渡期の様相が表れている。あわせて飛鳥宮の大極殿は儀礼専用の機能ではなく、前期難波宮の朝堂院の政務機能を大極殿へ一部、象徴的に移そうとしたのであろう[16]。

（4）朝庭と内郭南門・エビノコ郭西門

宮殿において門はその内部空間を象徴する存在であり（奈文研、二〇一〇）、内郭南門とエビノコ郭西門がともに五間門の規模を備える点はそれをよく示している。発掘調査がすすみ、宮殿の全体の様相が比較的明らかな平城宮では、二重門で復元されている朱雀門をはじめ、宮城の外周に開く諸門が五間門で、大極殿院南門、朝堂院南門などの主要な門はいずれも五間門である。特に朱雀門前は坪が割られずに広場としており、さらに朱雀大路の側溝が二条大路を横断しており、南北の軸性の強い空間を構築している[17]。いっぽうで内裏南面大垣にあたる掘立柱塀ＳＡ六五五五に開く大きな門は確認できず、桁行の大きな門は建てられなかった。この傾向自体は内部空間の表出としての門としての意義を内裏南門が担っていないことを示している。

この平城宮の状況を踏まえて、飛鳥宮の朝庭と内郭南門・エビノコ郭西門をみてみよう。まず飛鳥宮内郭南門周辺の発掘調査では、桁行五間、梁間二間の南門の両脇に約二・七m間隔で一列に並ぶ掘立柱列が検出されている。この南門は難波宮の内裏南門の七間門ほどではないものの規模が大きく、内郭を象徴する建物と捉えられる。遮蔽施設については、前期難波宮や大津宮では複廊で内裏を囲むことから、飛鳥宮では土台などを用いた地下に痕跡を用いない形式の回廊状であった可能性が指摘されている（鶴見、二〇一五）。飛鳥時代の寺院の発掘遺構をみると、単廊が取り付く場合には梁間三間の門とする傾向があり、内郭南門の梁間二間の構造を考慮すると、単廊は考え難い。複廊と仮定すると、その梁間は南門よりも小さくなり、回廊の梁間としては狭い。掘立柱の柱筋から雨落溝までの距離が三mとやや広いため、軒の出の検討は必要であるが、むしろ藤原宮大垣のような一本柱塀による形状の可能性もあろう（図5）。ちなみに藤原宮大垣も柱間二・七mと同寸である。この場合、建築形式の面では、内郭を取り囲む遮蔽施設は宮殿の外周相当の同形式とも捉えられるが（重見、二〇二〇）、王宮に含まれる朝庭が内郭の外側に位置する点を鑑みると、内郭南門は朝堂院北端の門、さらに言えば、奈良時代前半の大安殿の南方の門（東区朝堂院下層の北端）SB一一二一〇に相当すると考えられる。この門の両脇の遮蔽施設も掘立柱塀であり、回廊ではない（前掲132頁図3）。

この内郭南門の状況を踏まえると、やはりエビノコ郭に南門が

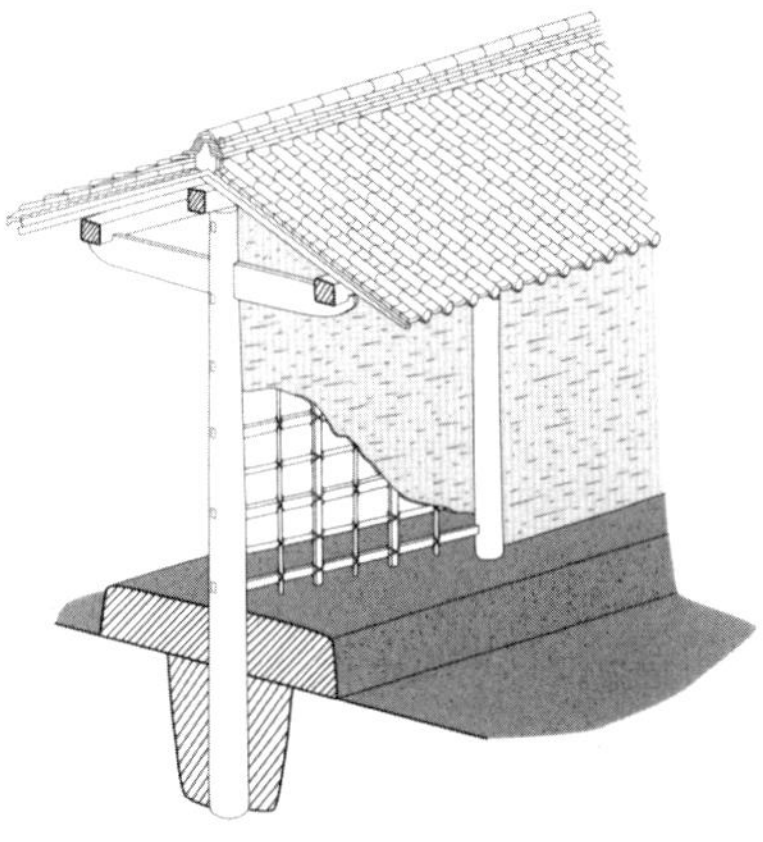

図5　藤原宮大垣復元（海野 2015）

存在せずに西門が開くことが、最大の特徴であり、ここからエビノコ郭の西方への志向性が強く読み取れる。朝堂、あるいは未発見の朝堂院と大極殿院たるエビノコ郭を区分し、朝堂、あるいは朝堂院は正殿不在の空間となることで合議制の象徴となり、結果的に大極殿院の特殊性を際立たせたとも捉えられる。ただし、その場合には政務機能が大極殿に混在する点が不可解である。確かに初期の地方官衙の政庁でも正殿不在のものがあるが、この場合は石神遺跡のように外周に長舎で囲んだ辺殿の形式である(18)。そのため、やはり辺殿ではない場合に、正殿、あるいは正殿相当の門不在の朝堂院は想定しがたい。少なくとも、それは朝堂群ではあっても前期難波宮、あるいは藤原宮以降のような朝堂院の空間とは異なるものであろう。

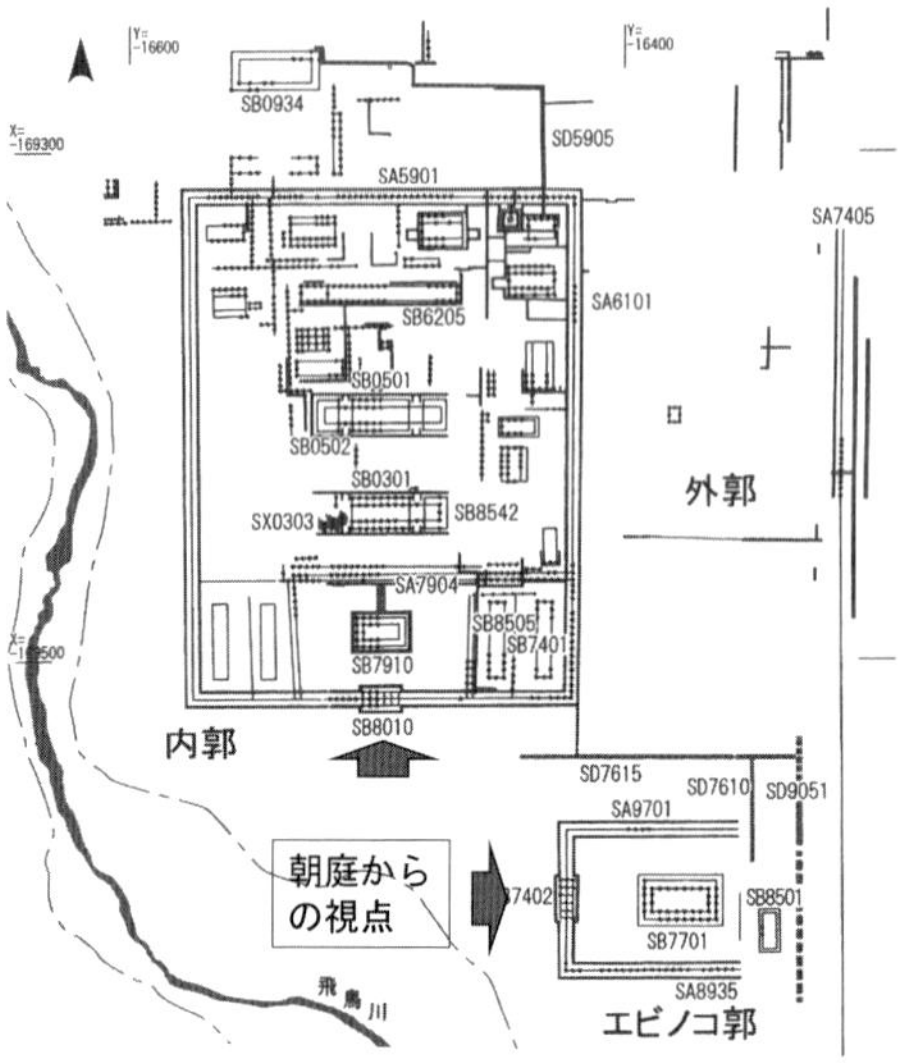

図6　飛鳥宮中枢部の遺構配置図（重見2023に加筆）

エビノコ郭の内部についても、正殿の南方に空間が存在し、階段の突出があることは確かであるが、むしろ西方の庭の方が、南庭よりも広い点を忘れてはならない。正殿自体が、この区画の南北の中央に位置し、西門と正殿の軸線がほぼそろう。それゆえ、階段が確認されているとはいえ、南面を主たる庭として使用したか、慎重な判断が求められる。時代が下った例であるが、平安宮清涼殿のように、南北棟でありながら、東広庇と東庭のような関係性で、「西→東」という軸性と「北→南」という軸性の二軸が存在することもある。それと同じく、エビノコ郭正殿にも「西→東」と「北→南」という二つの軸性がある可能性も否定はできないが、西門の規模、朝庭に対する方向性、南の庭よりも広い西の庭という点を考慮すると、やはり西への志向性は極めて強い（図6）。

以上のように、内郭南区画とエビノコ郭が天皇の公的空間であり、正門たる内郭南門とエビノコ郭西門はその内部空間を象徴する門として、桁行五間の規模が表象していた。同時に内郭南門とエビノコ郭西門で囲われた空間の朝庭としての特殊性が際立ち、ここに朝堂と大極殿ではなく、朝庭と大極殿の強い関係性がうかがえるのである。

二　飛鳥宮エビノコ郭正殿と内郭前殿・後殿の建築的特徴

（1）身舎梁間三間のエビノコ郭正殿

宮殿の空間構成における建築的な意義では、大極殿が公的かつ象徴的な建物として、他の建物と区別できることが、重要な要素である。藤原宮大極殿は平城宮第一次大極殿、恭仁宮大極殿に移築されたとみられており、身舎桁行七間、梁間二間に四面庇の廻る柱配置で、礎石・瓦葺であった。

これに対して、エビノコ郭正殿の規模は身舎梁間三間、桁行七間に四面庇の付く柱配置である（図7）。身舎の梁間が三間である点は後述のように特殊であるが、桁行総長九間という規模は藤原宮大極殿とそれを移築した平城宮第一次大極殿、同第二次大極殿と引き継がれている（図8）。奈良時代にはこの大極殿の桁行九間という規模が寺院の金堂に対してもひとつの規模の〈規範〉として機能していた（海野、二〇一九c）。それゆえ、この〈規範〉が形成された時期の課題はあろうが、宮殿建築と寺院建築の規模の系譜で考えれば、大極殿と大官大寺金堂がほぼ同規模であることからもその意識は平城宮以前の時代からうかがえる。よって、藤原宮以前にも規模による一定の

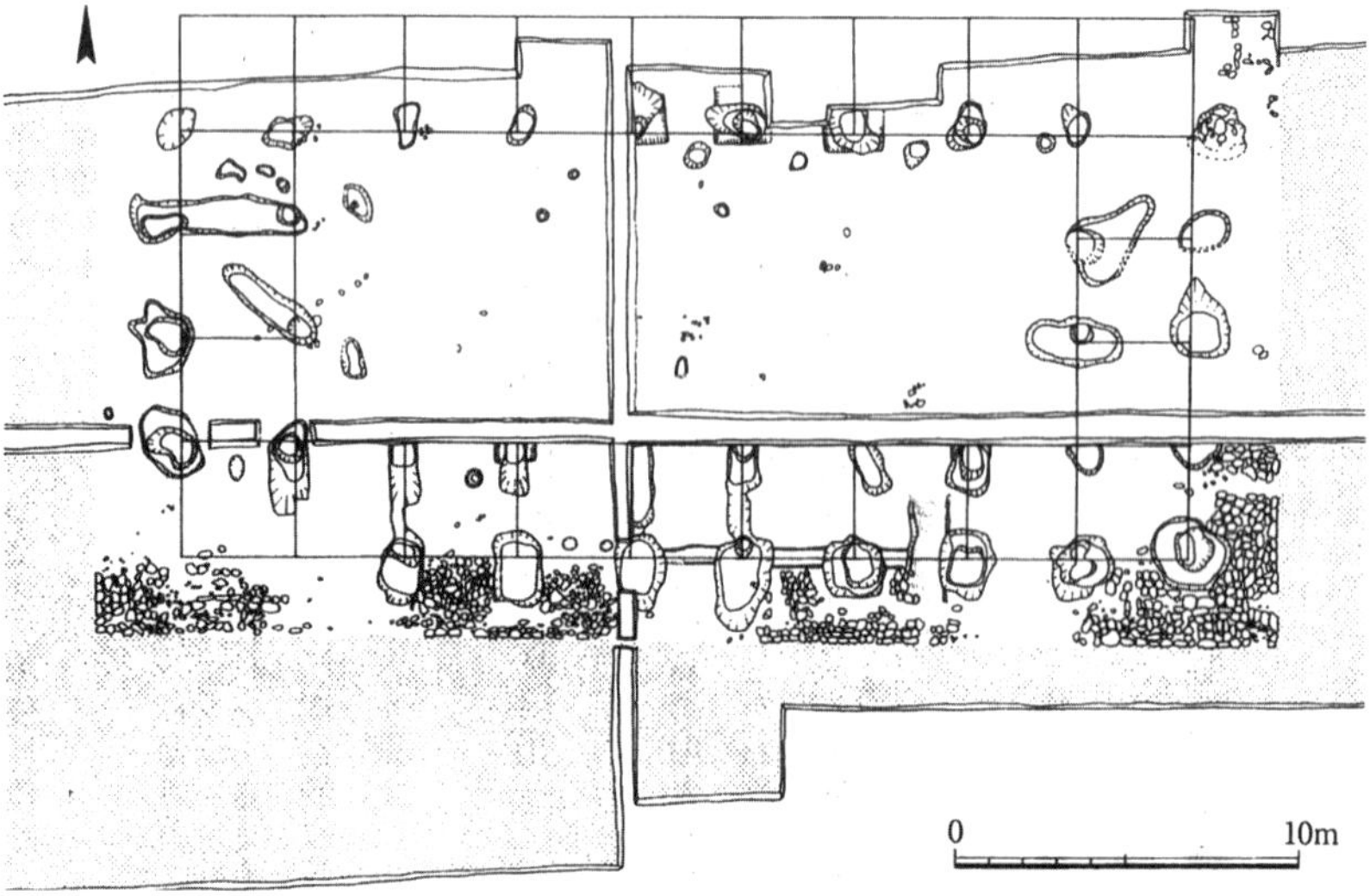

図7　飛鳥宮エビノコ郭正殿 SB7701 の遺構平面図（小澤 2003）

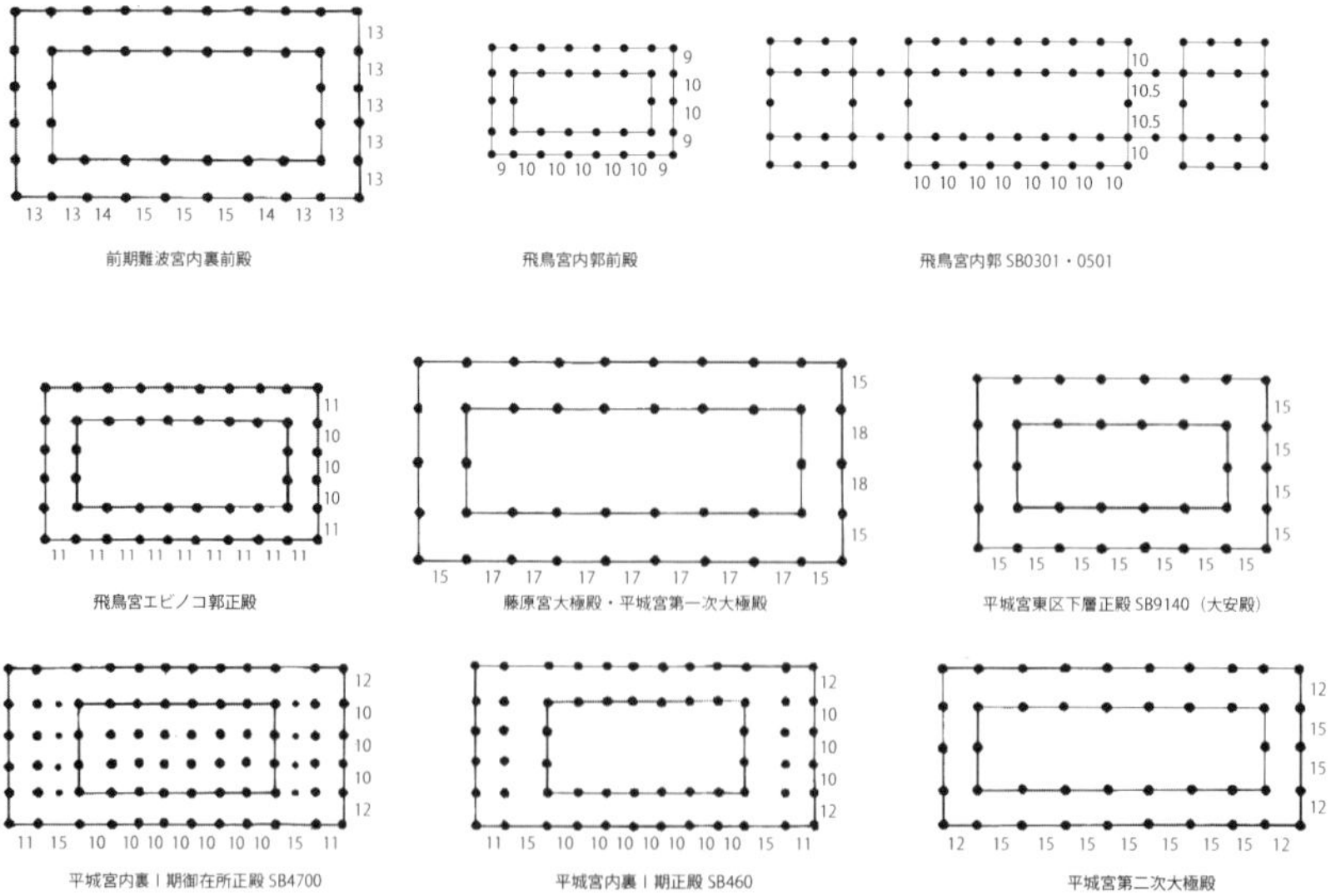

図8　各宮殿の主要殿舎の比較（筆者作成、単位尺）

〈規範〉が推定でき、エビノコ郭正殿も後世の大極殿と比べて十全な規模を備えていると捉えられる。

　次に身舎梁間三間の規模という特徴は内裏建築の系譜にみえる特徴とされ、山本忠尚や植木久の研究がある（山本、二〇〇四／植木、二〇一〇）。平城宮の内裏前殿、さらには難波宮の内裏前殿をみると、身舎が梁間三間であり、とくに平城宮の第二次大極殿院の下層にあるＳＢ九一四〇は身舎梁間二間の三〇尺としているのに対して、同じく内裏正殿ＳＢ四六〇・御在所正殿ＳＢ四七〇〇は同じ身舎梁間三〇尺であるが、あえて三間に割っている（図8）。このことからも梁間の実寸の問題ではなく、三間とすることによる内裏の建築としての観念的意義が認められる。この系譜は平安宮、さらには現在の京都御所紫宸殿まで受け継がれる内裏正殿の系譜である。

　飛鳥宮に話を戻すと、身舎梁間三間であることをもって、山本忠尚や植木久はエビノコ郭正殿ＳＢ七七〇一を大極殿ではなく、内裏正殿にほかならないと考えている（山本、二〇〇四／植木、二〇一〇）。しかし、内裏正殿＝身舎梁間三間という〈規範〉がこの時点で形成されていたかは疑わしい。飛鳥宮において、身舎梁間三間が内裏の主要殿舎の必須の要素ではないことは、より内裏としての性格が強いはずの内郭のＳＢ七九一〇・ＳＢ〇三〇一・〇五〇一の身舎が梁間二間であることからもうかがえる。むしろ、飛鳥宮の段階では、梁間三間を内裏の系譜の建物の特徴と意義付ける段階に至っておらず、あくまで梁間の大きい主要殿舎に対する手法にとどまったのではなかろうか。つまりエビノコ郭正殿の身舎梁間三間という特徴は飛鳥宮の時点では、ことさら内裏の系譜の特徴として述べるものではなく、後述のように妻入という特徴に合わせた中軸性の確保によるものと解釈できるのである。同時に、藤原宮では身舎梁間二間となるが、平城宮では身舎梁間三間となる朝堂院第一堂との関係も考えておく必要があろう。

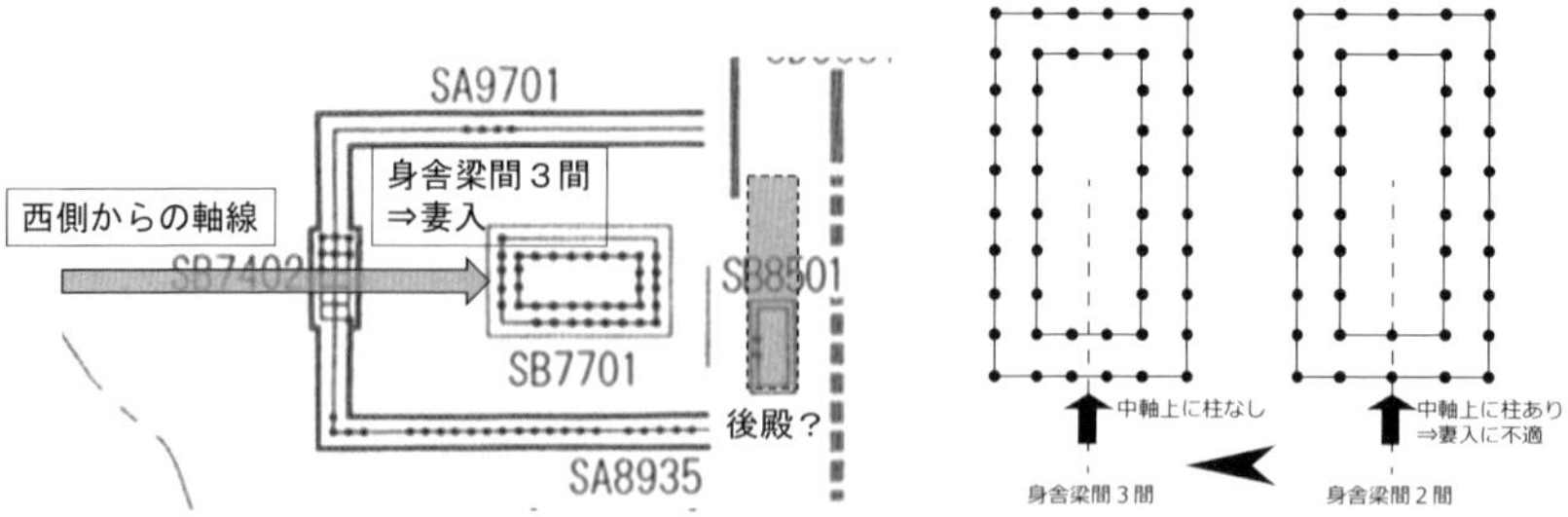

図９　飛鳥宮エビノコ郭の中軸線と身舎の柱間
（左図は重見2023に一部加筆、右図は筆者作成）

（２）妻入のエビノコ郭正殿

既往研究でも指摘されているエビノコ郭の特徴として、西門が開くという点がある。エビノコ郭の西方の庭（朝庭）とエビノコ郭との関係性が取りあげられることが多いが、この朝庭からの拝礼を重視し、ここからのエビノコ郭正殿の見え方を捉えると、妻側を正面とする妻入となる点が大きな特徴としてあげられる（前掲138頁図６・図９）。切妻造や入母屋造の場合、破風部分が正面を向くことで、特に象徴性が強い建物配置となる。[19] エビノコ郭ＳＢ七七〇一の四面庇の柱配置からは入母屋造と寄棟造の両者が考えられるが、この点では、妻入の際により象徴性が高くなる入母屋造が妥当であろう。

ところで飛鳥宮Ⅲ－ｃ期の主要殿舎は、基本的に平入とみられるが、この妻入という点で、エビノコ郭正殿は宮殿における建築的独自性を強く示している。つまり、この建物が巨大な規模に加えて、大極殿として他の大規模な殿舎とも顕著に異なる外観上の特徴を持ち、宮殿のなかでもとりわけ特異な存在であることを誇示できる建築表現を備えているのである。後世の大極殿が瓦葺・礎石・朱塗りによる外観という手法で、内裏の系統の建物と差別化しているのと同じように、エビノコ郭正殿も他の殿舎と区別できる妻入という象徴的な外観を獲得したのであろう。

この妻入という観点から、改めて身舎梁間三間という形式を捉えると、このエビノコ郭正殿の梁間三間は内裏の系譜ではなく、妻入とする際に、中央に柱を置かないための設計上の配慮と捉えられる（図9）。内郭の主要殿舎（SB七九一〇・〇三〇一・〇五〇一）が梁間二間であること、エビノコ郭の南面よりも広い西面の空閑地、西門の五間門の規模を合わせて鑑みるに、妻入と梁間三間の両者は西妻面に対する強い意識に基づく設計意図が読み取れるのである。

（3）掘立柱・高床・非瓦葺のエビノコ郭正殿

エビノコ郭正殿の基礎は掘立柱であるため、短寿命とならざるを得ず、宮殿建築の永続性という志向とは矛盾する。すなわち、飛鳥宮という正宮が定められたとはいえ、物理的に、一定期間での建て替えを前提とする、あるいはせざるをえない宮殿であるということである。同時代の寺院建築の主要堂塔が礎石であることと比べれば、技術的な課題ではなく、宮殿建築に対する観念的な意義が認められよう。

また明確な床束などの痕跡はみられないが、南面の礫敷がなされない部分が階段の突出とみられ、床張りであったと考えられる。この高床の系譜は、藤原宮以降の大極殿では失われ、土間となり、礎石・瓦葺の系譜が確立されていき、大極殿自体が唯一無二の存在として受け継がれていく[20]。むろんこの時点で、大極殿の建築形式が未成立である以上、飛鳥宮のエビノコ郭正殿が高床であることをもって大極殿ではないとする証拠にはなりえない。建築の名称・機能としての成立とその形態の確立は別問題であるからである。高床については、エビノコ郭正殿が高い基壇をともなわないことに対し[21]、建物を区画外から視認させるための工夫とみられる。ただし、床上と南面階段という建築的特徴をもって、エビノコ郭の正殿床上と南庭という区画内の南方への強い関係と即断するのは難しく、むしろ区画内の南庭よりも広い西方の庭に対する志向性が強いと捉えるのが自然であろう。西面に階段が無かったとすれば、エビノコ郭正殿と西の庭が接続しつつも、両者の空間的な移動の隔絶をしめすことにもなる。

また瓦葺ではないという点は掘立柱という基礎構造の問題もあろうが、『日本書紀』斉明元年(六五五)十月己酉(十三日)条の記述のように、小墾田宮で瓦葺の宮殿を志向していながらも、瓦葺を成し得なかったことが背景にあろう。飛鳥宮Ⅲ期は新しい宮殿の姿を模索しているにもかかわらず、飛鳥宮Ⅲ期でも、瓦葺は断念したのではなかろうか。この点では小墾田宮での瓦葺という新しい宮殿建築の外観の模索・前期難波宮での巨大な朝堂院という宮殿建築の形態と空間構成の試行錯誤を乗り越えて、飛鳥浄御原宮は形成されたと位置付けられよう。この文脈で捉えれば、小墾田宮における瓦葺の宮殿の志向は宮殿建築を他の施設の建築と差別化する手法で、伝統的な王宮からの脱却であったから、エビノコ郭正殿の妻入も、他とは異なる宮殿建築形式の模索という視座で通底しているのである。

以上を踏まえると、エビノコ郭正殿は、内裏正殿の建築的な特徴というよりも、新たな建築の創造として、入母屋造、妻入の殿舎を造りあげ、その結果として奇数間の梁間三間となったと捉えられる(22)。同時に、飛鳥浄御原宮の時点では大極殿が大極殿としての独自性と専有性を有した建築の形態を確立していたのではなく、形成途上であったことは疑いない。また身舎梁間三間という手法も内裏の建築の形式として確立する段階にはなかった。それゆえに大極殿院と朝堂院の共存、大極殿や朝堂院の瓦葺化、そして推定される植物性材料の葺材と掘立柱の内裏、という古代宮殿の建築的な手法の確立は藤原宮以降まで待つことになるのである。

おわりに

以上、エビノコ郭正殿を中心に、飛鳥宮、とりわけⅢ期の飛鳥浄御原宮の空間構成の変化と建築的特徴をみてきた。飛鳥宮の段階で、私的な性格の強い王宮から大極殿という別離した存在は確立しており、内郭から独立した区画の形成は古代日本の宮殿の歴史における画期と捉えることができる。いっぽうで、建築的には伝統的な王宮の建築（内裏）に対する大陸的な建築形式の大極殿という対比的な構成は確立しておらず、形成途上であった。ただし、後世の宮殿で確認できるような、大極殿としての特別な建築形式の模索は認められる。

これらの一連の状況は、建築や宮殿の空間構成に関して、設計の前提となる観念や機能の成立とそれを具現化するための具体的な手法の形成に時間差があることを示している。つまり前期難波宮の段階では、王宮の中核（内裏）からの大極殿という区画の独立が成し得ておらず、本来の大王の居所としての内裏とそこから政務空間を押し出した朝堂院という宮殿の空間構成とした。いっぽうで、飛鳥宮では大極殿が内裏とは独立した区画として確立したが、宮殿全体としての政務機能の場の整理は不十分であったため、依然として王宮の中核部に朝堂が含まれていた。

私見では、本来、大王の王宮では居住空間としての機能と政治空間としての機能があり[23]、両者が混在して飛鳥以前の宮殿は成立している。その後の古代宮殿の発展では、政務や儀礼の機能が王宮の中核（内裏）から分離していく。つまり、公的な場となって政務機能を有した朝堂院が外出することと、公的な儀礼の場の象徴として、独立した大極殿が成立することで、公私が分別した古代宮殿へと変化していくのであり、古代宮殿の空間構成の変遷において、この王宮（内裏）からの朝堂院の外出と大極殿の独立による政務と儀礼の分離は大きな変革であると捉えられる。それゆえに、前期難波宮、飛鳥宮のいずれも大極殿・朝堂院の空間が両立していない過渡期の段階と位置付けられ、ようやく藤原宮で両者の共存が成立したのである。

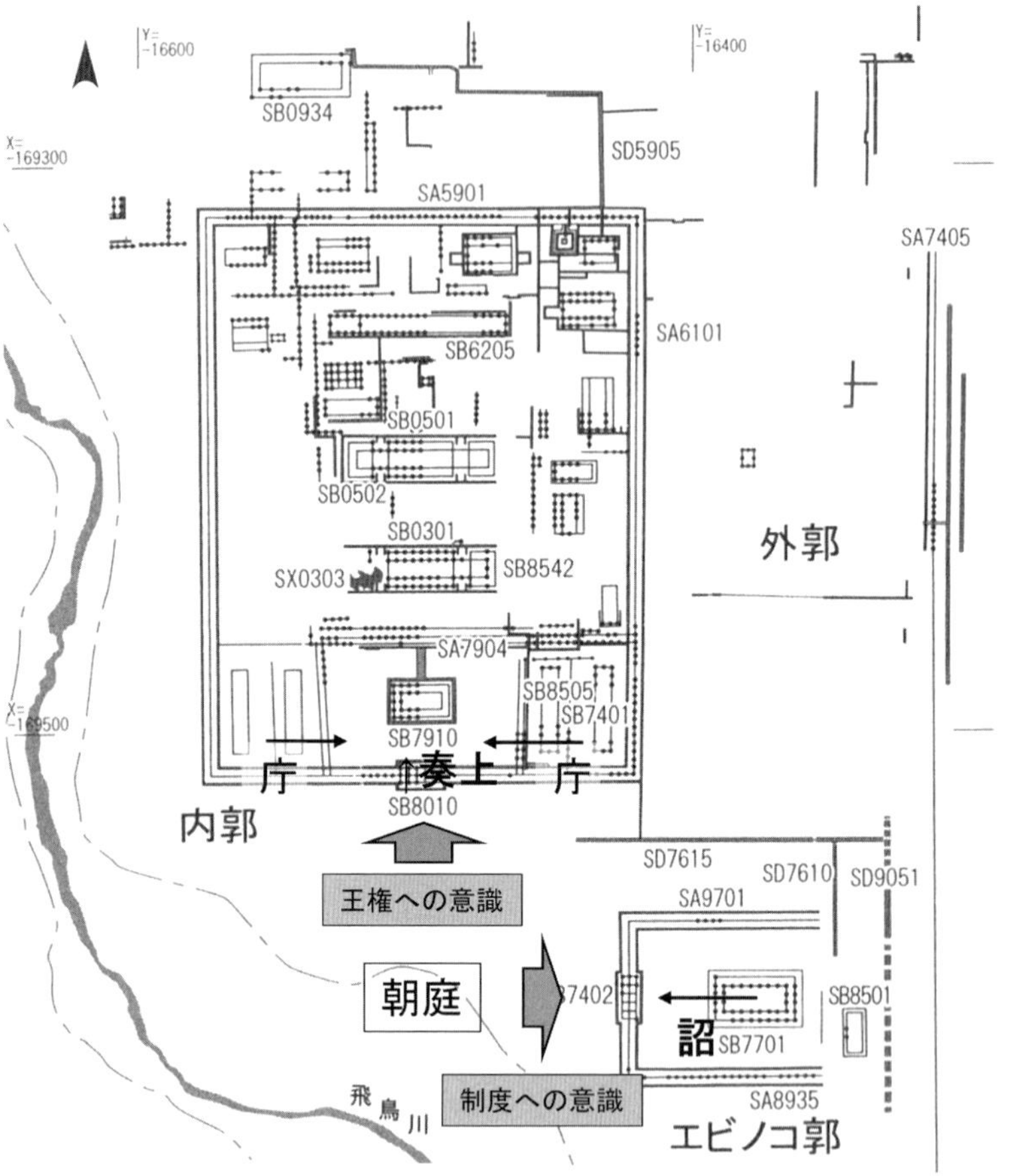

図 10　飛鳥宮の朝庭からの意識（重見 2023 に加筆）

以上のような本稿の検討を通して、古代日本の宮殿の変遷を考えるうえで、大極殿・朝堂院の共存に至るまでの過渡期の状況を示す飛鳥浄御原宮の重要性が一層、明確化した。いっぽうで、残された課題も多い。ひとつは飛鳥宮における朝堂院の有無である。儀礼のための朝庭と政務のための朝堂が合わさった朝堂院は前期難波宮、大津宮での画期的な試行であったのであろうが、朝堂院における両者の機能の混在は政務と儀礼の分離とは逆の方向性でもある。むしろ王権の正統性と制度にもとづく政務の両立を古代国家の〈規範〉とみるならば、飛鳥浄御原宮では前者が朝庭から内郭への拝礼、後者が朝庭からエビノコ郭への拝礼であり、これこそが二系統の宮殿空間の生成とみることができよう（図10）。その拝礼の対象はもちろん臣下の場である朝堂ではなく、内郭正殿やエビノコ郭正殿であり、直接的にはその表出である門である。この点で、朝堂はともかくとして、朝堂院は元来、日本の王宮に必須の空間ではなく、言うまでもなく平城宮以降の饗宴のための朝堂院のような空間も飛鳥宮の中枢部には不要であり、ここには設置されなかったとみられる(24)。

このように飛鳥宮は単体で学術的価値が深められるものではなく、前期難波宮や藤原宮など前後の時期の宮殿との比較はもちろん、古代宮殿の形成過程の長い歴史軸のなかでの検証が求められよう。そのためには、今日までと同じく、諸宮殿の弛まぬ発掘調査と研究の積み重ねが欠かせないことを述べ、擱筆としたい。

注

（1）海野聡、二〇一八「律令と都城の形成」（『建物が語る日本の歴史』吉川弘文館）ほか。

（2）大極殿に関しても、復元された平城宮第一次大極殿の上部構造は検討されているが、それ以外の大極殿の検討はほとんどなされていない。例えば、『年中行事絵巻』に描かれた平安時代後期の平安宮大極殿が単層・入母屋造である点などは、建築の国風化の観点からも検討すべき課題であろう。

（3）内郭の前殿については、礫敷下層から出土した土器が水落遺跡よりも新しいと判断し、六七〇年以降の遺構とする。本論では、この説に従って論を進める。

（4）ここでいう朝堂院は、あくまで四棟以上の朝堂が左右対称に並ぶ朝堂院であり、朝堂自体の存在とは分けて考える必要がある。史料にもとづく検討において、「朝堂」と「朝堂院・八省院」が異なることはすでに指摘されており（今泉、一九九三）、この朝堂と朝堂院を異なる概念として分けて考える必要性については、筆者も同様の見解であり、朝堂院の形成段階ではなおさらであろう。

（5）海野、二〇二一および UNNO Satoshi, "Japanese Architecture under the 7th- and 8th-century Continental Influences: With a Special Focus on Imperial Palaces and Provincial Government Offices" "Borders across Borderlines: Chinese and Foreign Architectural Cultures in Mutual Reception" 脱稿済、二〇二五年刊行予定。

（6）奈良時代後半に称徳天皇と道鏡が平城宮西宮で拝賀を受けており（『続日本紀』）、その前庭に幢幡が立てられたことが発掘遺構から明らかになっている。

（7）むろん、即位前であるために大極殿を使用できなかった可能性も考えられる。また大極殿、あるいは大極殿院が即位や国家儀礼などに限定された場であったのかもしれない。ただし、『日本書紀』からは、こうした特別な儀礼に限定される大極殿の使用は確認できない。

（8）飛鳥宮内郭の遺構と史料上の名称の比定は研究者により、揺らぎがある（林部、二〇〇一／小澤、二〇〇三／渡辺、二〇〇六／志村、二〇一五／鶴見、二〇一五／重見、二〇二〇など）。内安殿・外安殿については、鶴見・重見の見解は一致しており、筆者も同様の見解である。

（9）今尾、一九八二。この礫敷の方法の違いは空間の特質の違いを示すという理解は首肯できる。

（10）宮殿空間の変遷の結果、八省院に象徴されるように、後世の大極殿が朝堂院の正殿となっていることは確かであるが、淵源において、両者の一体的な関係をことさらに強調すべき根拠は見出しがたい。現に前期難波宮の朝堂院は大極殿不在であるが、遺構の状況から朝堂院とみてよく、その正殿相当の施設は内裏の南門、さらにはその内部の前殿・正殿である。また藤原宮で、大極殿を朝堂院の正殿とするような配置が発掘調査で確認されているが、ここで朝堂院の正殿としての大極殿が確立したとは断じがたい。なぜならば、平城宮東区朝堂院の下層の正殿は第一次大極殿ではなく、大安殿とみられるからである。淵源を考えれば、政務をつかさどる東区朝堂院の正殿は、飛鳥宮以前から政務をつかさどってきた王宮（内裏）の系譜である大安殿であって、天皇の権威を儀礼的に示す大極殿ではないと理解できる。

この点で言えば、藤原宮の大極殿院も朝堂院の北方に位置するが、同じく朝堂院の北方には内裏も存在しており、大極殿のみが朝堂院の正殿であるかは慎重な判断が必要である。すなわち大極殿院南門が正殿代替施設であることは確かであるが、この門は大極殿院の南門であるとともに、その奥の内裏の表象とも捉えられる。つまり、藤原宮の空間構成も内裏と朝堂院の間に大極殿が挟まっていて、朝堂院は内裏を北端に抱いているとみることも可能である。

ただし、大安殿は饗宴などの接遇に関する機能を有しており、平城宮では政務を掌る東区朝堂院の空間的性格とは必ずしも一致しない。それゆえに奈良時代後半には第二次大極殿が東区朝堂院の北方に置かれることになったのであろう。このように考えれば、むしろ「平城宮第二次大極殿―東区朝堂院」によって、八省院につながる朝堂院の正殿としての大極殿が確立したとみるのが妥当である。饗宴のために大安殿に召されることがあるから、大安殿と大極殿とは対比的な場所となろう。この大安殿の空間的性格を鑑みると、むしろ平安宮の豊楽殿へつながる系譜とも考えられる。

(11) 庁から展開した朝堂と朝庭が合わさって、広大な朝堂院が形成されたと考えられる。

(12) 鶴見は礫敷との関係が明確ではなく、積極的な判断は保留するとしている（鶴見、二〇一五）。

（13）この奏上と詔の場の分離は、吉川真司の述べる朝堂の機能、すなわち本来的には大臣・太夫たちが侍って大王から命令を待ち、外国施設などの応対をし、上奏を取り次いだ空間とする点と合致するところも多い（吉川、二〇〇五）。

（14）平城宮第一次大極殿を中心に大極殿の系譜を検討するなかで、渡辺晃宏も政務機能の重要性を指摘しており、太極宮太極殿と大明宮含元殿を対比的に大極殿の系譜を捉えることに対し、苦言を呈している（渡辺、二〇〇六）。本稿で述べるように、この指摘は筆者もおおむね支持するところである。

（15）ここでいう内裏は、大王の独占的空間のみをさす狭義の王宮ではなく、政務を行う空間を含む広義の王宮を示す。用明二年（五八七）四月丙午（二日）条で、用明天皇が仏教への帰依を諮る際に、宮に入った用明天皇は詔して、それを受けて、群臣らが「内裏」に「入朝」して合議している。すなわち、飛鳥以前の内裏は政務の場を含んでおり、大王の私的空間のみをさすわけではない。岸俊男による小墾田宮の復元（岸、一九九三）で言えば、宮門より内側は内裏の空間とみることができよう。

（16）渡辺、二〇〇六でも指摘されるように、飛鳥宮大極殿の機能は儀礼だけではなく、政務を含んだのであろう。現に大安殿（大極殿と記されるものを含む）で饗宴を行っており、大安殿も儀礼の場としての機能も有していた。

（17）平城宮の朱雀門とその門前の特殊性について拙稿で述べているが（海野、二〇一九a）、都城における朱雀大路正面の朱雀門という側面だけではなく、宮殿の内部空間の表出としての表門の意義がうかがえる。

（18）海野、二〇一七・二〇一八。地方官衙政庁域の変遷の検討を通して、辺殿から脇殿へ、正殿不在から正殿の確立へという流れが明らかになっている。

（19）時代が下っても入母屋造で妻入の建物の事例は限られ、著名なものでは善光寺本堂や中山神社本殿などがあげられる。

（20）海野、二〇一九b。藤原宮から平城宮の遷都に関しては、大極殿とともに朱雀門も移築された可能性があり、象徴的な二つの建物が動いた可能性がある。とりわけ大極殿に関しては、天皇の象徴として、二つの存在を許さない施設であったと考えられる。

（21）基壇については、藤原宮の朝堂院第一堂のみが凝灰岩の切石で、第二堂以下が木製の基壇外装であった可能性もある。なお第一堂のみ四面庇で入母屋造とみられ、第二堂以下が二面庇の切妻造であったとみられる。これらと比べても、飛鳥宮のエビノコ郭正殿の様相は藤原宮以降の様相とは大きく異なる特徴であり、ここからも飛鳥宮の段階における大極殿が建築形式としては確立していないことがわかる。

（22）藤原宮では礎石・瓦葺の大陸的な外観へと変化しているが、このエビノコ郭の屋根形状を引き継いだとすると、入母屋造とした可能性もあろう。平城宮第一次大極殿への移築に際して、さらに入母屋造から寄棟造とすることで、エビノコ郭以来の大極殿の系譜から脱却し、真に王宮の系譜から脱却した大陸的な大極殿の建築が成立したと考えるのは憶測が過ぎるであろうか。今後の課題としたい。

（23）林部均は「王宮の発展の歴史は、単純化すると、基本的に、そういった二つの機能が統合された状態から、政治的な機能、すなわち公的な機能が独立していく過程」（林部、二〇〇八b）と述べている。筆者もおおよそ同様の考えであるが、政治的な機能は属人的関係性を含むため、ここでの政治的機能は公的な機能全般ではなく、制度にもとづく政務や儀礼関係とみておきたい。

（24）石神遺跡の要素と饗宴の場である大安殿が融合し、平安宮に至って豊楽院が形成されたとも考えられる。この視座にもとづいて古代の宮殿を概観すると、平城宮の奈良時代前半はもちろん、奈良時代後半の段階でも宮殿の機能と空間の関が完全には整理されておらず、機能の整理とそれにもとづく宮殿空間の形成は平安宮まで待たねばならない。なお、朝堂院に関しては、藤原宮で礎石としたものが、平城宮東区下層で掘立柱に戻っており、建築構造の発展の観点からは合理的には説明しがたい。構造や形式の発展主義的な歴史観から離れれば、朝堂院の系譜を考えるうえで着眼すべき重要な建築的特徴の変化であり、朝堂が伝統的な王宮（内裏）の系譜によるものであることの証左と捉えることもできよう。これらの朝堂院の建築構造や空間構成に関しては、床張りや朝堂の数、第一堂の特異性など、さらなる検討課題が多く残る。

〔付記〕本研究は下記の研究成果の一部である。
科学研究費補助金　基盤研究（A）「東アジアにおける工匠関連史料にもとづく建築生産史の再構築と技術蓄積・伝播の解明」
科学研究費補助金　挑戦的研究（萌芽）「美術史学・考古学・建築史学の複合手法による東アジア建築技術伝播ルートの解明」

参考文献

相原嘉之、二〇一七『古代飛鳥の都市構造』吉川弘文館
相原嘉之、二〇一八『飛鳥・藤原の宮都を語る―「日本国」誕生の軌跡―』吉川弘文館
今泉隆雄、一九九三「平城宮大極殿朝堂考」「律令制都城の成立と展開」（『古代宮都の研究』吉川弘文館）
今尾文昭、一九八二「伝承飛鳥板蓋宮内郭における南と北」（『飛鳥京跡―第七四次～第八〇次および嶋宮推定地第一七次調査概報』）
植木　久、二〇一〇「梁間三間四面庇構造と内裏正殿との関係に関する一考察」（『東アジアにおける難波宮と古代難波の国際的性格に関する総合研究』大阪市文化財協会）
海野　聡、二〇一五『古建築を復元する―過去と現在の架け橋―』吉川弘文館
海野　聡、二〇一七「遺構からみた郡庁の建築的特徴と空間的特質」（『郡庁域の空間構成』クバプロ）
海野　聡、二〇一八「地方官衙政庁域の建築の格式と荘厳―国庁・郡庁正殿・国分寺金堂の比較から―」（『地方官衙

政庁域の変遷と特質』クバプロ）
海野　聡、二〇一九ａ「門と条坊にみる平城京と建築の接続」（『古代の都城と交通』〈古代文学と隣接諸学八〉竹林舎）
海野　聡、二〇一九ｂ「建物の移築にみる藤原京・平城京」（『藤原から平城へ―平城遷都の謎を解く―』クバプロ）
海野　聡、二〇一九ｃ　「寺院建築と古代社会」（『古代寺院』岩波書店）
海野　聡、二〇二一「饗宴からみた日本の古代宮殿の空間構成」（『聖と俗の界面』空間叢書四、岩田書院）
小澤　毅、二〇〇三『日本古代宮都構造の研究』青木書店
狩野　久、一九九〇『日本古代の国家と都城』東京大学出版会
亀田　博、一九九六「飛鳥浄御原宮」（『古代都城の儀礼空間と構造』奈良国立文化財研究所）
岸　俊男、一九九三『日本の古代宮都』岩波書店
黒崎　直、二〇〇七『飛鳥の宮と寺』山川出版社
重見　泰、二〇二〇『日本古代都城の形成と王権』吉川弘文館
重見　泰、二〇二三『大極殿の誕生―古代天皇の象徴に迫る―』吉川弘文館
志村佳名子、二〇一五「飛鳥浄御原宮における儀礼空間の復原」（『日本古代の王宮構造と政務・儀礼』塙書房）
鈴木　亘、一九九〇「飛鳥浄御原宮における前殿と朝堂」（『平安宮内裏の研究』中央公論美術出版）
関野　貞、一九〇七「平城京及大内裏考」（『東京帝国大学紀要工科』第三冊）
鶴見泰寿、二〇一五『古代国家形成の舞台　飛鳥宮』新泉社
奈良県立橿原考古学研究所、二〇〇八『飛鳥京跡』Ⅲ
奈良文化財研究所、二〇一〇『官衙と門』クバプロ
林部　均、二〇〇一『古代宮都形成過程の研究』青木書店
林部　均、二〇〇三「飛鳥の諸宮と藤原京の成立」（『古代王権の空間支配』青木書店）

林部　均、二〇〇八ａ「宮殿遺構」（『飛鳥京跡Ⅲ』奈良県立橿原考古学研究所）
林部　均、二〇〇八ｂ『飛鳥宮と藤原京―よみがえる古代王宮―』吉川弘文館
林部　均、二〇一三「日本古代における王宮構造の変遷―とくに前期難波宮と飛鳥宮を中心として―」（『国立歴史民俗博物館研究報告』一七八）
八木　充、一九九六『研究史　飛鳥藤原京』吉川弘文館
八木　充、一九六八『律令国家成立過程の研究』塙書房
山本忠尚、二〇〇四「祭殿から内裏正殿へ―梁間三間四面庇付建物の意義―上・下」（『古代文化』五四四・五四五）
吉川真司、二〇〇五「王宮と官人社会」（『列島の古代史三　社会集団と政治組織』岩波書店）
吉川真司、二〇一一『飛鳥の都』岩波書店
渡辺晃宏、二〇〇一『平城京と木簡の世紀』講談社
渡辺晃宏、二〇〇六「平城宮中枢部の構造」（『古代中世の政治と権力』吉川弘文館）

飛鳥浄御原宮の建築遺構と殿舎名

小澤　毅

はじめに

舒明朝以降、宮号に「飛鳥」を冠する王宮があいついで営まれた。これらは、一九五九年から継続的におこなわれている発掘調査により、飛鳥川右岸（東岸）の低位段丘面上のほぼ同地に重複して存在したことが明らかになっている。すなわち、大きくⅠ期、Ⅱ期、Ⅲ期に区分される掘立柱建物群は、Ⅰ期＝飛鳥岡本宮（六三〇～六三六年）、Ⅱ期＝飛鳥板蓋宮（いたぶきのみや）（六四三～六五五年）、Ⅲ期＝後飛鳥岡本宮・飛鳥浄御原宮（六五六～六九四年）に比定され、飛鳥浄御原宮は後飛鳥岡本宮を継承・拡充した宮殿と考えられる[1]（小澤、一九八八／林部、二〇〇八／橿考研、二〇〇八）。

この低位段丘面（岡面）は、飛鳥寺以南における最大の平地であると同時に、飛鳥寺が位置する低位段丘面（飛鳥面）に比べて一段高く、宮殿が立地する場所としてふさわしい。なお、建物群の方位は、Ⅰ期が北で西へ二〇度前後振れるのに対して、Ⅱ期とⅢ期はほぼ正方位をとる。Ⅰ期の方位は、飛鳥川の流路と東方の丘陵裾部の方向に近く、南接する島庄遺跡や東橘遺跡の七世紀後半までの遺構群の方位とも合致する。平地の面積がかぎられるなかで、空間を最大に利用しようとした結果と考えられる。

下位の遺構を保護する必要もあって、Ⅰ期とⅡ期の全体像はいまだ不明な点が多いものの、Ⅲ期については中枢部の構造がほぼ判明している。Ⅲ期の遺構の遺存状況はひじょうに良好であり、玉石敷や砂利敷など、旧地表面がそのまま地下に残されている場合も少なくない。このため、建築構造に関する多くの情報が取得できる。そこで、以前に論じた内容と重複する部分もあるが、主要な建築遺構を取り上げ、その構造について整理しておく。

また、『日本書紀』の天武紀と持統紀には飛鳥浄御原宮の殿舎名などが多数記され、発掘調査の進展をうけて、それを具体的な遺構に比定する作業も近年さかんに進められている。筆者も過去に何度かそうした推定をおこなってきたが、以下、現時点での見解をあらためて示すことにしたい。

一　Ⅲ期の建築遺構の概要

Ⅲ期遺構は、東西一五二〜一五八ｍ、南北一九七ｍの内郭と、その南東に位置する東西九四ｍ、南北五五ｍの東南郭[2]（エビノコ郭）、両者を包括する外郭からなる（図1）。

（1）内　郭

内郭と東南郭の外周は、複廊状を呈したとみられる屋根付きの掘立柱塀で囲まれていた。遺構面の状況から、木製の土台（角材）の上に側通りの柱を立てて板葺の屋根を受け、棟通りの柱の根元を連結する地覆と側通りの土台

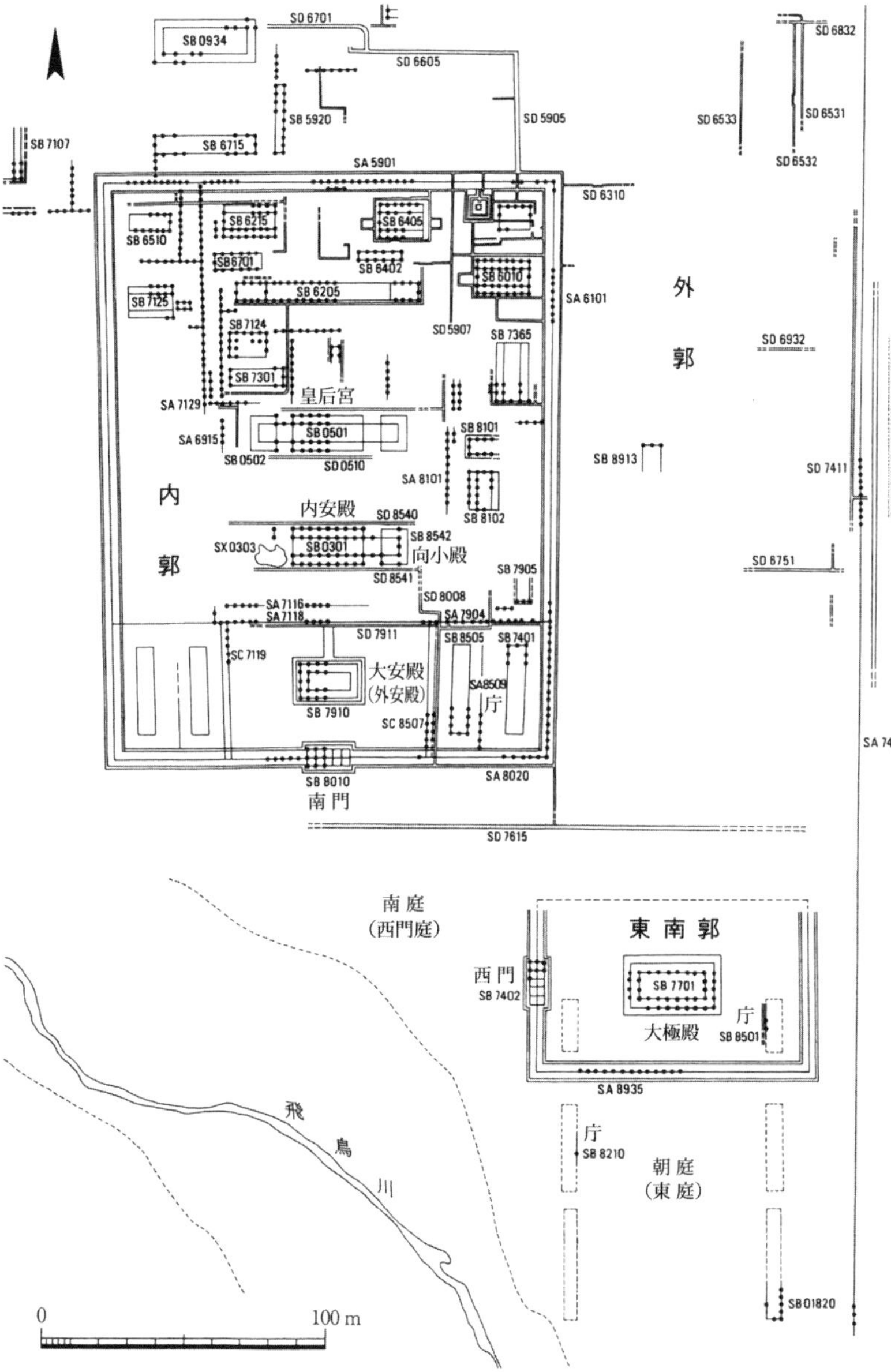

図１　飛鳥浄御原宮（Ⅲ－Ｂ期）（筆者作成）

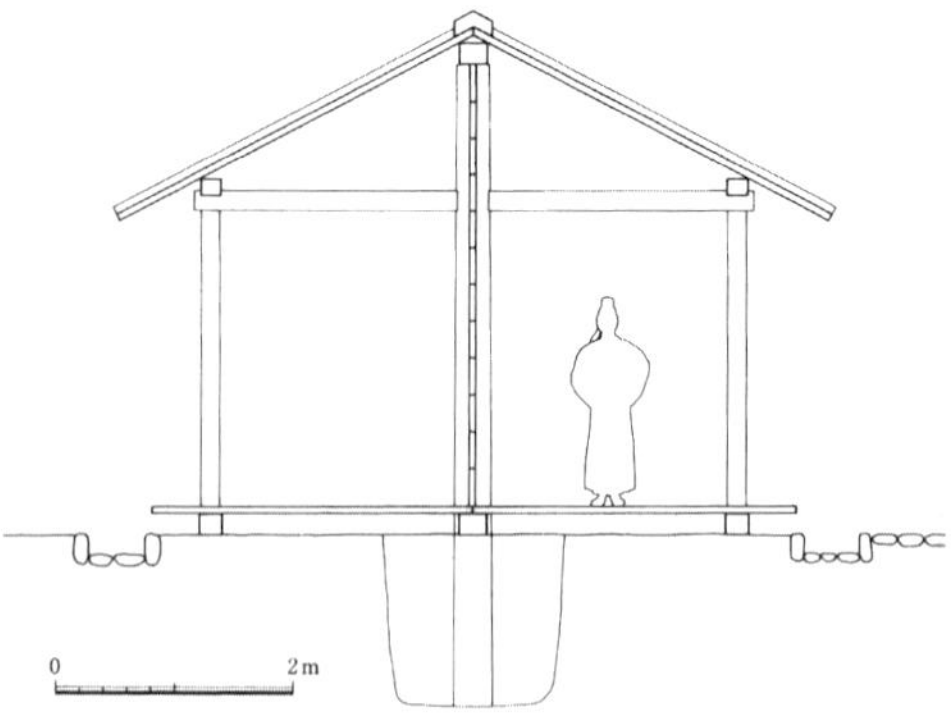

図2　外周区画塀の復元（小澤 1997）

の間に床板を敷き並べた構造が推定できる（小澤、一九九七）（図2）。

内郭は、東西塀ＳＡ七九〇四（ＳＡ七一一八）により、北側の四分の三を占める内郭北院（内郭北区画）と、南側四分の一の内郭南院（内郭南区画）に分割される。前者が天皇の私的空間、後者は公的空間であって、地表面の舗装も、それぞれ玉石敷、砂利敷と対照的である（橿考研、二〇〇八）。

内郭南院は、南に総柱の東西棟建物である南門ＳＢ八〇一〇（五間×二間）が開き、中央に南院の正殿にあたる四面廂の東西棟建物ＳＢ七九一〇（七間×四間）が建つ（以下、主要建築遺構を表1に示す）。この両側には、南北方向の廊ＳＣ八五〇七・ＳＣ七一一九を隔てて、南北棟建物ＳＢ八五〇五・ＳＢ七四〇一（一〇間×二間）とそれに対応する建物が、東西に二棟ずつ並んでいた。砂利敷舗装には精粗の差があり、廊の内側にあたる中央部が密に敷かれているのに対して、廊の外側は粗雑である。基本的に、内郭南院の正殿ＳＢ七九一〇を中心とする中央部が天皇の儀礼空間、外側は臣下の空間であったことがうかがえる。

ＳＢ七九一〇は、建物の外周にのみ玉石敷をめぐらし、この部分が軒下に相当する。石組の雨落溝は存在せず、雨は玉石敷の外側の砂利敷に落ちたとみられる（図3）。位置や規模からみて、天皇が出御する殿舎であったことは確実であり、高い床張りと考えられるが、明確な階段の痕跡はなく、後述する内郭北院や東南郭正殿とは階段の構造を違えていたようである。なお、建物の北には、内郭北院との間をつなぐ玉石敷の通路が設けられていた。

表1　飛鳥浄御原宮（Ⅲ期）の主要建築遺構

	遺構名	棟方向・廂	桁行（総長）	梁行（総長）	身舎桁行	身舎梁行	廂の出	殿舎名比定
内郭南院	SB七九一〇	東西棟・四面廂	七間（六八尺）	四間（三八尺）	一〇尺	一〇尺	九尺	大安殿・外安殿
	SB八〇一〇	東西棟・無廂	五間（五〇尺）	二間（一八尺）	一〇尺	九尺	―	南門
	SB八五〇五	南北棟・無廂	一〇間（一〇〇尺）	二間（二〇尺）	一〇尺	一〇尺	―	庁・朝堂
	SB七四〇一	南北棟・無廂	一〇間（一〇〇尺）	二間（二〇尺）	一〇尺	一〇尺	―	庁・朝堂
内郭北院	SB〇三〇一	東西棟・二面廂	八間（八〇尺）	四間（四一尺）	一〇尺	一〇・五尺	一〇尺	内安殿・大殿・旧宮安殿
	SB〇五〇一	東西棟・二面廂	八間（八〇尺）	四間（四一尺）	一〇尺	一〇・五尺	一〇尺	皇后宮
	SB八五四二	東西棟・三面廂	三間（三〇尺）	四間（四一尺）	一〇尺	一〇・五尺	一〇尺	向小殿
	SB六二〇五	東西棟・無廂	二四間（二一六尺）	二間（二〇尺）	九尺	一〇尺	―	
	SB六二一五	東西棟・二面廂	七間（六三尺）	四間（三八尺）	九尺	一〇尺	九尺	
	SB六四〇五	東西棟・二面廂	六間（五四尺）	四間（三八尺）	九尺	一〇尺	九尺	
	SB六〇一〇	東西棟・二面廂	七間（六三尺）	四間（三八尺）	九尺	一〇尺	九尺	
	SB七三六五	南北棟・二面廂	七間（六三尺）？	四間（三八尺）	九尺	一〇尺	九尺	
	SB八一〇二	南北棟・二面廂	五間（四五尺）	四間（三六尺）	九尺	九尺	九尺	
東南郭	SB七七〇一	東西棟・四面廂	九間（九九尺）	五間（五二尺）	一一尺	一〇尺	一一尺	大極殿・御窟殿・前殿
	SB七四〇二	南北棟・無廂	五間（五〇尺）	二間（一八尺）	一〇尺	九尺	―	西門
外郭	SB〇九三四	東西棟・四面廂	一一間（一一八尺）	五間（五〇尺）	＊一〇尺	一〇尺	一〇尺	

＊端間は一四尺

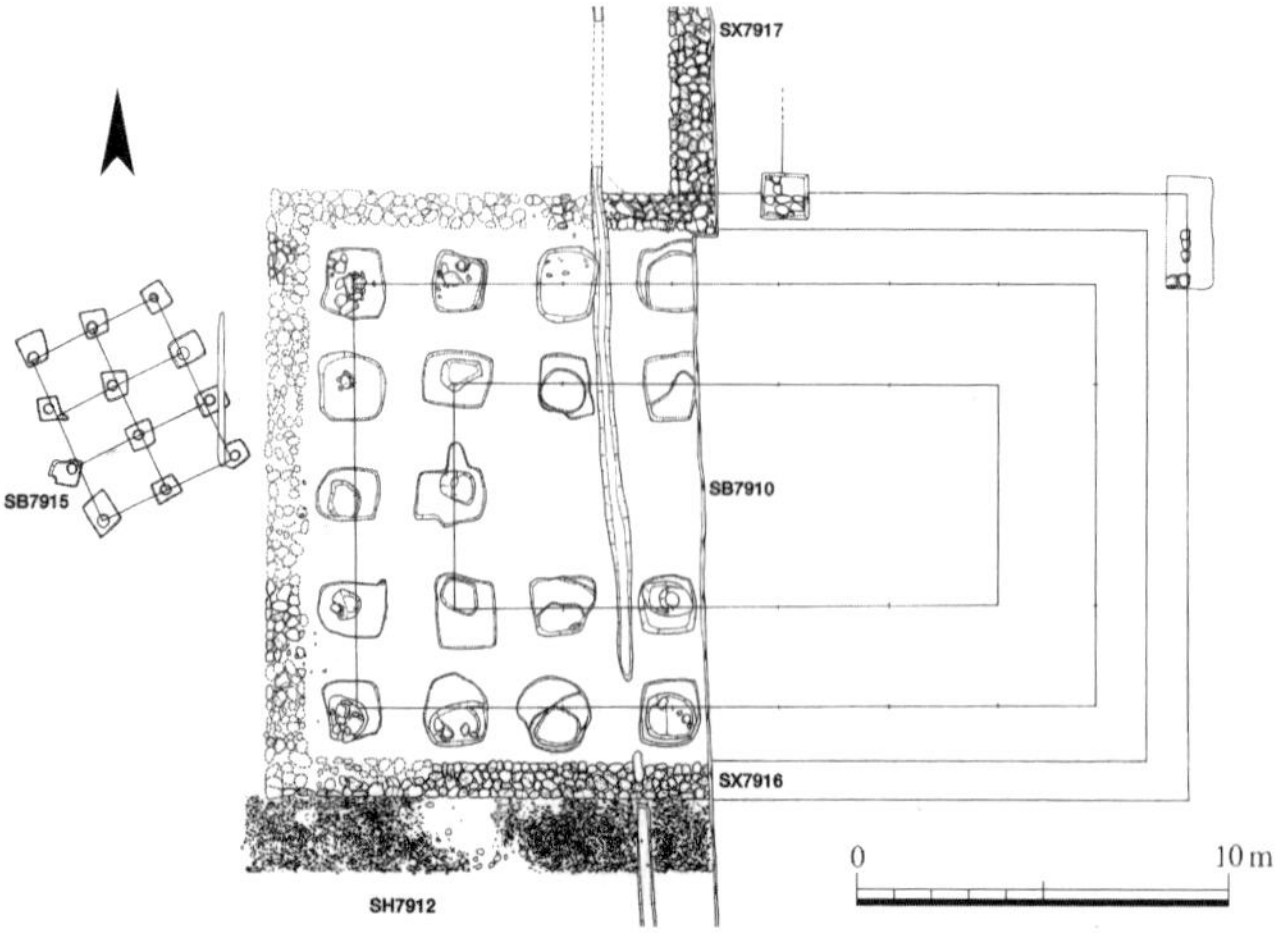

図３　内郭南院 SB7910（橿考研 2008 を改変）

南北棟建物ＳＢ八五〇五・ＳＢ七四〇一は、ＳＢ八五〇五の内部に床束の掘方が残ることから、床張りであったことが判明する（図４）。桁行方向に大引を通し、直交方向に床板を張った構造が復元できるが、床束掘方が小さく、数も少ないことから、床高はそれほど高いものではなかったらしい。このほか、縁（えん）にかかわるとみられる溝状の整地痕跡も確認されている。二棟の建物規模は同一だが、南北塀ＳＡ八五一〇（のちＳＡ八五〇九）で隔てられ、側柱から外周の玉石敷までの間隔も異なるなど、縁の有無を含めて格付けの差が存在した。

内郭北院は、南北塀ＳＡ八一〇一・ＳＡ七一二九などにより、中央部と東西の部分とに区分されていた。中央部南寄りの中軸線上には、正殿に相当する二面廂の同規模の東西棟建物ＳＢ〇三〇一・ＳＢ〇五〇一（八間×四間）が二棟、南北に並び、それぞれ廊（二間×二間）を介して東西に、柱筋を揃えた東西棟建物ＳＢ〇四〇一・ＳＢ八五四二、ＳＢ〇五〇二（三間×四間）を連結させる（図５）。ただし、南側の正殿ＳＢ〇三〇一の西にあるＳＢ

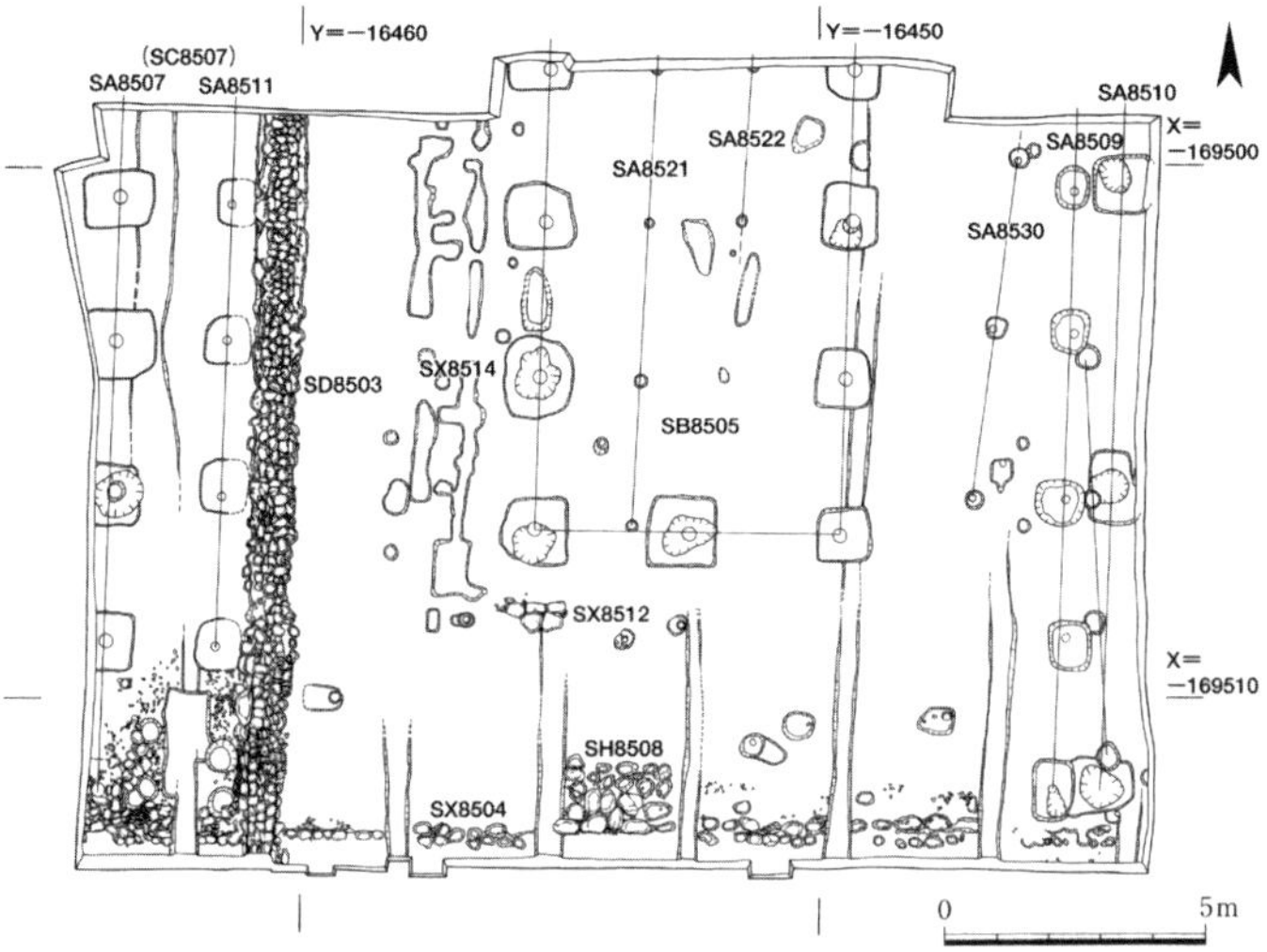

図4　内郭南院 SB8505・SC8507（橿考研 2008 を一部改変）

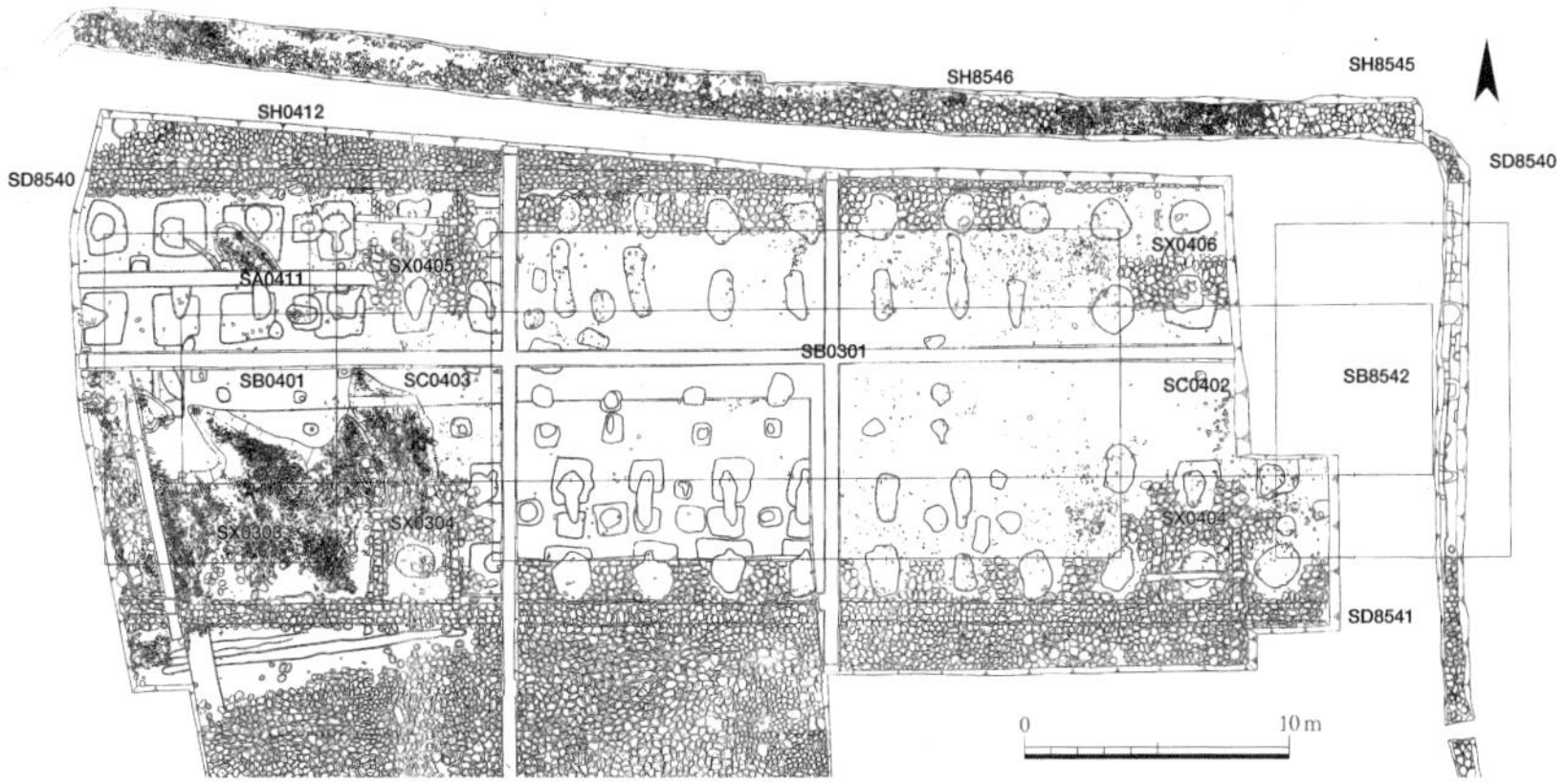

図5　内郭北院 SB0301・SB0401・SB8542（橿考研 2008 を改変）

〇四〇一はのちに撤去され、礫を州浜状に敷いた池状遺構が設けられる。上記の二つの正殿は、いずれも二面廂の切妻造で、かつ桁行が八間という偶数間であり、中央に天皇の座をおくことができないため、公的な儀式用の殿舎としてはふさわしくない。あくまでも、天皇の私的空間における中心的建物と位置づけられる（小澤、二〇一〇）。

　これらの建物は、判明するものではすべて床束の痕跡が残っており、床張りであったことが知られる。また、SB〇三〇一では、側柱の柱通りに角材を据えたとみられる溝があり、壁を受ける地覆の存在が想定できる。床下部分は壁で閉ざされていたことになる。明確な階段痕跡は認められないが、南側のSB〇三〇一では、東西の妻から二間目の柱間に対応する雨落溝の側石が一段低くなっており、階段が取りついていたと推定されている。側柱から雨落溝内肩までは約一・五mあるので、高い床を張っていた可能性が高い。

　上記の建物群の北方には、東西棟の長廊状建物SB六二〇五（二四間×二間）があり、間仕切りの柱で四間ずつに区切られていた。この建物以北は、東西の部分を含めて、基本的に東西棟建物となり、中央部の北端には二面廂のSB六四〇五（六間×四間）・SB六二一五（七間×四間）が、南側に小規模な建物をともなって東西に並ぶ。また、その東西にも、二面廂のSB六〇一〇（七間×四間）とSB七一二五（六間?×四間）などが建つ。

　そうした二面廂建物は、角材を主体とした床束の柱根が遺存する例がかなりあり、桁行方向に大引を通して、直交方向に床板を張った高床の構造と判明する。また、SB六四〇五・SB六〇一〇では、身舎梁行の南側の柱間に対応させて、妻側に雨落溝を凸形に屈折させた張り出しを設けていた（図6）。階段の存在を示すことは疑いなく（橿考研編、一九七一）、その突出が四mを超えることから、階段を覆う階隠（はしかくし）の軒先に対応すると考えられる。階隠のない高床建物も、当然、階段はそなえていたはずである。以上、内郭北院の北寄りの部分は、格式の高い居住空間であって、皇族（および彼らに近侍する女官）が主な居住者だったことは確実とみられる。

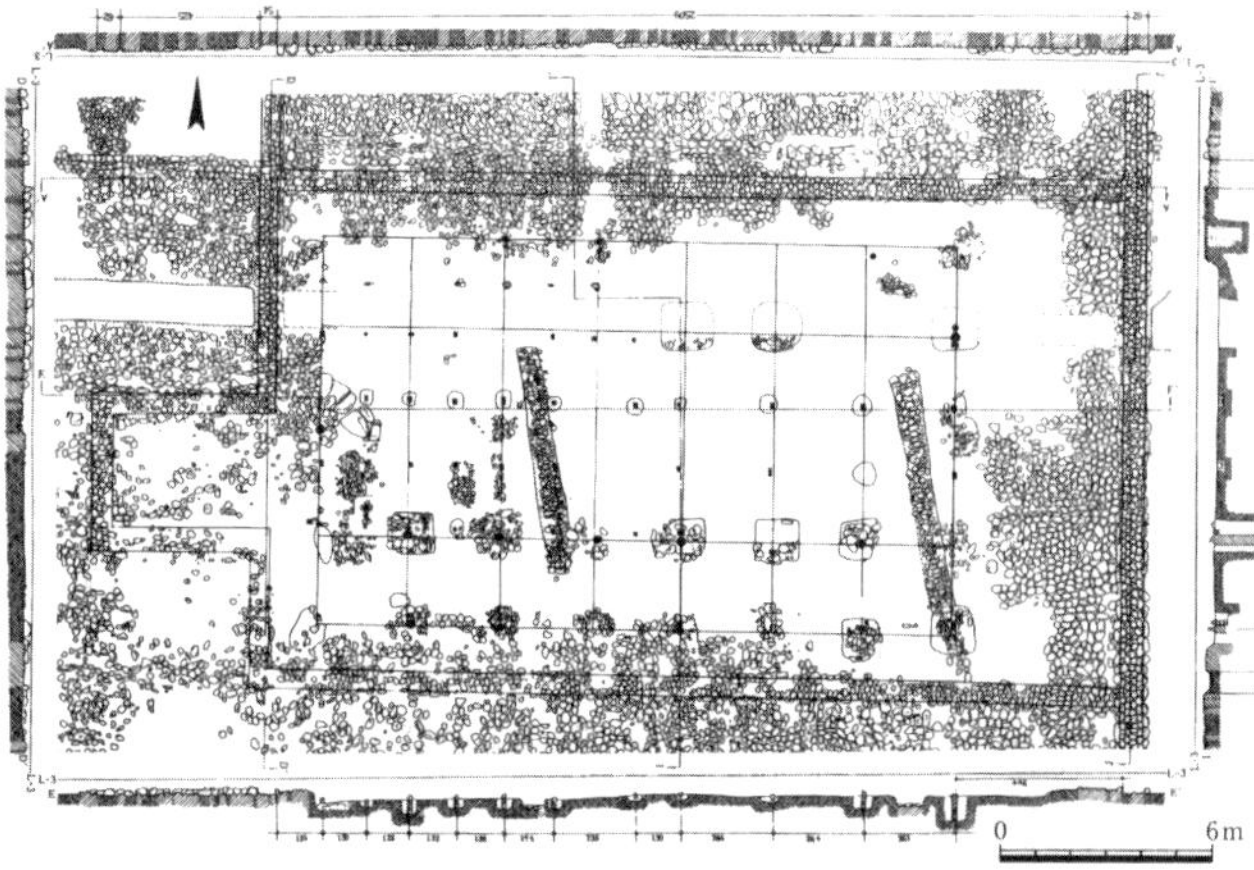

図６　内郭北院 SB6010（橿考研編 1971 を一部改変）

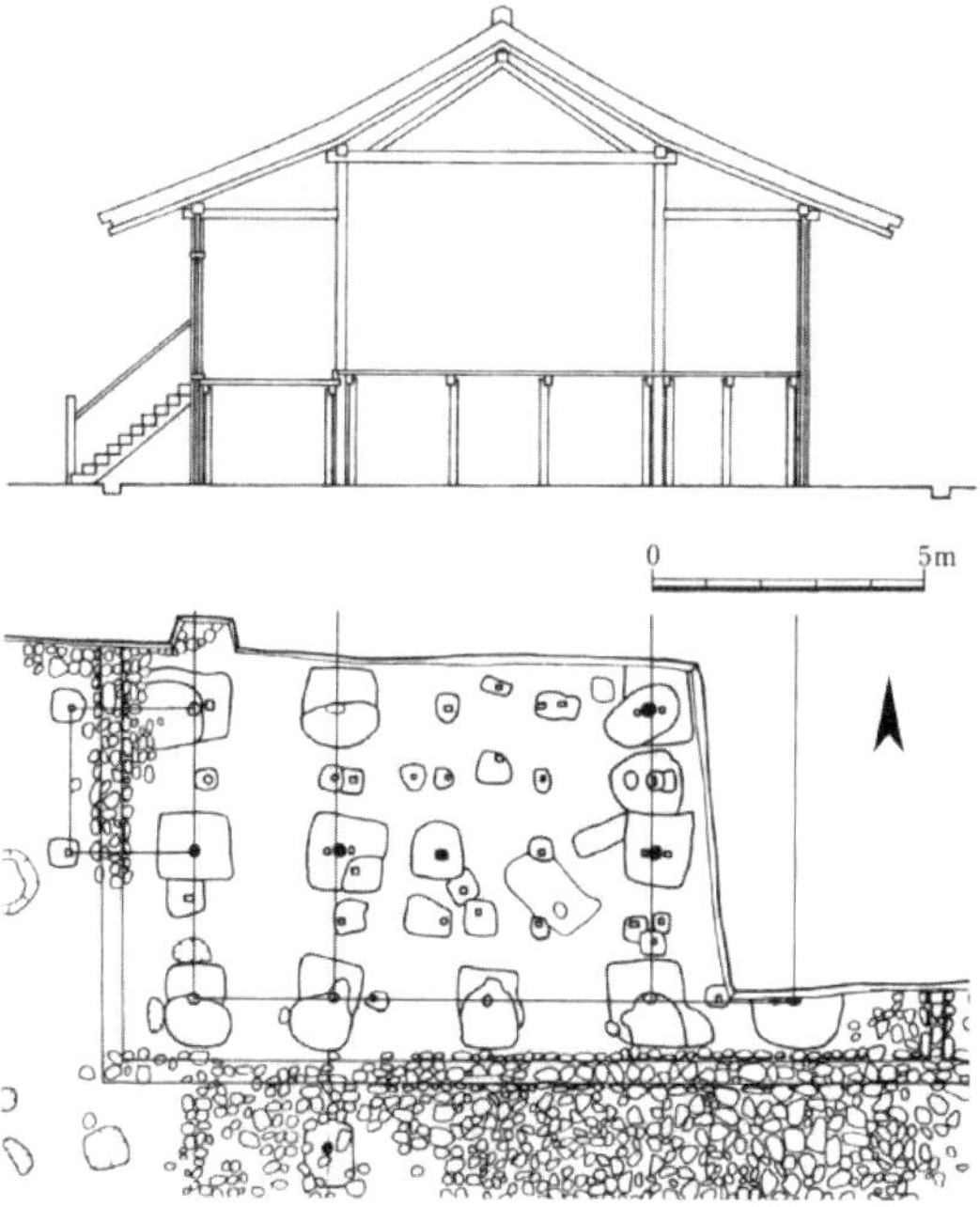

図７　内郭北院 SB7365（橿考研編 1974 を一部改変）

一方、内郭北院の東部には、SB六〇一〇の南に二面廂の南北棟建物SB七三六五（七間？×四間）が建ち、その南に東西棟建物SB八一〇一（四間？×二間）と、これに柱筋を揃えた南北棟建物SB八一〇二（五間×四間）が存在した。SB七三六五には、平側の雨落溝の外側に、桁行の柱間に対応する角柱の柱根が残り、木階の先端ないしは階隠の柱と推定されている（橿考研編、一九七四）（図7）。雨落溝自体は直線的に通るため、階隠のない階段を想定すべきだろう。階段の出は約二・三mあるので、階段勾配を四五度とすると床高は二・三m、三五度とした場合でも一・六mを超える。とはいえ、これより北側の建物とは異なって南北棟建物であることと、内郭の中での位置を勘案すれば、それらに比べてやや格の落ちる建物とみるのが妥当である。

（2）東南郭

東南郭は、四面廂の東西棟建物SB七七〇一（九間×五間）を正殿とする独立した区画であり、南北棟建物SB八五〇一と西側の対称位置（未調査地）に想定される脇殿が、東西に一棟ずつ配されていたと考えられる。区画内部は、内郭南院と同様、建物の外周にのみ玉石敷をめぐらし、その外側は丁寧な砂利敷の舗装が施される。同じく、ここが天皇の公的な儀礼空間であったことがうかがえるが、中軸線上に開く南門は存在せず、東南郭の正門は、総柱の南北棟建物である西門SB七四〇二（五間×二間）であった。

東南郭正殿SB七七〇一は、内郭・東南郭をつうじて最大の建物であり、桁行柱間も一一尺等間と大きい（橿考研編、一九七八）。南側柱列では柱通りに角材を据えたとみられる痕跡があり、内郭北院のSB〇三〇一と同様に、壁を受ける地覆の存在が想定できる。やはり、床下部分は壁で閉ざされていたことになる。南辺の玉石敷には、桁行の東から二間目・五間目（中央間）・八間目の柱間に対応して、玉石を欠く部分が三ヵ所認められ、階段の存在

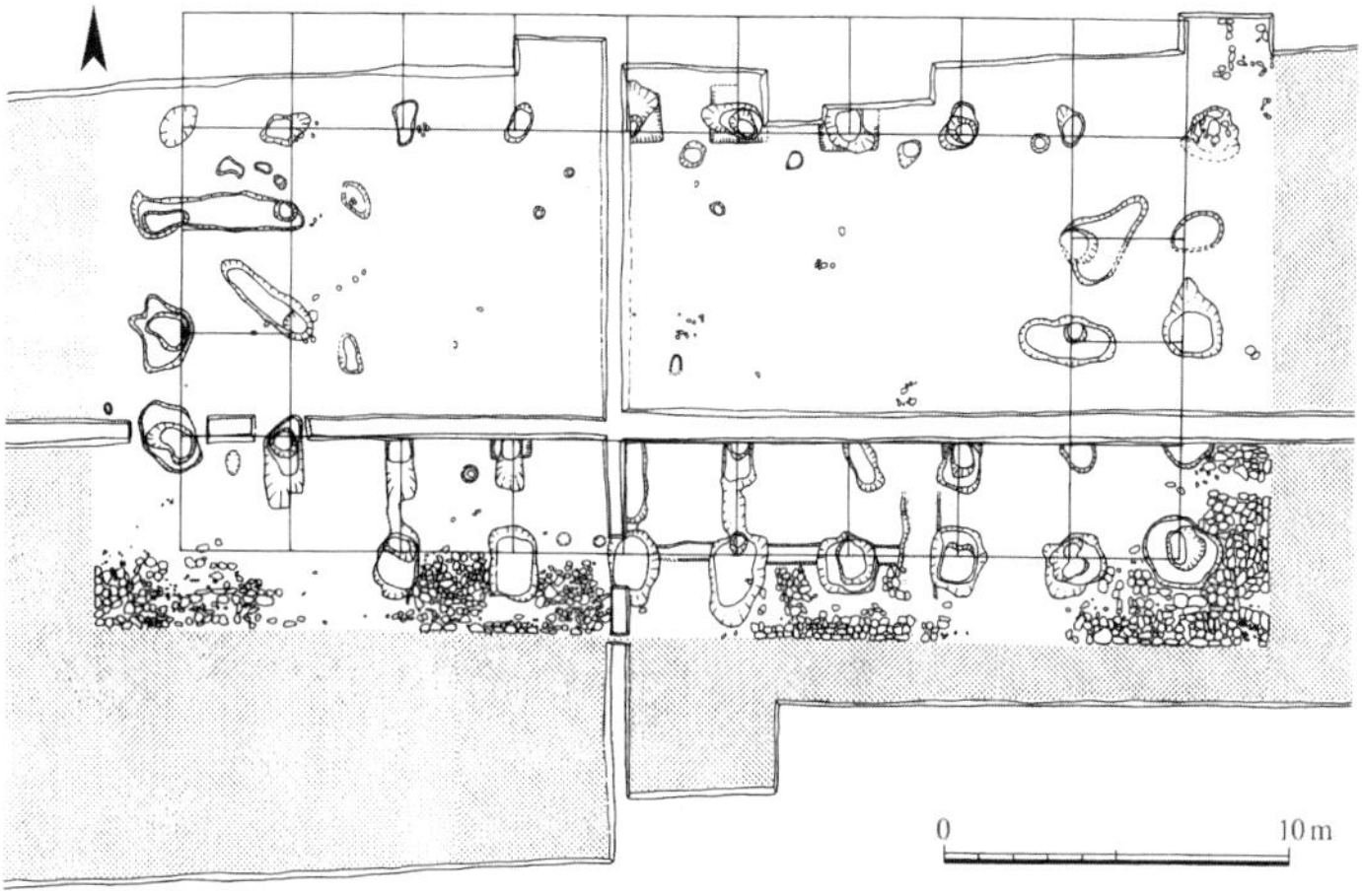

図8　東南郭SB7701（橿考研編1978を一部改変）

を示す（図8）。玉石の欠如範囲からみて、階段の出は二・三m以上あり、高い床をもつ建物であったことは疑いない。階段の出は、もっとも小さく見積ると内郭北院のＳＢ七三六五と一致するが、この場合でも、床高は、階段勾配を四五度として二・三m、三五度としても一・六mに達する。

東南郭の南には広い平坦地が広がり、東南郭中軸線に対してＳＢ八五〇一と対称の位置で、一部ではあるものの、建物の柱を検出している（ＳＢ八二一〇）。いずれも梁行二間の南北棟と推定され、近年はＳＢ八五〇一の南方でも、西側柱列をほぼ揃えた梁行二間の南北棟建物ＳＢ〇一八二〇が確認された（橿考研、二〇一九）。したがって、東南郭の南にも、中央の朝庭をはさんで東西に南北棟建物が並列した可能性が高い。この部分は、内郭南院の東西の部分と同じく、臣下の空間に相当する。

ちなみに、東南郭に南門が存在しないことから、東南郭と以南の空間のつながりを否定する見解があるが、短絡的にすぎるのではないか。東南郭西門ＳＢ七四〇二や内郭南門ＳＢ八〇一〇が、それぞれの郭の正門として格式の高い門形式をとるのは、天皇が出御・通行する施設であったからにほかならない。一方、東南郭正殿ＳＢ七七〇一から東南郭南限までの距離はごく短いため、その南に臣下が列立する場合でも、高床の正殿に座した天皇は、容易に彼らの姿を見ることができた。東南郭に南門がない理由は、天皇がわざわざ門に出御せずとも、正殿に座したまま東南郭南方の臣下に臨めたためであり、天皇の出御・通行に供する門を設ける必要がなかったのであろう。[3] 地形的制約により、ほかの諸宮に比べて、正殿と臣下の空間の間隔が著しく小さかったことが、こうした形態を生んだと考えられる。

（3）外郭

外郭は、東限が明らかになっているのみだが、内郭と東南郭が載る低位段丘面（岡面）のほぼ全域におよび、下段の低位段丘面（飛鳥面）にも広がっていた。しかし、外郭の発掘は充分におこなわれていないため、北外郭と東外郭でいくつかの建物が検出されている程度で、実態の解明は、今後の調査の進展を俟つ部分が大きい。

そうした中で特筆されるのは、近年、北外郭で確認された四面廂の東西棟建物ＳＢ〇九三四（一一間×五間）である。南側の東西棟建物ＳＢ六七一五（ＳＢ〇二〇一）などと柱筋を揃えていたとみられ、長廊状建物ＳＢ六二〇五を除くと、桁行は一一間とⅢ期遺構の中で最大となる（梁行は、東南郭正殿と同じく五間ながら、総長は五〇尺と東南郭正殿の五二尺をわずかに下回る）。ともあれ、外郭にもこうした大型建物が存在したことが判明した意義は大きい。

（1）東南郭の付設とその年代

内郭と東南郭は、七世紀末頃、同時に廃絶したとみられる一方、造営時期には差が認められる。柱の処理方法の違いや建て替えの有無などから、先に内郭が造営され、のちに東南郭が付加されたことは疑いない。[4] よって、Ⅲ期は、東南郭造営の前後でⅢ-A期とⅢ-B期に区分することができる。天武元年（六七二）是歳条の「営二宮室於岡本宮南一。即冬、遷以居焉。是謂二飛鳥浄御原宮一」という記事は、この時点で東南郭が付設されたことを示すと考えられる（小澤、一九八八）。

ちなみに、天武紀は「新宮」と「旧宮」が対蹠的に記されるのが特徴だが、「新宮」は天武七年（六七八）、天武十年（六八一）にあらわれるのに対し、「旧宮」は遅れて天武十四年（六八五）に見える。[5] この場合、「新宮」が旧来の宮を全面的に造り替えたものだとすると、「旧宮」が遅くまで残る理由が説明できない。上記の記事は、「新宮」と「旧宮」が併存したこと、すなわち両者は平面的に分離していたことを物語っており、「旧宮」は既存の後岡本宮を継承した内郭を中心とする一帯、「新宮」は天武初年に新造した東南郭の一帯を指すとみてよい。

なお、東南郭の造営がこれよりも遅れ、天武朝後半に降るとする見解があるが（重見、二〇一四・二〇一五・二〇二三／鶴見、二〇二三）、それは、概報（橿考研編、一九七八）で造営時の整地土に含まれるとされた土器の年代観や、独自の遺構変遷観にもとづいている。しかし、過去に検証したように、概報が造営にともなう上位整地土としたものは、廃絶後の整地土とみるべきであり、造営年代を下降させる理由にはならない[6]（小澤、一九八八・一九九七／林部、一九九八／橿考研、二〇〇八）。また、重見泰は、Ⅲ期をⅢ-a期、Ⅲ-b期、Ⅲ-c期に三分し、筆者がⅡ期と推定した南北棟建物SB九〇〇八をⅢ-b期に位置づけるなど、あらたな見解を提示したが、根拠となる事実関係や解釈に疑問がある。[7] 従来の時期区分を変更する必要はないと考える。

（2）内郭内部の時期差の有無

一方、内郭自体に、造り替え以外の先後関係を想定する見解もある。一つは、内郭南院を北院より遅れて造営されたとするものであり（菅谷、一九八七ほか）、その主な根拠は、玉石敷と砂利敷という舗装の差や、建物の構造、配置状況の違いにおかれている。しかしながら、こうした相違は両者の性格の違いによるものであって、時期差とする根拠は乏しい。遺構の状況から、内郭南院と内郭北院が一体的に造られたことは間違いない。

もう一つは、内郭南院の中でも正殿ＳＢ七九一〇は建設が遅れるとするもので、重見は、この建物の造営時の整地土に含まれる土器を、型式および径高指数から、報告書（橿考研、二〇〇八）の想定（飛鳥Ⅱ新段階）より新しい飛鳥Ⅲとし、六七〇年以降の造営とみる。そして、大津宮の当該位置で建物が検出されていないことを傍証に、当初は内郭南院の中央部に正殿が存在しなかったとする（重見、二〇一四・二〇一五）。

けれども、土器の径高指数は一括遺物でもばらつきがあり、わずかな違いを微妙な年代差に結びつけるのは限界がある（森川、二〇一五）。まとまった資料であればいざしらず、ただ一点の土器の径高指数から造営年代を細かく論ずるのは説得力に欠ける。また、ＳＢ七九一〇の北側の内郭北院にはＳＢ〇三〇一・ＳＢ〇五〇一が南北に並ぶが、これらは桁行が八間と偶数間のため、中央に天皇の座をおくことができない。よって、公的な儀式用の殿舎とは考えられず、ＳＢ七九一〇の建設が遅れたとすると、内郭南院・北院をつうじて、儀礼の中心となる殿舎が当初は存在しなかったことになってしまう。この地の調査成果でＳＢ七九一〇が内郭造営後に付加されたことを示す事実が認められない点とあわせて、造営年代を降らせるのは無理があろう（小澤、二〇一〇所収著書、補註３）。

三　殿舎名の比定

以上の整理をふまえ、『日本書紀』に見える飛鳥浄御原宮の殿舎名を、具体的な建築遺構に比定していきたい。紙幅の関係で、既往の研究の整理は近年の他者の論文に譲り（山元、二〇二三／西本、二〇二三b／市、二〇二四）、南門と西門、大極殿、朝庭と朝堂（庁）、大安殿（外安殿）・内安殿・向小殿、御窟殿（院）の順に要点を述べる。

（1）南門と西門

「南門」と「西門」は天武紀にしばしば登場するが、ほとんどが射礼の記事である[8]。これ以外の場所での射礼が記されるのは、天武十年（六八一）正月丁亥（十七日）条の「朝庭」と、天武十三年（六八四）正月丙午（二十三日）条の「東庭」の二例にすぎない。射礼の場が、基本的に南門と西門であったことは疑いない。

奈良時代の例では、天皇が門（大極殿南門）に出御し、射礼はその前庭でおこなわれた。天武紀の射礼記事の「南門」と「西門」も、天皇の出御場所を示すと考えてよく、「南門」は内郭南門SB八〇一〇、「西門」は東南郭西門SB七四〇二に比定できる（小澤、一九九七）。これらは、それぞれの郭の正門として、天皇の出御・通行にふさわしい規模と格式をそなえていた。なお、内郭の南、東南郭の西には、飛鳥川との間に三角形の空間があり、天皇が内郭南門と東南郭西門のいずれに出御した場合も、前庭となるのはこの空間であった。出御場所は異なっても、射礼の場としては同一といえる（小澤、一九八八）。

（2）大極殿

「大極殿」は天武紀に四回あらわれ、内容的に大きく二分することができる。一つは、天武十年（六八一）二月甲子（二十五日）条の律令制定の詔、同年三月丙戌（十七日）条の国史記定の詔のごとく、「国政の大事の執行」（八木、一九六六）に使用された例であり、もう一つは、天武十二年（六八三）正月乙未（七日）条と朱鳥元年（六八六）正月癸卯（二日）条に見える、親王以下群卿らに対する賜宴である。

後者の賜宴の場としての用例は、大極殿に特有のものではない。そのため、とくに「大安殿」における賜宴との類似性から、天武紀の「大極殿」を潤色とする見解もあったが（狩野、一九七五ほか）、前者の重要な詔の発布の場としての用例はほかの殿舎記事には見あたらず、大極殿に限定される。天武紀の「大極殿」には、大極殿独自の機能と、大安殿などとも共通する機能の両方が付与されていたとみるべきだろう。ほとんど同じ内容の賜宴でありながら、朱鳥元年（六八六）正月癸卯（二日）条の「大極殿」と、同月丁巳（十六日）条の「大安殿」が書き分けられている事実とあわせて、「大安殿」とは別に「大極殿」が存在したことは確実と考える（小澤、一九九七）。

遺構の状況から、「大極殿」は、東南郭正殿ＳＢ七七〇一に比定できる（小澤、一九八八）。天皇の公的な儀礼空間に建つ、内郭・東南郭をつうじて最大の殿舎であり、多くの研究者も賛同するように、「大極殿」にあてうる建物はこれ以外に求めがたい(9)。この「大極殿」を中心とする東南郭は、先述のように天武初年に付加されたとみてよく、それは「大極殿」の創設と公的な儀礼空間の拡大を意図したものと推定される。

ちなみに、「大極殿」の初出が天武十年（六八一）まで降ることから、東南郭は当初、居住空間として建設され、のちに「大極殿」と命名されたとする見解がある（吉江、二〇〇三）。しかし、「大極殿」と記す史料自体がかぎられるうえに、これらの記事は、その時点で「大極殿」が存在したことを裏づけるにすぎず、成立年代の上限を示すわけではない。また、東南郭の丁寧な砂利敷舗装は、そこが公的な儀礼空間であったことを明示しており、内郭北院のような居住空間としての性格は認められない。

天武四年（六七五）正月壬戌（十七日）条に見える「西門庭」は、西門SB七四〇二を含む東南郭がこの段階ですでに成立していたことをうかがわせる。ほかにも、天武紀には、同年正月丁未（二日）条の「皇子以下百寮諸人拝朝」をはじめ、群臣・百寮による正月の「拝朝」「拝朝庭」の記事がしばしば登場する。[10] そうした元日朝賀では、天皇が大極殿に坐し、前面の朝庭に列立した臣下が天皇を拝する、という形態が基本であった（橋本、一九八六）。とすれば、浄御原宮の「大極殿」は、「拝朝」が見える天武四年（六七五）には存在していた可能性が高い[11]（福山、一九五五）。よって、殿舎名や機能の変更を想定する必要はなく、「大極殿」を擁する東南郭の成立は天武初年に遡ると考えてよい。

（3）朝庭と朝堂（庁）

元日朝賀で群臣が列立する「朝庭」は、当然のことながら、一定の面積を必要としたが、東南郭の南には、飛鳥川の小支流までの間に平坦面が広がっていた。百寮の官人が北面して左右対称に並び、天皇を拝したとみられる「朝庭」は、この空間を措いてほかには比定しがたい。[12] 彼らが拝したのは、あくまでも、門ではなく「大極殿」に座した天皇であり、既述のごとく、天皇はそこから「朝庭」の臣下を望むことができた。したがって、南門の有無にかかわらず、「大極殿」と東南郭南方の空間は一体的に使用されたとみて問題ない。[13]

一方、内郭の南、東南郭の西には、飛鳥川との間に三角形の空間があるが、射礼の場としては使用されたものの、飛鳥川の河谷との関係で、充分な面積は確保できなかった。とくに内郭中軸線の西側は南北長が不足し、百寮の官人が左右対称に列立するには支障をきたす。ここを「朝庭」とみるのは無理であろう。むしろ、飛鳥川に面したこの場所は、朱鳥元年（六八六）九月戊申（十一日）条と辛酉（二十四日）条に見える、天武の殯宮が営まれた「南庭」にあたる可能性が大きい。それは、持統元年（六八七）八月丁酉（六日）条の、京城の耆老・男女が橋西に集い、殯宮に向って慟哭したという記事（「京城耆老・男女、皆臨慟二哭於橋西一」）の位置関係にも合致し、欽明・敏達・舒明・斉明が河原で殯に付されたとみられること（和田、一九八〇）とも整合的である。

その場合、天武十三年（六八四）正月丙午（二十三日）条に「天皇御二于東庭一、群卿侍之。時召二能射人及侏儒・左右舎人等一射之」と見える「東庭」は、通常の射礼の場であった「南庭」（＝「西門庭」）に対する位置を示すと理解される。具体的には、東南郭南方の「朝庭」ないしは東南郭内部の「大極殿」前庭に比定できよう。

また、天武七年（六七八）四月己亥（十三日）条の「霹二靂新宮西庁柱一」、持統五年（六九一）三月甲戌（三日）条の「宴二公卿於西庁一」という記事や、持統四年（六九〇）七月甲申（九日）条・己丑（十四日）条の朝堂における所作規定とその改定が示すように、浄御原宮には群臣の朝座を備えた朝堂（庁）が存在した。「西庁」という表記から、朝堂は左右対称に配置されていたらしく、遺構のうえでまず該当するのは、内郭南院東部の南北棟建物SB八五〇五・SB七四〇一である。これらは、西側の対称位置に復元される二棟とともに、後岡本宮の朝堂として造営され、浄御原宮にも引き継がれたと推定される（小澤、一九九七／吉川、二〇〇四）。

ただし、浄御原宮段階の朝堂は、それにくわえて、東南郭正殿たる「大極殿」の南にも存在した蓋然性が高い。以後の諸宮と同様に、大極殿は単独で存在したのではなく、朝堂に対する正殿としての性格を有していたとみるべきであり、先述の遺構の状況もそれを示唆するからである。すなわち、東南郭内部のSB八五〇一と、西側の対称位置、そして東南郭南方の左右両側に想定される南北棟建物が、天武朝に新設された朝堂と考えられる。SB

八五〇一は、SB八五〇五などと同じく梁行二間と復元され、桁行の柱間（一〇尺）も一致する。中軸線をはさんで対向する点も共通しており、朝堂にあてることに問題はない（小澤、一九九七）。浄御原宮段階では、内郭南院の朝堂が日常的な侍候に、東南郭の朝堂は「大極殿」出御時の侍候に用いられたのであろう（吉川、二〇〇四）。

（4）大安殿（外安殿）・内安殿・向小殿

天武紀には「大安殿」が三回、「外安殿」「内安殿」が各一回、「向小殿」が二回あらわれる。「大安殿」が見えるのは、天武十四年（六八五）九月辛酉（十八日）条の「天皇御二大安殿一、喚二王卿等於殿前一、以令二博戯一」と朱鳥元年（六八六）正月丁巳（十六日）条の「天皇御二於大安殿一、喚二諸王卿一賜レ宴」の賜宴記事、同年二月甲戌（四日）条の「御二大安殿一。侍臣六人授二勤位一」という授位記事である。

また、天武十年（六八一）正月丁丑（七日）条には、「天皇御二向小殿一而宴之。是日、親王・諸王引二入内安殿一、諸臣皆侍二于外安殿一、共置酒以賜レ楽」と、「向小殿」「内安殿」「外安殿」が登場する。なお、「向小殿」は、前年の天武九年（六八〇）正月甲申（八日）条にも、「天皇御二于向小殿一、而宴二王卿於大殿之庭一」と見える。

天武十年（六八一）正月丁丑（七日）条から、「内安殿」と「外安殿」が対置されるかたちで存在したことがわかるが、「内安殿」に親王・諸王が引き入れられ、「外安殿」に諸臣が侍すという賜宴形態は、前者がより奥向きの殿舎であったことを明示している。「引二入内安殿二」という表現とあわせて、「内安殿」は、天皇の私的空間である内郭北院に位置したと考えてよい。一方、諸臣が侍した「外安殿」は、内郭北院には求めることができず、内郭南院の正殿SB七九一〇に比定される（小澤、一九九七）。そして、「向小殿」に座した天皇が、「内安殿」の親王・諸王、「外安殿」の諸臣と場を共有した点から、「内安殿」は内郭北院の南側の正殿SB〇三〇一、「向小殿」はその東側の建物SB八五四二にあてることができる[14]（西本、二〇〇八・二〇二三b／小澤、二〇一〇／市、二〇二四）。

ちなみに、天皇が王卿を喚して宴を賜い、侍臣に授位をおこなった「大安殿」は、「外安殿」と同じ殿舎とみて差し支えない。直木孝次郎が論じたごとく、天皇の私生活に関係の深い官司・職名に「内」、公的なものに「大」「外」をつける例があることから、「大安殿」と「外安殿」は、「内安殿」に対する同一の殿舎と判断して問題ないからである（直木、一九七三）。西本昌弘や市大樹が述べるように、いずれも諸臣が日常的に侍した場ではなく、天皇に喚されてはじめて入ることが許された殿舎と考えられる。

また、天武九年（六八〇）正月甲申（八日）条との対応関係により、天皇が「向小殿」に出御して王卿に宴を賜った同条の「大殿之庭」の「大殿」は、「内安殿」に比定できる。さらに、天武十四年（六八五）九月壬子（九日）条の「天皇宴二于旧宮安殿之庭一。是日、皇太子以下至二于忍壁皇子一、賜レ布各有レ差」も、同様に参加者が限定され、「安殿之庭」は「大殿之庭」に対応するため、「旧宮安殿」も「内安殿」を指す[15]（市、二〇二四）。

では、「内安殿」SB〇三〇一の北に位置し、やはり東西に付属建物を擁する内郭北院のもう一つの正殿SB〇五〇一の性格はどう考えるべきか。これに関して筆者は、史料には登場しない、さらに奥向きの殿舎と解したが（小澤、二〇一〇）、西本は、それが「問題の核心の半分を衝いている」として、「皇后宮」に比定した（西本、二〇二三b）。「皇后宮」は、朱鳥元年（六八六）四月壬午（十三日）条に「為レ饗二新羅客等一、運二川原寺伎楽於筑紫一。仍以二皇后宮之私稲五千束一、納二于川原寺一」と見え、皇后の居所や家政機関が当時存在したことが知られる。

皇后宮については、光仁朝以前は内裏外に設けられたとする橋本義則の見解が通説となっている（橋本、一九八六）。しかしながら、西本が明快に論じたように、それらは堅塩媛や光明子など非皇族出身の后妃の場合に認められる形態であって、皇女から皇后となった場合は、王宮内に皇后宮を有したとみて何ら支障がない（西本、二〇二三b）。実際、天武の死後、持統は亡き夫を偲んで長歌を作るが、そこでは天武が朝夕に神岳の黄葉を愛でるようすを彼女が実見していたことがうかがえ（『万葉集』巻二―一五九番歌）、二人の生活空間はごく近接していたと考えられる。とすれば、内郭北院の南側の正殿SB〇三〇一を平安宮内裏の仁寿殿に相当する天皇の常居、北側の正殿SB〇五〇一を同じく常寧殿に相当する皇后の常居（皇后宮）にあてる西本説は、正鵠を射ている可能性が高い。

（5）御窟殿（院）

天武紀には、朱鳥元年（六八六）正月己未（十八日）条に「朝庭大酺。是日、御㆓御窟殿前㆒、而倡優等賜㆑禄有㆑差。亦歌人等賜㆓袍袴㆒」、同年七月丙寅（二十八日）条に「選㆓浄行者七十人㆒以出家。乃設㆓斎於宮中御窟院㆒」と、「御窟殿」「御窟院」が一回ずつ見える。浄御原宮に「御窟殿」とよばれた殿舎が存在し、それを中心とする区画「御窟院」が存在したことがわかるが、これらはどこに比定しうるだろうか。

志村佳名子は、内郭南院の北側の正殿SB〇五〇一の東に想定される建物を「御窟殿」にあてた（志村、二〇〇八）。また、西本昌弘は、南側の正殿SB〇三〇一の西側に「御窟殿」の存在を推測する（西本、二〇一三a）。しかし、いずれも「御窟院」に該当するような区画施設は認められず、そもそも、親王・諸王以外の人々を「内安殿」SB〇三〇一以北の私的空間に招き入れたとも考えにくい。

一方、鶴見泰寿は、北外郭で確認された大型建物SB〇九三四を「御窟殿」に比定する（鶴見、二〇一五・二〇二三）。ただ、この建物は、柱筋を揃える南側の梁行二間の東西棟建物SB六七一五（SB〇二二〇一）などとともに、一つの区画を形成していたとみられるものの、西本が批判するように、内郭の外の部分を「宮中」と称したか、疑問が残る。くわえて、前者の正月己未（十八日）条は、「朝庭」における大規模な酒宴を記しており、倡優や歌人への褒賞も、そこでおこなわれた余興に対するものと推定される。その場合、鶴見が内郭南門南方の空間にあてる「朝庭」と「御窟殿」の距離が遠く離れることになってしまう。賜宴後、なぜ内郭を隔てた北側のSB〇九三四までわざわざ移動したのかが説明できない以上、これを「御窟殿」とみるのは無理があろう。

むしろ、先述のごとく、「朝庭」を東南郭南方の空間に比定できるとすれば、同日の酒宴において天皇が出御した場所は、東南郭正殿SB七七〇一のほかには想定しがたい。「大極殿」でなく「御窟殿」と記された理由は不明ながら、賜宴と褒賞の場の位置関係から、同条の「御窟殿」は東南郭正殿と考えるべきではないか。

また、奈良時代以降、大極殿は御斎会など法会の場としても用いられるようになり、そのさいには大極殿自体が巨大な仏堂として機能した（吉川、二〇〇四・二〇〇七）。後者の七月丙寅（二十八日）条は、「宮中御窟院」における大規模な設斎を記しており、両者の間に共通性を認めることは不可能ではない[16]。よって、正殿SB七七〇一を中心とする東南郭が明確な「院」を構成する事実とあわせて、そこが設斎の場となったと推測する。この場合、「御窟院」という呼称は、扉を閉じて閉鎖的な空間を形成するなど、使用法にかかわる可能性がある。

以上、なお問題は含むものの、「御窟院」「御窟殿」については、東南郭とその正殿SB七七〇一の別称とみる仮説を提示し、後考を俟つことにしたい。

注

（1）一方、この宮名比定に対する異論もある。たとえば、西本昌弘は、Ⅱ期の遺構はⅢ期遺構の内郭と一部重複するが、巨視的にみれば南北に中心をずらして占地したとし、それは、後飛鳥岡本宮の南に飛鳥浄御原宮を営んだという『日本書紀』の記載とも整合的であるとして、Ⅱ期を後飛鳥岡本宮にあてる（西本、二〇〇四）。けれども、平面的に重複するⅡ期とⅢ期の遺構の併存はありえず、Ⅲ期の施設がⅡ期のそれを全面的に廃棄して造営されたことは明白である。かつ、柱の遺存状況をはじめとする遺構の状況から、Ⅲ期の宮殿が長期間にわたって維持されたことも確実であり、内郭を中心とする主要部分は前代の施設が引き継がれたと判断できる。これらは、Ⅲ期＝後飛鳥岡本宮・飛鳥浄御原宮とみる解釈を裏づけるもので、逆に、Ⅱ期＝後飛鳥岡本宮とする説には否定的材料となる。なお、近年、飛鳥宮跡の出土土器を詳細に再検討した重見泰は、Ⅱ期遺構を六四〇～六六〇年頃、Ⅲ期を六六〇～七〇〇年頃とし、Ⅱ期＝飛鳥板蓋宮、Ⅲ期＝後飛鳥岡本宮・飛鳥浄御原宮とする私見を追認している（重見、二〇一四）。上記の宮名比定が動くことはないと考える（小澤、二〇一〇所収著書、補註2）。

（2）奈良県立橿原考古学研究所の報告などでは、小字名にもとづき「エビノコ郭」とよぶが（橿考研、二〇〇八ほか）、「エビノコ」は「蘇我蝦夷の子」と解する見解もあり（岸、一九九三、五四頁）、区画の名称として適切とはいいがたい（小澤、一九八八所収著書、補註1）。ほかの研究者も賛同して使用するように（鶴見、二〇二三／西本二〇二三a・b／山元、二〇二三／市、二〇二四など）、宮内における位置および内郭との関係にもとづく「東南郭」の呼称が妥当と考える。

（3）ただし、正殿南方の区画塀は、柱間にとくに広い部分は見あたらないものの、正殿の正面にあたる部分に扉が設けられていた可能性は否定できない。内郭でも、出入口が南門SB八〇一〇にかぎられていたという確証はなく、たとえば内郭南院の東西の部分では、南門とは別に、臣下が出入りするための扉の存在を想定しうる。

（4）SB七九一〇やSB〇三〇一、SB〇五〇一など、中軸線上の柱径が大きい廂付建物とそれに取りつく建物を除けば、内郭の柱は地表近くで切り取られた例が多い。一方、東南郭の柱はほとんどが抜き取られている。また、東南郭は建て替えが認められないのに対し、内郭では建物や塀などの造り替えがある（この場合の柱は抜き取られることが多い）。内郭が、東南郭に比べて、造営から廃絶に至るまでに長期間を経過していたことは確実である。

（5）天武七年（六七八）四月己亥（十三日）条に「新宮西庁柱」、天武十年（六八一）三月甲午（二十五日）条に「新宮井上」、天武十四年（六八五）九月壬子（九日）条に「旧宮安殿之庭」が見える。

（6）鶴見泰寿は、筆者や林部均が調査担当者である菅谷文則に直接確認したうえで下した判断について、「口頭での遣り取りによって層位関係の解釈を変更することは客観性を損なう」と批判する（鶴見、二〇二三）。しかしながら、過去の調査成果の再検討は研究上不可欠な作業であり、調査時の担当者の所見を墨守しなければならない理由はない。

（7）SB九〇〇八の柱掘方は盲暗渠SX九〇〇五を切るとされるが（橿考研、一九九二）、両者は平面的にほとんど重複せず、先後関係の判定には疑問が残る（筆者は、調査中に担当者の亀田博から、先後関係は判定しがたいとの説明を受け、現地でもそう判断した）。概報の記述とは逆に、SX九〇〇五がSB九〇〇八より新しいとすれば、重見が自説の根拠としたSB九〇〇八と石組溝SD八九三一の先後関係は再検討の余地がある（小澤、二〇一〇所収著書、補註4）。また、次節で述べるように、東南郭西門SB七四〇二の存在を示す「西門庭」は、天武四年（六七五）に射礼の場として登場しており、東南郭はこの時点ですでに成立していたと考えられる。

（8）南門と西門における射礼記事は以下のとおりである。「西門庭」：天武四年（六七五）正月壬戌（十七日）条、天武五年（六七六）正月乙卯（十六日）条。「西門」：天武八年（六七九）正月己亥（十八日）条。「南門」：天武六年（六七七）正月庚辰（十七日）条、天武七年（六七八）正月甲戌（十七日）条、天武十四年（六八五）五月庚戌（五日）条。このほか、南門は、天武九年（六八〇）七月癸未（十日）条に「朱雀有南門」と見える。

（9）SB七七〇一を「朝堂（庁）」とする見解もあるが（鶴見、二〇一五・二〇二三）、天皇の公的空間の正殿たる巨大な東西棟建物を、臣下の空間に位置し、南北棟建物を基本とする朝堂にあてるのは不可能である。また、SB七七〇一の桁行柱間は、一一尺等間とⅢ期遺構の中で最も大きく、内郭南院のSB七九一〇や内郭北院のSB〇三〇一・SB〇五〇一をしのぐ。朝堂の桁行柱間が、大極殿や大安殿など天皇が坐す正殿のそれを上回る例は存在しない（身舎の桁行柱間は、藤原宮と平城宮中央区の大極殿が一七尺、藤原宮朝堂は一四尺、平城宮中央区朝堂は一五尺。平城宮東区下層では大安殿が一五尺、朝堂は一〇尺。平城宮東区上層は大極殿が一五尺、朝堂は一三尺）。

（10）天武五年（六七六）正月庚子朔条に「群臣・百寮拝朝」、天武十年（六八一）正月癸酉（三日）条に「百寮諸人拝朝庭」、天武十二年（六八三）正月庚寅（二日）条に「百寮拝朝庭」、天武十四年（六八五）正月戊申（二日）条に「百寮拝朝庭」と見える。

（11）西本昌弘が指摘するように、十世紀中頃に編纂された「本朝月令」を引用したとみられる『年中行事秘抄』『年中行事抄』『明文抄』は、「拝二朝大極殿一」と、天武三年（六七四）正月の大極殿における拝朝を記す（西本、二〇〇八）。この記事の信憑性が高いとすれば、史料上、浄御原宮の大極殿と朝賀は同年まで遡ることになる。

（12）これ以外にも、「朝庭」は、天武四年（六七五）正月壬子（七日）条に「賜二宴群臣於朝庭一」、天武五年（六七六）正月甲寅（十五日）条に「百寮初位以上、進レ薪。即日、悉集二朝庭一賜宴」、天武十一年（六八二）七月甲午（三日）条に「隼人多来貢二方物一。是日、大隅隼人与二阿多隼人一、相二撲於朝庭一。大隅隼人勝之」、朱鳥元年（六八六）正月己未（十八日）条に「朝庭大酺」と見え、それなりの面積を有していたことがうかがえる。

（13）なお、持統紀は殿舎名などの表記を天武紀と異にするが、持統三年（六八九）正月甲寅朔条には「天皇朝二万国于前殿一」と見える。西本昌弘は、これを諸国の国司（国宰）が上京しておこなった拝礼とし、「前殿」は王宮の正殿を意味するとして、東南郭正殿（「大極殿」）にあてた（西本、二〇〇八）。筆者も、元日朝賀の儀礼形態から、西本説が妥当と考える。国司たちは東南郭の南の「朝庭」に列立して、「前殿」（＝「大極殿」）の天皇を拝したのであろう。

（14）この殿舎名比定に対する異論もあるが（志村、二〇〇八／仁藤、二〇一一／重見、二〇一五／鶴見、二〇一五／山元、二〇二三）、それらについては、西本昌弘と市大樹が理由を挙げて詳細に反論している。なお、内郭北院正殿の確認以前に発表した前稿（小澤、一九九七）では、「是日」の前後の賜宴を継起的なものと考え、天皇の移座を想定したけれども、西本が論じたように、近接した空間における同時の賜宴とみるべきである。

（15）前稿（小澤、一九九七）では、「大殿之庭」と「旧宮安殿之庭」を、内郭南院のＳＢ七九一〇を中心とする一郭と推定したが、市大樹の指摘に従って訂正する。

（16）王宮における仏教行事は、白雉二年（六五一）十二月晦条の「味経宮（＝難波長柄豊碕宮）」における読経と燃灯が最古とされる（吉川、一九九七）。二一〇〇余人の僧尼を集め、「朝庭」に二七〇〇余灯をともしていることから、おもな舞台となったのは「朝庭」と朝堂、そしてのちの大極殿に相当する内裏前殿ＳＢ一八〇一であろう。大極殿やその前身殿舎を仏堂として使用する仏教行事の萌芽は、この時点に求めてよいのではないか。

参考文献

市　大樹、二〇二四「大化改新と難波諸宮」（『日本古代の宮都と交通』塙書房）

小澤　毅、一九八八「伝承板蓋宮跡の発掘と飛鳥の諸宮」（『橿原考古学研究所論集　第九』吉川弘文館。のち、『日本古代宮都構造の研究』青木書店、二〇〇三年）

小澤　毅、一九九五「小墾田宮・飛鳥宮・嶋宮―七世紀の飛鳥地域における宮都空間の形成―」（『文化財論叢Ⅱ』同朋舎出版。のち、『日本古代宮都構造の研究』青木書店、二〇〇三年）

小澤　毅、一九九七「飛鳥浄御原宮の構造」（『堅田直先生古希記念論文集』真陽社。のち、『日本古代宮都構造の研究』青木書店、二〇〇三年）

小澤　毅、二〇一〇「飛鳥の朝廷」（『古代国家の形成』〈史跡で読む日本の歴史3〉吉川弘文館。のち、『古代宮都と関連遺跡の研究』吉川弘文館、二〇一八年）

橿原考古学研究所編、一九七一『飛鳥京跡　一』奈良県史跡名勝天然記念物調査報告第二六冊、奈良県教育委員会

橿原考古学研究所編、一九七四『飛鳥京跡―昭和四八年度発掘調査概報―』奈良県教育委員会

狩野　久、一九七五「律令国家と都市」（『大系日本国家史』1古代、東京大学出版会。のち、『日本古代の国家と都城』東京大学出版会、一九九〇年）

岸　俊男、一九七七「難波の都城・宮室」（『難波宮と日本古代国家』塙書房。のち、『日本古代宮都の研究』岩波書店、一九八八年）
岸　俊男、一九九三『日本の古代宮都』岩波書店
重見　泰、二〇一四「後飛鳥岡本宮と飛鳥浄御原宮―宮殿構造の変遷と「大極殿」出現過程の再検討―」（『ヒストリア』二四四。のち、『日本古代都城の形成と王権』吉川弘文館、二〇二〇年）
重見　泰、二〇一五「後飛鳥岡本宮の構造と飛鳥浄御原宮の成立」（『ヒストリア』二四九。のち、『日本古代都城の形成と王権』吉川弘文館、二〇二〇年）
重見　泰、二〇二三『大極殿の誕生―古代天皇の象徴に迫る―』吉川弘文館
志村佳名子、二〇〇八「飛鳥浄御原宮における儀礼空間の復原的考察」（『文学研究論集』二八、明治大学大学院文学研究科。のち、『日本古代の王宮構造と政務・儀礼』塙書房、二〇一五年）
菅谷文則、一九八七「飛鳥京第Ⅲ期遺構と掘立柱建築の諸条件小考」（『横田健一先生古稀記念　文化史論叢　上』創元社）
鶴見泰寿、二〇一五『古代国家形成の舞台　飛鳥宮』〈シリーズ「遺跡を学ぶ」一〇二〉新泉社
鶴見泰寿、二〇二三「飛鳥宮の空間構成とその系譜」（『シンポジウム「飛鳥宮の儀礼と空間構成」報告集』東京大学史料編纂所・奈良県立橿原考古学研究所）
直木孝次郎、一九七三「大極殿の起源についての一考察―前期難波宮をめぐって―」（『人文研究』二五―一。のち、『飛鳥奈良時代の研究』塙書房、一九七五年）
奈良県立橿原考古学研究所編、一九七八「飛鳥京跡昭和五二年度発掘調査概報」（『奈良県遺跡調査概報　一九七七年度』）奈良県教育委員会
奈良県立橿原考古学研究所、一九九二「飛鳥京跡―飛鳥京跡一一七・一二〇～一二二次―」（『奈良県遺跡調査概報

一九九一年度』）
奈良県立橿原考古学研究所、二〇〇八『飛鳥京跡 Ⅲ―内郭中枢の調査（一）―』奈良県立橿原考古学研究所調査報告第一〇二冊
奈良県立橿原考古学研究所、二〇一四『飛鳥京跡 Ⅵ―吉野川分水の発掘調査―』奈良県立橿原考古学研究所調査報告第一一七冊
奈良県立橿原考古学研究所、二〇一九「飛鳥京跡第一八一次調査」（『奈良県遺跡調査概報 二〇一八年度』）
西本昌弘、二〇〇四「伝承板蓋宮跡第Ⅱ期遺構と後飛鳥岡本宮」（『日本歴史』六七九。のち、『日本古代の王宮と儀礼』塙書房、二〇〇八年）
西本昌弘、二〇〇八「七世紀の王宮と政務・儀礼」（『日本古代の王宮と儀礼』塙書房）
西本昌弘、二〇二三a「飛鳥の開発と飛鳥浄御原宮の内部構造」（『シンポジウム「飛鳥宮の儀礼と空間構成」報告集』東京大学史料編纂所・奈良県立橿原考古学研究所）
西本昌弘、二〇二三b「飛鳥浄御原宮の皇后宮」（『続日本紀研究』四三四）
仁藤敦史、二〇一一『都はなぜ移るのか―遷都の古代史―』吉川弘文館
橋本義則、一九八六「朝政・朝儀の展開」（『まつりごとの展開』〈日本の古代7〉中央公論社。のち、『平安宮成立史の研究』塙書房、一九九五年）
林部　均、一九九八「伝承飛鳥板蓋宮跡出土土器の再検討」（『橿原考古学研究所論集　第十三』吉川弘文館。のち、『古代宮都形成過程の研究』青木書店、二〇〇一年）
林部　均、二〇〇八『飛鳥の宮と藤原京―よみがえる古代王宮―』吉川弘文館
福山敏男、一九五五「朝堂院概説」（『大極殿の研究』平安神宮。のち、『住宅建築の研究』中央公論美術出版、一九八四年）

森川　実、二〇一五「飛鳥の土器と「飛鳥編年」」（『季刊明日香風』一三四）
八木　充、一九六六「律令制都宮の形成過程」（『日本書紀研究』二』塙書房。のち、『律令国家成立過程の研究』塙書房、一九六八年）
山元章代、二〇二三「飛鳥浄御原宮の殿舎と飛鳥宮跡Ⅲ—B期遺構」（『寧楽史苑』六八）
吉江　崇、二〇〇三「律令天皇制儀礼の基礎的構造—高御座に関する考察から」（『史学雑誌』一一二—三。のち、『日本古代宮廷社会の儀礼と天皇』塙書房、二〇一八年）
吉川真司、一九九七「難波長柄豊碕宮の歴史的位置」（『日本国家の史的特質—古代・中世—』思文閣出版。のち、『律令体制史研究』岩波書店、二〇二二年）
吉川真司、二〇〇四「七世紀宮都史研究の課題—林部均『古代宮都形成過程の研究』をめぐって—」（『日本史研究』五〇七。のち、『律令体制史研究』岩波書店、二〇二二年）
吉川真司、二〇〇七「大極殿儀式と時期区分論」（『国立歴史民俗博物館研究報告』一三四、国立歴史民俗博物館。のち、『律令体制史研究』岩波書店、二〇二二年）
和田　萃、一九八〇「服属と儀礼—殯宮儀礼の分析—」（『呪ないと祭り』〈講座日本の古代信仰3〉学生社。のち、『日本古代の儀礼と祭祀・信仰』上、塙書房、一九九五年）

前期難波宮と飛鳥宮の比較再検討

積山　洋

はじめに

大阪市所在の前期難波宮は『日本書紀』（以下、書紀と記す）に、白雉三年（六五二）完成、朱鳥元年（六八六）焼失と記されている難波長柄豊碕宮である。その立地は南北に長い上町台地の北端の高台であり、東に河内湖と生駒の山並み、西に大阪湾と淡路の島影、北に大和川・淀川の合流点と北摂の山並みを望み、南には陸路が開けていた。宮域は内裏、朝堂院から宮城南門にいたる中心部と、その東西の官衙域からなり、全体の規模は東西・南北約六五〇m[1]と、それまでにない大規模な王宮である（図1）。

筆者はこれまで前期難波宮を中心に中国都城や倭国の飛鳥時代諸宮との比較研究を行ってきた（積山、二〇一三a～c・二〇二〇）。その後、二〇二二年の藤原宮大極殿院における新発見（廣瀬、二〇二三）と二〇二三年の前期難波宮の内裏における新発見（大阪市教委、二〇二三）は、飛鳥時代王宮中枢部の研究が新たな段階に入ったこと

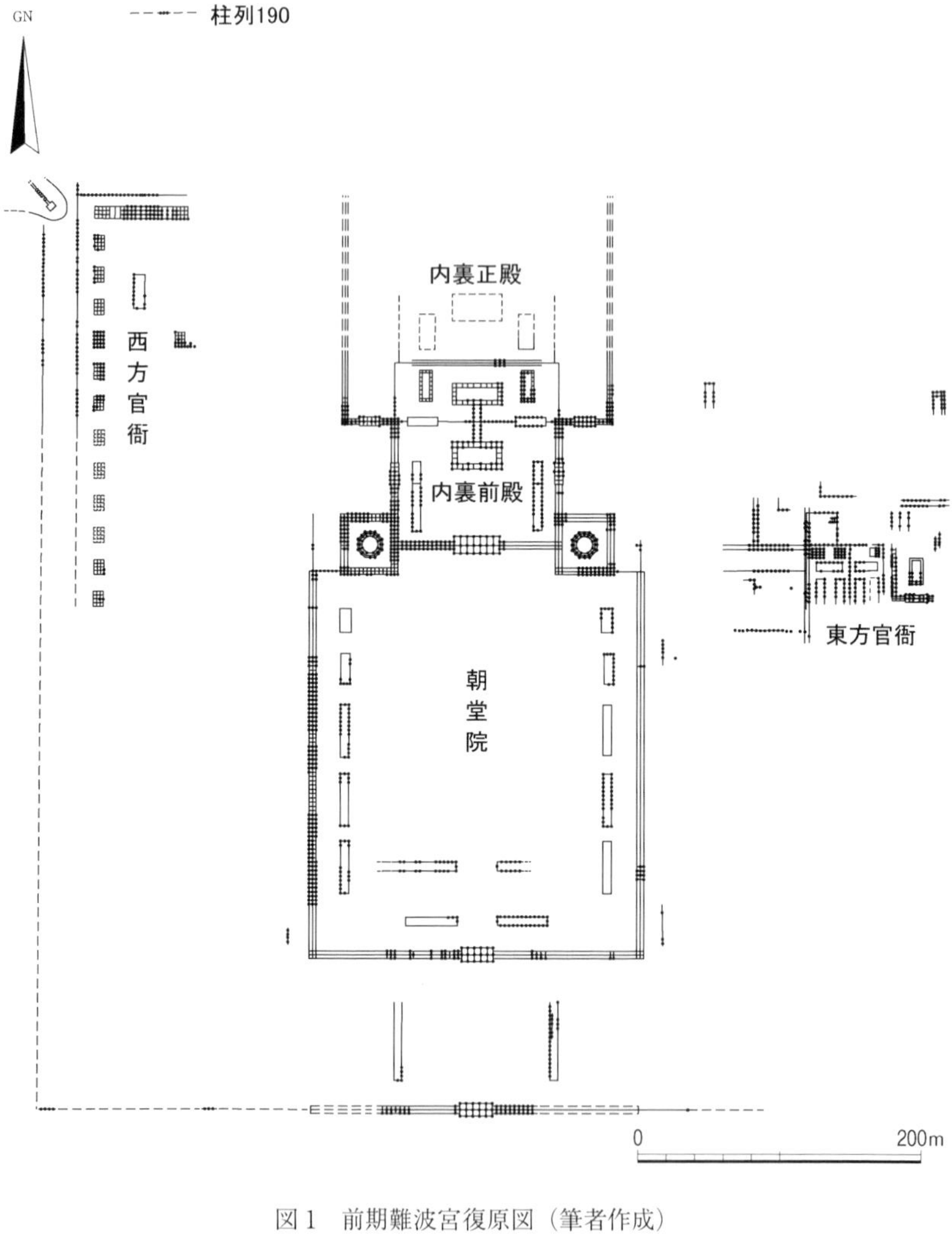

図１　前期難波宮復原図（筆者作成）

を告げるものであった（積山、二〇二三。以下「前稿」と呼ぶ）。本稿では前稿で行った飛鳥宮との比較研究をさらに掘り下げてみたい。

一　難波長柄豊碕宮の構造と意義

（1）内裏の構造

前期難波宮の内裏は、地面が小石敷きであり、東西約一八五m・南北一七〇m（内裏正殿以南）以上を複廊で囲んでいる。平面プランは南へ突出する逆凸字形で、大きく三つの部分からなる。南への突出部分とこの区画北端の東西複廊までの**内裏南院**[2]、それ以北の東西を一本柱塀で区画された**内裏北院**、両者の東西と北で複廊に囲まれた**内裏外郭**である（図2）。南院南部に建てられた正殿が内裏前殿ＳＢ一八〇一である。その構造は四面廂という最高の格式で、おそらく当時の倭国で最大規模の建物である。その前面の東西には南北棟の脇殿（長殿）が置かれている。内裏前殿の後方には軒廊が北へ伸び、東西の一本柱塀を貫き、やはり四面廂の南院後殿ＳＢ一六〇三と接続している。ＳＢ一六〇三は前殿よりひと回り小さいが、その左右の狭い空間にも南北棟で四面廂の脇殿が置かれている。

二〇二三年、実態不明であった内裏北院で南北棟が発見された。この殿舎は北妻が未検出だが、東西と南に廂を有し、南院後殿の東脇殿ＳＢ二一〇二と柱筋が揃うことにより、やはり四面廂とみられる。そこで、複廊の北の中軸線上に、もう一つの正殿があり、その西、左右対称の位置にも脇殿が眠っていると予測できることになった（大阪市教委、二〇二三）。新発見の南北棟は南院後殿の東脇殿より東西幅が大きく、柱も太くかつ深いので、未知の正殿は後殿より大きく、内裏前殿クラスの規模だろうとも予測できる（後述）。これは内裏正殿とみることができよう。

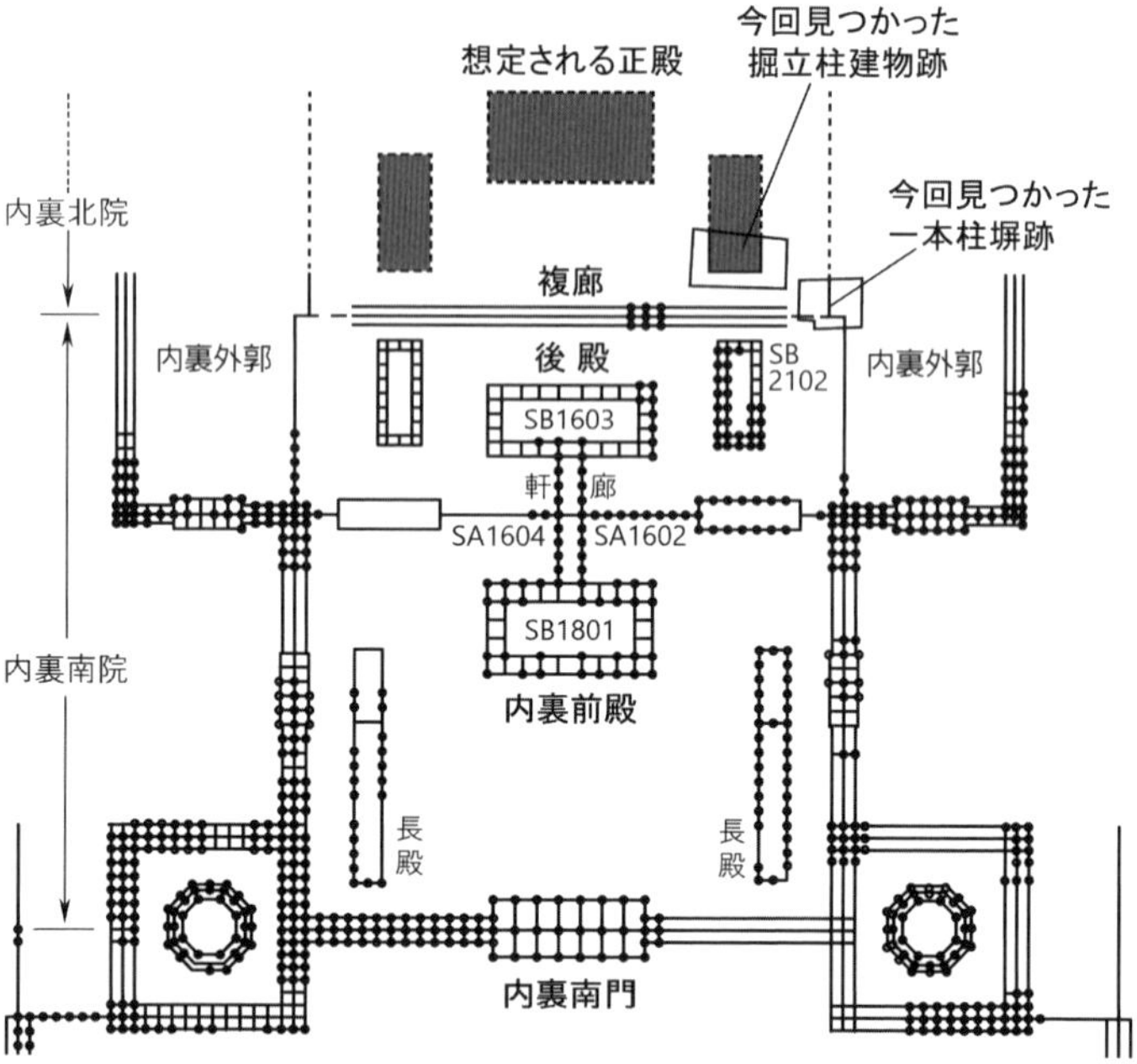

図2　前期難波宮内裏復原図（大阪市教委2023に筆者が加工）

この調査では、南院北部の東を限る一本柱の南北塀と南院北端の東西複廊の交点も検出された。南北塀は複廊中央柱筋との交点で西へ一間分折れ、再び北へ折れて内裏北院を囲む区画を形成していた。複廊は交点の少し西で塀に替わっていたらしい。これにより、内裏が内郭（南院・北院）と外郭という二重構造になることが判明した。

内裏南門は桁行七間（三二・七m）・梁行二間（一二・三m）という破格の規模で、藤原宮大極殿南門に次いで我国では最大級の門である。屋根は単層・切妻造りで柱高が四・五～五mほどと復原されている（李、二〇一〇）。

（2）難波長柄豊碕宮の画期的意義

筆者は前期難波宮の画期的意義を五点、挙げたことがある（積山、二〇二〇）。ここではごく最近の知見を含めて略述する。

①南北軸線プランの導入

前期難波宮の殿舎配置の最大の特徴は、内裏―朝堂院―宮城南門と、中心殿舎を正方位で南北一直線上に連ねた軸線プランであり、左右対称に設計された。南北軸線プランの起源はいうまでもなく中国都城である（積山、二〇一三a）。前期難波宮は中国都城の伝統を初めて導入した倭王宮であった。

②正殿の画期

古墳時代から飛鳥時代前半までの大王宮正殿は「大殿」であり、そこは公私未分離の空間であった。舒明即位前紀には、死期の間近い推古が大殿で病床に臥せっていたこと、その病床から田村皇子と山代大兄皇子に対して自らの死後の即位を自重するよう遺詔したことが記されている。大殿は大王が病床に臥せる生活空間（私）であるとともに後継大王に関わる遺詔＝政（まつりごと）の空間（公）であった。前期難波宮では内裏南院を公的空間、北院を私的空間として公私を分離した。その結果、公的区域の内裏前殿が藤原宮で成立する大極殿の祖型となった（積山、二〇一三b）のみならず、私的空間における内裏正殿の初現も予測できることとなった。内裏における公私の分離を起点として大極殿と内裏正殿が生まれたのである。

なお、前期難波宮の内裏が内郭・外郭の二重構造であることも、平城宮内裏（Ⅱ期以後）および藤原宮内裏に関する予測（橋本、二〇一一）と同様であり、内裏の展開においても、前期難波宮がその原点ともいうべき位置にあるという展望を与えることとなった。

③朝堂院の創出

朝堂院(3)は東アジアのどの宮城にもない、倭王宮独自の群臣の場として生まれた。唐長安城に朝堂はあっても承天門前の横街や含元殿の前に左右対称で二棟置かれた（佐藤武敏、一九七七／楊、二〇〇一）のみであり、朝庭と多数の朝堂からなる倭王宮の朝堂院とはまったく異なる。

朝堂の初出は推古紀十八年（六一〇）十月条の小墾田宮の「庁」であるが、広大な朝庭を有する大規模な朝堂院の初現は前期難波宮であろう。それは大化三年（六四七）是歳条に、「凡有レ位者、要於寅時、南門之外、左右羅列、候二日初出一、就レ庭再拝、乃侍二于庁一。若晩参者、不レ得二入侍一。臨レ到二午時一、聴レ鍾而罷。其撃レ鍾吏者、垂二赤巾於前一。其鍾台者、起二於中庭一。」とあるように、難波小郡宮にて定められた朝参の「礼法」が画期であるが、これは小郡宮というより豊碕宮を意識した礼法であったという（栄原、二〇二二／市、二〇二四a・b）(4)。

ただ、前期難波宮の朝堂は藤原宮に比して簡素でやや小ぶりであり、まだ生まれたばかりの中央官制および朝堂における政務が未成熟な段階にあった（磐下、二〇二〇）ことを示唆するようである。それに対して朝庭の史料は少なくない。群臣が朝庭に参集、列立する元日朝賀は孝徳朝に始まる（佐竹、一九九八／今泉、一九九七／西本、二〇〇八a）。孝徳朝で迎えた元日九度のうち朝賀の記録は大化二年（六四六）・四年（六四八）・五年（六四九）・白雉元年（六五〇）・三年の五度である。朝庭における射礼の始まりも孝徳朝である（大化三年正月壬寅〔十五日〕条）(5)。白雉元年二月には改元儀礼が朝庭で挙行され、翌年十二月晦日、味経宮にて二、一〇〇余の僧尼が一切経を読経し、夕べには二、七〇〇余の燈火と読経が朝庭を荘厳する中、孝徳が出御して味経宮を難波長柄豊碕宮と命名した(6)。翌朝の白雉三年元旦には元日朝賀が挙行され、朝庭に群臣が列立し、君臣関係が再確認された。孝徳朝の朝堂院では、朝堂より朝庭の機能が優位にあったこと、その起源は古墳時代的な「庭」にあったことなどが察せられる（積山、二〇二四）。

④官衙域の形成

前期難波宮では中心部に比して周辺部の調査が進んでいないが、それでも東方官衙や西方官衙の存在、さらには朝堂院東西外縁の南北柱列などは、中心部の東西に宮内官衙（曹司）が展開していたことを裏づける。北から内裏・朝堂院と並ぶ中心部の東西に曹司を置くことにより、王宮は巨大化した。それまで有力氏族の居宅などで分掌されていた王権の外廷的機能をひとまとめにして統合するという設計思想は前期難波宮に始まり、藤原宮以後に継承される日本の王宮スタイルとなった。

⑤京域の建設

小郡宮の礼法のように、群臣が早朝から朝参するには、彼らが大和から難波に移住することが不可欠だったであろう。難波宮の南方では、それに関係するとみられる建物群が、まだ少ないながらも発見されており、区画の東西塀・南北塀などから一定の方格地割が復原できる。だが、復原できる範囲は狭く、土地造成だけに終わった地点などもあり、飛鳥還都による未完の京建設であった。とはいえ、前期難波宮は方格地割の京建設の計画を伴っていた。それ以前の王宮にはなかったことである。

二　前期難波宮と飛鳥宮

（1）前期難波宮と飛鳥宮の比較

本節では、前期難波宮と飛鳥宮Ⅲ期（以下、飛鳥宮と略記、図3）の比較を試みる。

飛鳥宮は大和盆地の東南のはずれ、飛鳥川沿いの谷あいの地に立地しており、周囲に視界が開けた前期難波宮の立地とはかなり異なる。東西は東外郭から内郭西端（復原）まで約二六五ｍ、南北は東南郭から内郭後方の大型殿舎ＳＢ〇九三四まで約三六五ｍの規模で、しかも飛鳥川によって南西部が欠けている。前期難波宮との規模の落差

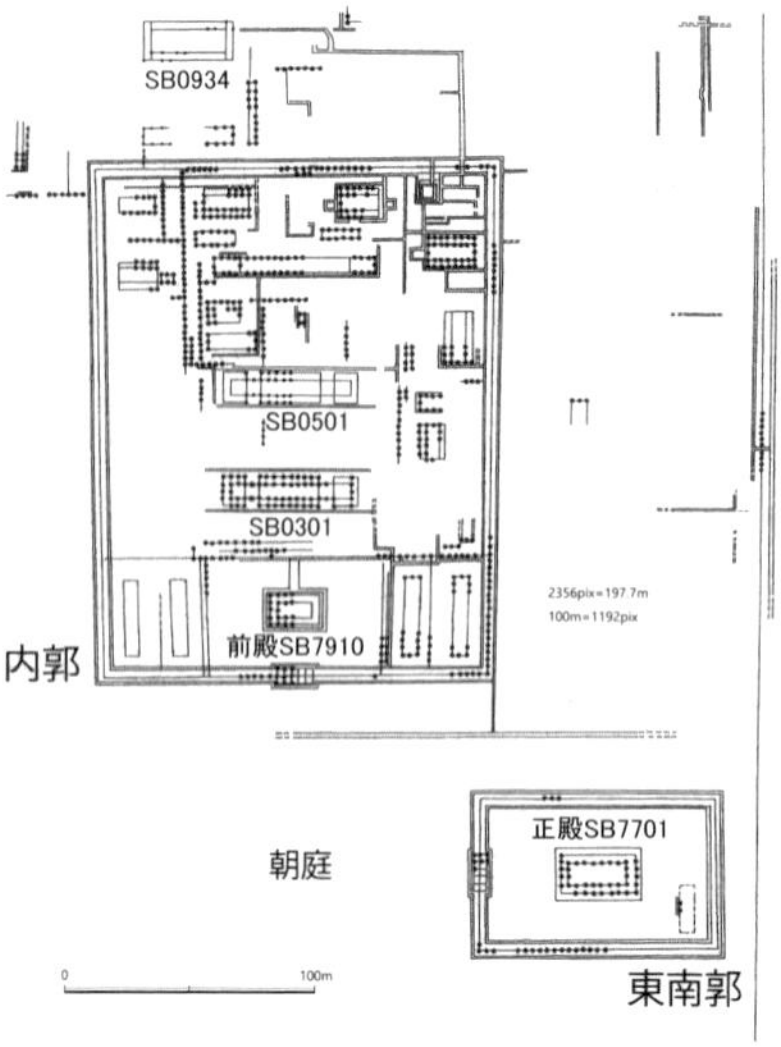

図3　飛鳥宮Ⅲ期復原図
（鶴見2023に筆者が加工）

は歴然としており、内郭も東西一五一m（南端）～一五八m（北端）、南北一九八mで、前期難波宮の内裏よりひと廻りほど小さい。

①殿舎配置の基本設計

ここでは前節で述べた五点の視点から、前期難波宮と飛鳥宮を比較する。

第一の南北軸線プランであるが、飛鳥宮の内郭がこれを継承したことは確かである。ただし、東南郭は大きく東へ分離した位置にある。ふたつの軸線プランが並び立つ姿は王宮としての統合度、完成度が大きく後退したことを示している。藤原宮において、再び王宮は単一の軸線プランに統合される。

第二の正殿については、飛鳥宮の主要殿舎はみな前期難波宮の系譜を引いていた。この点は次項で詳述したい。

第三に、前期難波宮で生まれた大規模な朝堂院は、飛鳥宮に継承されなかった。内郭前殿の左右に計四棟ある塀で隔てられた南北棟は桁行一〇間・梁行二間で朝堂に相当するであろうが、前期難波宮の朝堂でもっとも小さい東西第三～五・七堂の桁行一二間・梁行二間よりさらに小さい。そのうえ、朝庭にあたるのは内郭の南の広場しかなく、そこは北西に流れる飛鳥川の畔の三角地である。前期難波宮の朝庭の規模は東西一七〇m、南北一九〇m（三二、〇〇〇㎡余）であるのに対して、この三角地は最大でも東西一四五m、南北一一五m（八、三〇〇㎡余）と約四分の一しかない。しかもこの朝庭は塀等で閉鎖されておらず、通常の朝堂院の庭とは随分異なっている。

第四に、宮域東西に官衙域を統合するスタイルも、飛鳥宮には継承されなかった。そもそも飛鳥宮には宮内官衙（曹司）を置く余地がさほどない。その候補地は二ヵ所あり、それぞれ断片的ながら建物が検出されている。ひとつは内郭の東側であるが、そこには「東庭」があり、射礼が行われることもあった（天武紀十三年〔六八四〕正月丙午〔二十三日〕条）から、曹司が置かれた余地は限定的だったであろう。また東南郭の南方にも平坦面があり、小澤説では四堂の朝堂が想定されている（小澤、二〇〇三a）。ただ、東南郭には南門がないので、検出されている柱穴は曹司にかかわるとみた方がよいだろう。

このほか、天武朝の六官中の民官の「蔵庸舎屋」が忍壁皇子宮の付近にあった（天武紀朱鳥元年〔六八六〕七月戊申〔十日〕条、ただし表記は「民部省」）という。孝徳朝の皇太子（中大兄）の宮は火災に遭うが、王宮の火災とは記されていないので、別宮だったらしい（孝徳紀大化三年〔六四七〕十二月晦条）から、忍壁皇子の宮、ひいては民官の蔵庸舎屋も宮外にあったであろう。また内郭の北方にも官衙が置かれていたかもしれない。

こうした事情を踏まえると、曹司は石神遺跡などの周辺地域に分散していた（小澤、二〇〇三b）、あるいは皇子宮や豪族居宅に官衙的機能が分散していた（林部、二〇〇一）などというのは首肯される。曹司のような外廷的機能の起源は諸豪族が分掌していた国政実務機構（吉川、二〇一一b）であるが、それが王宮に統合されず、周囲に分散しているのは大化前代的な姿である。

ただし、飛鳥宮の内郭（内裏）の規模は、前期難波宮の内裏に比して小さいものの、さほど極端に小型化していない。つまるところ、朝堂院の欠如と曹司の分散が小型化の最大の要因なのである。

第五に、飛鳥宮に伴う京域は想定することができない。皇子宮や豪族居宅が周辺にあり、政務を分担していたというが、それは古墳時代的な古い王権のシステムであり、王宮に統合された地割に基づく京の姿ではない。

以上のほか、前期難波宮の内裏を囲んだのが複廊であったのに対し、飛鳥宮内郭・東南郭の囲繞施設はすべて一本柱塀であり、外観上は大きく見劣りする。これらの塀は木製土台に乗せた両側柱から成る区画塀（外観は複廊に近似）という復原案があるが（小澤、二〇〇三ａ）、かなり変則的であり、それでは大風に弱かったことであろう。

②小　考

以上のように飛鳥宮は、前期難波宮で達成された上記五点や囲繞施設などの多くが後退した王宮となっている。それは、前期難波宮の先進性に対する「揺り戻し」と評価される（林部、二〇一三／市、二〇一四ｂ）[7]。その通りであるが、それでは一体なぜ、前代への回帰となったのであろうか。その理由は、飛鳥川に沿う狭小な地形のせいで小規模にならざるをえなかったからとされるのが常である。立地の面ではそうだとしても、ではなぜそのような狭小な地を王宮としたのであろうか。それは天武が壬申の乱後、この地に残っていた後飛鳥岡本宮に帰還し、以後はそこを動かなかったからである。更に問うなら、なぜ天武はその地から離れなかったのであろうか。

このような疑問に対するひとつの答えが浄御原宮仮宮説である（中尾、二〇一四）。天武が早くから新たな都城を計画していたことは、史料から知られている。その五年（六七六）に一度失敗した（天武紀五年是年条）のち、十一年（六八二）に再開し、視察の行幸もしている（同十一年三月甲午〔一日〕条、己酉〔十六日〕条）。十二年（六八三）には複都制の詔が出され（同十二年十二月庚午〔十七日〕条）、十三年には宮室の地も定められた（同十三年三月辛卯〔九日〕条）。中尾説では浄御原宮という宮号が天武死去の直前、朱鳥元年七月まで命名もされず、東南郭正殿も小規模だったのは、それが仮宮のゆえであったとする。興味深い仮説である。

だが、浄御原宮に一四年もいながら、なぜ天武ほどの専制君主が理想の都城を建設できなかったのかという疑問は、やはり残らざるをえない。天武が部曲の廃止をはじめ大化前代以来の様々な古い制度の撤廃、新制度の整備を推し進め、国史編纂や浄御原令の編纂に着手したことはよく知られている。天武が目指していたのが律令国家の建設であったことは確かであろう。いったん挫折した天武の宮室造営は再開まで六年を要した（先述）ように、天武はこの大事業、特にその集大成ともいえる浄御原令の施行を最優先したのではないだろうか。その結果、宮室造営は道半ばで天武が歿することになったが、持統が遺志を継ぎ、浄御原令廿二巻を班賜した（持統紀三年〔六八九〕六月庚戌〔二十九日〕条）のち即位し（同四年〔六九〇〕正月朔条）、藤原宮地の視察（同四年十月壬申〔二十九日〕条・十二月辛酉〔十九日〕条）をもって新益京（藤原京）の造営が三たび本格化し、藤原遷宮にいたる（同八年〔六九四〕十二月乙卯〔六日〕条）。まず浄御原令の施行、次いで都城の造営という経緯から、筆者には、天武・持統にとっては藤原宮が本命の王宮であり、浄御原宮は仮の宮と観念されていたように思われるのである。

（2）主要殿舎の比較

ここでは、前節で触れなかった正殿の問題を取り扱いたい。飛鳥宮Ⅲ期遺構では、Ⅲ-A期が斉明の後飛鳥岡本宮、Ⅲ-B期が天武の飛鳥浄御原宮とされてきたが、Ⅲ期の年代を遅らせ、天武朝に始まるとする有力な反論がある（今尾、二〇〇八／西本、二〇〇八b／尾野、二〇一二／佐藤隆、二〇一二）。本稿では、東南郭が備わった状態でのⅢ期遺構（浄御原宮）を論ずることとする。

①飛鳥時代諸宮の主要殿舎

前期難波宮内裏前殿SB一八〇一（大阪市文協、一九八一）

内裏前殿SB一八〇一は四面廂で、桁行総長九間（三六・六m）・梁行総長五間（一九・〇m）を測る。柱間寸法は、梁行が一三尺等間で、桁行は中央間が一五・五尺と広く、両脇へ行くにしたがって一五尺・一四尺・一三尺・一三尺と狭くなっている。桁行総長に対する梁行総長の比率は〇・五二。建物の四周に「小柱穴」が廻っており、木製基壇の側板を固定し、さらに外装板を取りつけたものと考えられている。殿舎の北側を一本柱の塀で区切るが、これを貫く軒廊SC一七〇一で後殿SB一六〇三とつながっている。南には東西に南北棟の長殿（脇殿）が置かれ、その間の東西約七五m、南北四〇m余が広場（庭）であり、その南には朝堂院に開く巨大な南門が設けられている。

前期難波宮内裏南院後殿SB一六〇三（大阪市文協、一九八一）

SB一八〇一の後殿SB一六〇三も四面廂で、桁行総長九間（三四・二m）・梁行総長五間（一四・六m）を測る。柱間寸法は、桁行きは中央間一五尺、他は一四尺であり、梁行は一〇尺等間である。桁行総長に対する梁行総長の比率は〇・四二七。この殿舎の周囲にも小柱穴が付設されている。南面中央に内裏前殿から伸びる軒廊が接続する。東西に四面廂で南北棟の脇殿を伴い、北側を複廊、東西と南面を一本柱の塀で囲む。

飛鳥宮内郭前殿SB七九一〇（橿考研、二〇〇八）

飛鳥宮内郭（内裏）を代表する正殿は、内郭南院に位置する四面廂の前殿SB七九一〇であるが、桁行総長七間（復原二〇・〇m）・梁行総長四間（一一・二m）と小規模である。柱間寸法は身舎が桁行・梁行ともに一〇尺、廂が九尺と復原されている。桁行総長に対する梁行総長の比率は〇・五六。建物の周囲は二〇〜三〇㎝大の石敷が幅一m余で帯状にめぐり、その外側は砂利敷である。一定の高さの基壇があったと想定されている。SB七九一〇の北面中央にはこの石敷と接続して北へ伸びる石敷があり、通路とみられるが、その北端の東西塀に門はない。前期難波宮内裏前殿には北へ伸びる軒廊が接続していたが、その遺制であろう。殿舎の左右に南北棟の脇殿はなく、南院の東西両端に各二棟の南北棟が塀で区切られて復原されている。その内側、内郭南院の前殿区の規模は東西約七〇m（復原値）、南北は四二・五m（SB八〇一〇門心〜石組溝SD七九〇八）である。前殿の南一一m余の位置に南門SB

八〇一〇が置かれたので、殿前の空間は極めて狭い。

飛鳥宮内郭北院南正殿SB〇三〇一・北正殿SB〇五〇一（橿考研、二〇〇八）

この二棟の殿舎は内郭北院に位置する正殿級の殿舎で、同一の規模・構造と復原されている。詳細が判明している南正殿ＳＢ〇三〇一でみると、南北に廂を有する二面廂の構造で、桁行八間（二三・五ｍ）、梁行総長三間（一二・二ｍ）の規模である。桁行長に対する梁行総長の比率は〇・五二。両妻から長さ二間の廊が伸び、その東西で三面廂の小規模な殿舎ＳＢ〇四〇一・ＳＢ八五四二に接続している(8)。この二殿舎は正殿の左右に位置する脇殿に相当する。ＳＢ〇三〇一の前面の空間は南北一一ｍ余、ＳＢ〇五〇一の前面は南北二四ｍ余と、やはり狭い空間であり、いずれの殿前にも門はない。

飛鳥宮東南郭正殿SB七七〇一（橿考研、一九七八）

内郭の東南に位置する東南郭正殿ＳＢ七七〇一は桁行総長九間（二九・二ｍ）・梁行総長五間（一五・三ｍ）の規模である。柱間寸法は桁行が一一尺等間、梁行は身舎が一〇尺で廂は一一尺である。桁行総長に対する梁行総長の比率は〇・五二。建物の周囲は幅二ｍ前後で一〇～二〇㎝大の石敷が帯状にめぐり、その外側は砂利敷である。南面の中央と両脇三ヵ所で石敷が欠けており、階段が想定されている。したがってこの殿舎の床は一定の高さがあったものと思われる。階段の出は二・三ｍ（砂利敷きまでの距離）なので、その高さは二ｍに達する可能性がある。南面柱列に沿って角材を据えて地覆とした痕跡がみつかり、切り合い関係が柱穴より新しいことから、床下では角材の上に壁体（板壁か）が乗っていたと推測されている。東側に南北棟の脇殿ＳＢ八五〇一が復原されている。西側にも南北棟の脇殿を想定する見解と想定しない見解がある（後述）。東南郭は東西約九五ｍ、南北約五九ｍと復原され、西門が検出されているが、南門はない。東南郭は内郭の軸線プランから逸脱し、王宮はふたつの軸線プランから成っている。

飛鳥宮Ⅲ期内郭後方SB〇九三四（橿考研、二〇二四）

内郭の北西外側で発見されている大型殿舎SB〇九三四はこれまで部分的な検出にとどまり、全貌がはっきりしていなかったが、二〇二四年度の飛鳥京第一九一次調査の結果、平面規模が判明した。それによると、この殿舎は四面廂であり、桁行総長一一間（三五・四m）・梁行総長五間（一五・〇m）の規模である。梁行総長の桁行総長に対する比率は〇・四二四となる。柱間寸法は身舎の桁行の東西両端が一四尺、他は桁行、梁行のいずれでも一〇尺という特異な柱配置である。

藤原宮大極殿（小澤、二〇〇三c）

藤原宮の正殿はいうまでもなく、凝灰岩の段上積基壇を有する礎石建・瓦屋根の大極殿である。桁行総長九間（四四・〇m）・梁行総長四間（一九・五m）に復原されている。柱間寸法は、身舎が桁行一七尺等間で、梁行は一八尺等間であり、いずれも廂の出が一五尺と復原されている。梁行長の桁行長に対する比率は〇・四四。最近、大極殿の北側で桁行九間（四四・七m）、梁行二間（一〇・五m）に復原される大極殿後殿と、両側でそれに接続する東西複廊が発見された（道上・岩永ほか、二〇二三）。大極殿の南は東西一〇八m・南北四八mの広場であるが、脇殿などはない。その南には朝堂院に開く桁行七間（約三五m）・梁行二間（約一〇m）の巨大な南門が設けられている。大極殿院の規模は回廊心々で東西一一六・八m・南北一五八・五mである。

②小　考

飛鳥時代王宮の正殿級殿舎をやや詳しくみてきた。それぞれの殿舎には柱間寸法、基壇の有無や基礎地業、殿庭の規模などにさまざまな「個性」があるが、ここで目を引くのは平面形に一定の共通性がみられることである（表

1）。それを端的に示すのは正面観（東西長）に対する奥行き（南北長）の深さであり、桁行長に対する梁行長の比率である。その値には〇・五二前後の建物が多くみられる。前期難波宮内裏前殿、飛鳥宮内郭前殿・同北院の二殿舎・東南郭正殿である。飛鳥宮内郭後方の大型殿舎SB〇九三四についても、その桁行に対する梁行の比率は前期難波宮内裏南院後殿と同じ（表1）である。

飛鳥宮東南郭正殿を大極殿の初現とする見解に対して、筆者は、たとえ書紀がそう記したとしても、遺構の実態は大極殿にはほど遠く、藤原宮において名実ともに大極殿が成立したとの立場から、内郭前殿・東南郭正殿が前期難波宮内裏前殿の平面プランの縮小・相似形であることを明らかにしてきた（積山、二〇一三c・二〇二三）。今回の再検討により、内郭北院のSB〇三〇一・〇五〇一も前期難波宮内裏前殿の縮小・相似形であることが判明した。（図4）。一方SB〇九三四は前期難波宮内裏南院後殿をわずかに拡大しているものの、やはり相似形である。飛鳥宮の主要殿舎はいずれも前期難波宮内裏南院の系譜にあるといえよう。

このうち内郭前殿は内郭の正殿、東南郭正殿は飛鳥宮全体の正殿なので前期難波宮内裏前殿の系譜を引いているのは当然といえよう。しかし、内郭北院の二棟は、それらの後方に位置することから、単純に内裏前殿の系譜とみていいのであろうか。内郭北院の二棟は前期難波宮でいえば内裏北院（私）に位置しており、内裏南院（公）の前殿とは性格が異なる。この点を重視するなら、この二棟のモデルは内裏北院に想定される内裏正殿である可能性が浮上する。もし、内裏正殿の平面形が内裏前殿と同規模または相似形であれば、ことは整合的に理解できるであろう。

ところで、これらの正殿級殿舎の多くは脇殿を伴う三棟一組の殿舎形式を形成している。前期難波宮では①内裏前殿とその左右前方（長殿）、②内裏南院後殿とその左右、そして③内裏正殿の左右に脇殿が伴う。飛鳥宮でも

		身舎		全体			梁行/桁行	基準尺	備考
		桁行	梁行	桁行	梁行	面積			
前期難波宮	内裏前殿SB1801	7間	3間	9間、36.6m	5間、19.0m	695㎡	0.52	0.292m	四面廂
	内裏南院後殿SB1603	7間	3間	9間、34.2m	5間、14.6m	498㎡	0.43	0.292m	四面廂
飛鳥宮Ⅲ期	内郭前殿SB7910	5間	2間	7間、*20m*	4間、11.2m	*224㎡*	0.56	0.294m	四面廂
	内郭北院SB0301 内郭北院SB0501	8間	1間	8間、23.5m	3間、12.2m	287㎡	0.52	0.294m	二面廂
	東南郭正殿SB7701	7間	3間	9間、29.2m	5間、15.3m	447㎡	0.52	0.295m	四面廂
	内郭北方SB0934	9間	3間	11間、35.4m	5間、15.0m	531㎡	0.42	0.30m	四面廂
藤原宮	大極殿	*7間*	*2間*	*9間、44.0m*	*4間、19.5m*	*858㎡*	0.44	0.295m	四面廂

※斜体字は復原値

表1　飛鳥時代の主要殿舎（筆者作成）

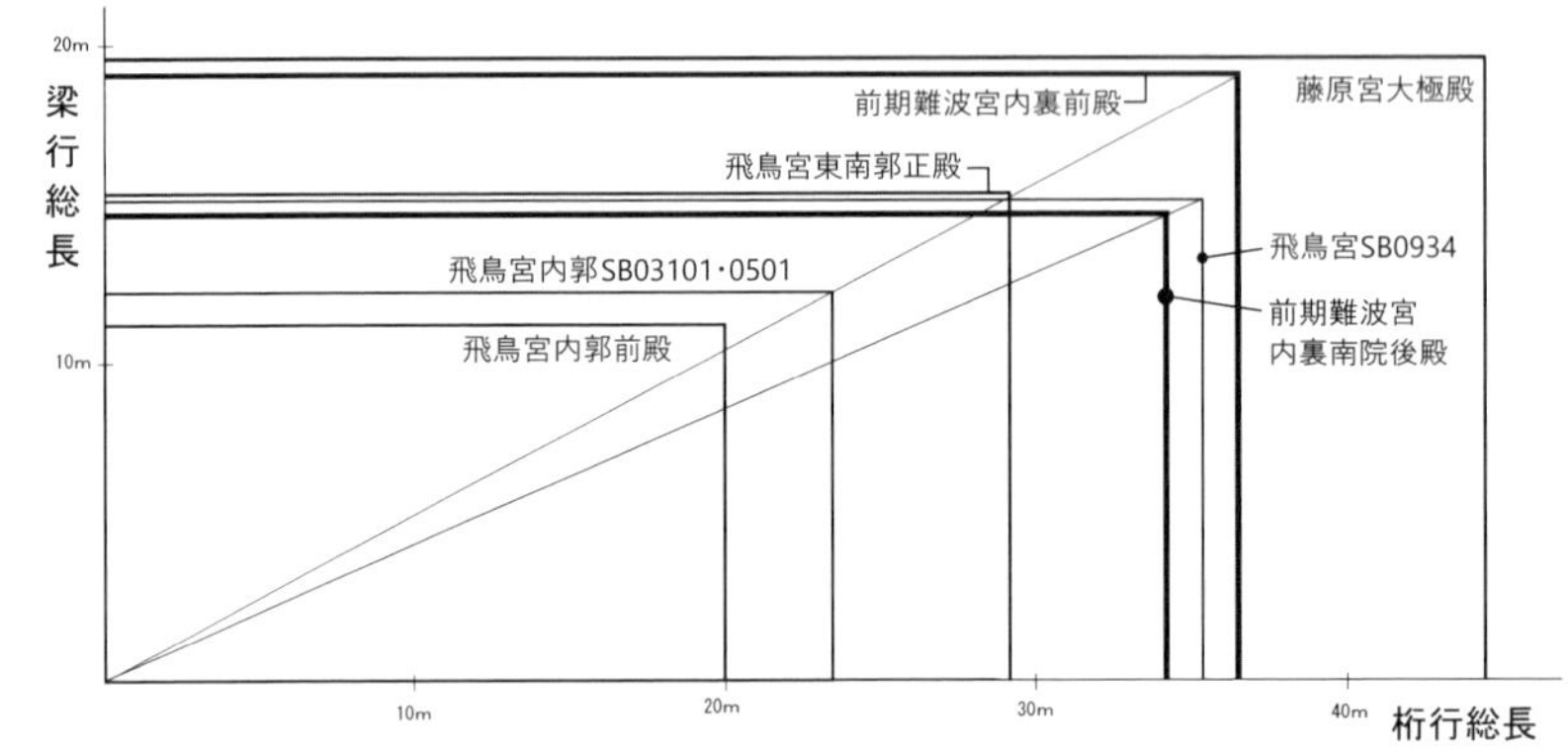

図4　飛鳥時代主要殿舎比較図（筆者作成）

㋑内郭前殿とその左右に塀を隔てて各一または二棟の南北棟、内郭北院の㋺ＳＢ〇三〇一と単廊で繫がる左右の小規模殿舎、㋩ＳＢ〇五〇一と左右の殿舎と、同様の構成をとる。前期難波宮の三棟一組の殿舎形式が南北に三組並ぶ設計が、飛鳥宮にて小型化しつつ継承されたのである（積山、二〇二三）。

ここでもうひとつ注意されるのは㊁東南郭である。その正殿には脇殿が伴うからである。小澤説では東南郭正殿の両脇に南北棟を想定している（小澤、二〇〇三a）のに対し、林部説では東側に一棟のみを想定する（林部、二〇二三）点で異なるが、脇殿の存在を認める点では共通している。これも三棟一組またはその簡略化した殿舎形式であろう。そして㊁は飛鳥宮の公的正殿であるから、この面からも前期難波宮①の系譜とみることができる。[9]

このように、飛鳥宮の主要殿舎は平面形、三棟一組の殿舎形式など前期難波宮内裏の主要殿舎の系譜を引いているのであるが、前稿で述べたように、そのいずれもが藤原宮に継承されていない。とりわけ、大極殿の初現とされることもある東南郭正殿と藤原宮大極殿の間には、殿舎形式が断絶していることが重要である。[10]

最近、藤原宮で大極殿後殿と東西回廊の基壇が発見された（先述）。その位置は前期難波宮内裏南院を南北に分かつ東西塀と一致し、しかも元来は後方回廊の北に後殿が予定されていたところ、造営の遅滞により後方回廊上に後殿の位置が変更されたという（廣瀬、二〇二三）。結果、前期難波宮の内裏前殿―南院後殿という二棟一組の殿舎形式は藤原宮の大極殿―後殿の二棟一組に継承されたことが判明した。とはいえ、藤原宮大極殿後殿は後方回廊と接続したため、左右に脇殿を伴っていないし、軒廊の有無は不明である。とはいえ、ここでは大極殿―後殿の系譜が、姿を変えつつも藤原宮以後、平安宮まで継承される定型であることが明らかとなったこと、その祖型が前期難波宮であることを確認したい（積山、二〇二三）。

そうすると、前期難波宮内裏南院には、脇殿を伴う三棟一組と、前殿―後殿の二棟一組という異なる二系譜の殿舎形式が共存していたことになる。そのうち三棟一組の系譜は途絶え、二棟一組の系譜は藤原宮大極殿院で定型化したわけである。このような二系譜が混在したところに、大極殿への道のりにおいて前期難波宮の過渡的な位置があると理解される。前期難波宮内裏前殿を大極殿だとする見解もあるが、この点を踏まえれば、やはり藤原宮で正殿―後殿の殿舎形式に純化した大極殿の成立と判断するべきであろう。

おわりに

本稿で述べたことは以下のように要約される。

一、最近の発掘調査によって前期難波宮の内裏に未発見の正殿の存在が予想できるようになった。それは内裏前殿と同等またはそれ以上の規模とみられるので内裏正殿であろう。

二、前期難波宮の歴史的意義を五点あげた。南北軸線プランの導入、正殿の画期、朝堂院の創出、中心部と左右の官衙（曹司）域からなる王宮スタイルの創出、未完ながら初めての京建設などである。

三、前期難波宮の上記五点に比して飛鳥宮は相当に異なる。斉明の後飛鳥岡本宮の地を継承したがゆえに狭小な地形の制約を免れず、したがって飛鳥宮は小規模で変則的な宮室となった。そこを一四年間離れなかった天武は、律令制の導入＝浄御原令の編纂と施行を最優先したため、自らの理想の都城建設が遅れたと考えた。

四、飛鳥宮の主要殿舎の平面形はいずれも前期難波宮内裏南院殿舎の相似形であることを明らかにした。このうち内郭前殿・東南郭正殿は前期難波宮内裏前殿の系譜を引いて小型化したこと、内郭北院のＳＢ〇三〇一・〇五〇一は前期難波宮内裏北院に想定される内裏正殿の系譜を引いている可能性があることを述べた。またＳＢ〇九三四は前期難波宮内裏南院後殿の相似形である。

五、前期難波宮の正殿―脇殿の三棟一組が南北に三組並ぶ殿舎配置は飛鳥宮に継承され、しかも同様の殿舎群が計四組となったこと、しかしこの殿舎形式は藤原宮には継承されないことを明らかにした。

六、前期難波宮内裏南院には正殿（前殿）―脇殿と正殿―後殿という二種の殿舎形式が混在しており、日本古代王宮の定型として後々まで継承されたのは後者であったことを述べた。

本稿ではかなりの推測を重ねている。それに加えて飛鳥宮では内郭北院のSB〇五〇一が皇后宮であろうとする新説（西本、二〇二三a・b）が提起されており、前期難波宮においても、その点を考える必要が生じている。[11] こうした課題については他日を期したい。

注

（1）孝徳朝段階の南北規模は約六五〇mであろうが、天武朝では北西の柱列一九〇までの約七五〇mの規模と考える（積山、二〇二〇）。その際、この柱列一九〇が掘り込まれた第一二層（整地層）の下位に堆積していた第一三層の出土土器を難波Ⅳ古段階とみたが、この土器群は難波Ⅲ新段階（六六〇年代から六七〇年代初頭頃）であるとの指摘を受けた（佐藤隆、二〇一九）。そのとおりであるが、それによって柱列一九〇が七世紀後半の天武朝の建設とする見方に変更が生じるわけではない。

（2）内裏の南北二分線を前殿背後の東西塀とする見方もあろうが、この塀は一本柱であり、中央を貫く軒廊が前殿と後殿との一体性を示すので、後方とのより強い隔絶性を示す後殿背後の複廊までを内裏南院とした。この場合、内裏南院の規模は東西一一四・六m、南北は約一二五mを測る。

（3）史料に基づき飛鳥時代の朝堂院を「朝堂」と呼ぶのは道理があるが、ただそれでは建物としての朝堂と同一名称となってしまう。「朝堂院」は長岡宮以後の名称であり、奈良時代後半には「太政官院」と称されていたが、それ以前の史料（『続日本紀』天平十三年（七四一）三月辛丑（二十日）条「難波宮太政官庭」）に基づけば、大宝令（藤原宮段階から太政官院と称されていたであろう。本稿では「朝堂と朝庭からなる施設が朝堂院である」との定義（吉川、二〇二一b）にしたがい、学術用語として「朝堂院」の名称を採用したい。

（4）小郡宮の礼法は豊碕宮での本格的な運用を目指して定めたとし、孝徳朝の初期段階から豊碕宮が造営されていたとする点では栄原説と市説は一致しているが、論調はかなり異なる。栄原説は小郡宮―豊碕宮という、孝徳朝における二段階造営説（直木、一九七七／吉川、二〇二二a）の否定に主眼を置き、一貫して豊碕宮建設が進められたとする。一方、市説は豊碕宮と併行して「小郡宮の時代」（大化二年〔六四五〕～白雉二年〔六五一〕の少し前）に「長期の使用に耐えうる小郡宮」も造営しつつ、大化五年以後は豊碕宮中心部の先行使用も始まったとして、栄原説より小郡宮を重視している。

（5）ただし、射礼のその後の記録は天智九年（六七〇）正月辛巳（七日）条まで途切れ、さらに次の記録は天武四年（六七五）正月壬戌（十七日）条で、以後、天武朝では比較的連年実施されている。

（6）味経宮と長柄豊碕宮は同一の宮である（吉川、二〇二二a）。

（7）飛鳥宮Ⅲ期を三区分し、Ⅲ-a期を斉明の後飛鳥岡本宮とする重見説では、飛鳥還都を「難波遷都以前の宮処への回帰であり、宮およびその周辺環境を元に戻すことによって孝徳朝の政策を明確に否定する」ものとし、後岡本宮の構造も豊碕宮を否定するものだったとする（重見、二〇二三）。しかし、飛鳥宮の内郭が豊碕宮の軸線プランを継承していること、主要殿舎の平面形が豊碕宮の系譜を引いていること（後述）からみると、豊碕宮の否定とはいえない。

（8）SB〇四〇一はⅢ-B期に廃されて小規模な苑池に変わっている。

（9）なお、前期難波宮内裏南院後殿と飛鳥宮SB〇九三四が平面相似形であることは、前者が桁行総長一一七尺、梁行総長五〇尺（基準尺〇・二九二m）、後者は桁行総長一一八尺、梁行総長五〇尺（基準尺〇・三〇m）であることからも知られる。ただし、後者の桁行柱間寸法が特異であること、両者の位置がまったく異なることから、単純に後者が前者の系譜を引くと考えるには慎重さが必要であろう。

（10）東アジア古代都城の視座にたつ城倉正祥は、藤原宮大極殿が後殿と直接繋がらないプランの起源を飛鳥宮東南郭正殿に求め、「藤原宮大極殿院は前期難波宮の平面配置を基本として設計されたものの、大極殿としての系譜はエビノコ郭正殿を継承し」たとする（城倉、二〇二四）。しかし、藤原宮大極殿と飛鳥宮東南郭正殿の北側はいずれも未調査であり、軒廊の有無は不明である。両者が隋―唐の大興殿―太極殿と同じ「単独正殿」であると確定しているわけではない。それよりも、東南郭の正殿―脇殿という殿舎形式が藤原宮大極殿に繋がらない系譜であることが重要であろう。

（11）西本説にしたがえば、孝徳の皇后・間人皇女は父が舒明、母が皇極、天智と天武が同母兄という生来の大王家一族であるから、豊碕宮に皇后宮があってもおかしくない。ただそれを、内裏正殿のさらに後方に想定することが可能かどうか、この区域は発掘調査が進んでいないこともあり、今は不明とせざるをえない。

参考文献

市　大樹、二〇二四a「孝徳朝難波諸宮の史料的検討」（『日本古代の宮都と交通―日中比較研究の試み―』塙書房）
市　大樹、二〇二四b「大化改新と難波諸宮」（前掲著書）
今尾文昭、二〇〇八『律令期陵墓の成立と都城』青木書店
今泉隆雄、一九九七「権力表象の場としての古代宮都」（『国立歴史民俗博物館研究報告』七四）
磐下　徹、二〇二〇「前期難波宮の朝堂院―孝徳朝の「官僚制」」（『難波宮と古代都城』同成社）
大阪市教育委員会文化財保護課、二〇二三「前期難波宮の内裏の発掘調査で重要な区画を発見！」（『葦火』三八一一（通巻二一〇））
大阪市文化財協会、一九八一『難波宮址の研究第七』
大阪府文化財調査研究センター、二〇〇二『大坂城跡』Ⅱ（大阪府文化財調査研究センター調査報告書七四）
小澤　毅、二〇〇三a「飛鳥浄御原宮の構造」（前掲著書、初出一九九七）
小澤　毅、二〇〇三b「伝承板蓋宮跡の発掘と飛鳥の諸宮」（前掲著書、初出一九八八）

小澤　毅、二〇〇三c「平城宮中央区大極殿地域の建築平面」（『日本古代宮都構造の研究』青木書店、初出一九九三）
尾野善裕、二〇二一「飛鳥時代の土器編年再考補論」（『学叢』四三、京都国立博物館）
栄原永遠男、二〇二二「孝徳紀に見える諸宮―二段階造営説の再検討―」（『難波古代史研究』〈日本史研究叢刊四三〉和泉書院）
佐竹　昭、一九九八「古代宮室における「朝庭」の系譜」（『古代王権と恩赦』雄山閣出版、初出一九九三）
佐藤　隆、二〇一九「難波地域における七世紀の土器様相」（『飛鳥時代の土器編年再考』奈良文化財研究所・歴史土器研究会）
佐藤　隆、二〇二二「前期難波宮造営過程の再検討―飛鳥宮跡との比較を中心に―」（『大阪歴史博物館研究紀要』二〇）
佐藤武敏、一九七七「唐の朝堂について」（『難波宮と日本古代国家』塙書房）
重見　泰、二〇二三「大極殿の創出」（『大極殿の誕生』吉川弘文館）
城倉正祥、二〇二四「中国都城における正殿の発展と唐代における東アジアへの展開」（『太極殿・含元殿・明堂と大極殿―唐代都城中枢部の展開とその意義―』早稲田大学東アジア都城・シルクロード考古学研究所）
積山　洋、二〇一三a「中国古代都城の軸線プランと正殿」（『古代の都城と東アジア―大極殿と難波京―』清文堂出版）
積山　洋、二〇一三b「大極殿の成立と前期難波宮内裏前殿」（前掲著書）
積山　洋、二〇一三c「大極殿の展開と後期難波宮」（前掲著書）
積山　洋、二〇一三d「初期難波京の造営―孝徳朝の難波宮と造都構想―」（前掲著書）
積山　洋、二〇二〇「日本における律令制的王宮の成立」（『難波宮と大化改新』〈日本史研究叢刊三六〉和泉書院）
積山　洋、二〇二三「前期難波宮と飛鳥宮、藤原宮」（『ヒストリア』三〇〇）

積山　洋、二〇二四「日本古代王宮の源流を探る」（『日本考古学の論点』下巻、雄山閣）
鶴見泰寿、二〇二三「飛鳥宮の空間構成とその系譜」（『シンポジウム「飛鳥宮の儀礼と空間構成」報告集』東京大学史料編纂所・奈良県立橿原考古学研究所）
直木孝次郎、一九七七「難波小郡宮と長柄豊碕宮」（『難波宮と日本古代国家』塙書房）
中尾芳治、二〇一四「難波宮から藤原宮へ―日本古代宮都の成立過程をめぐって―」（『難波宮と都城制』吉川弘文館）
奈良県立橿原考古学研究所、一九七八『奈良県遺跡調査概報一九七七年度』
奈良県立橿原考古学研究所、二〇〇八『飛鳥京跡Ⅲ』奈良県立橿原考古学研究所調査報告書一〇二冊
奈良県立橿原考古学研究所、二〇一四『飛鳥京跡Ⅵ』奈良県立橿原考古学研究所調査報告書一一七冊
奈良県立橿原考古学研究所、二〇二四『史跡 飛鳥宮跡（飛鳥京跡第一九一次調査）現地説明会資料』
西本昌弘、二〇〇八ａ「元日朝賀の成立と孝徳朝難波宮」（『日本古代の王宮と儀礼』塙書房）
西本昌弘、二〇〇八ｂ「伝承板蓋宮跡第Ⅱ期遺構と後飛鳥岡本宮」（前掲著書）
西本昌弘、二〇二三ａ「飛鳥の開発と飛鳥浄御原宮の内部構造」（『シンポジウム「飛鳥宮の儀礼と空間構成」報告集』東京大学史料編纂所・橿原考古学研究所）
西本昌弘、二〇二三ｂ「飛鳥浄御原宮の皇后宮」（『続日本紀研究』四三四）
橋本義則、二〇一一「日本の古代宮都―内裏の構造変遷と日本の古代権力―」（『古代宮都の内裏構造』吉川弘文館）
林部　均、二〇〇一「飛鳥浄御原宮における宮都空間の形成」（『古代宮都形成過程の研究』青木書店）
林部　均、二〇一三「日本古代における王宮構造の変遷―とくに前期難波宮と飛鳥宮を中心として―」（『国立歴史民俗博物館研究報告』一七八）
廣瀬　覚、二〇二三「藤原宮中枢部の構造―大極殿院を中心に―」（『考古学ジャーナル』七七八）
道上祥武・岩永玲ほか、二〇二三「藤原宮大極殿院の調査―第二一〇次」（『奈良文化財研究所発掘調査報告二〇二三』

奈良文化財研究所）
楊　鴻勛、二〇〇一「大唐宮殿」（『宮殿考古通論』紫禁城出版社）
吉川真司、二〇二二a「難波長柄豊碕宮の歴史的位置」（『律令体制史研究』岩波書店、初出一九九七）
吉川真司、二〇二二b「王宮と官人社会」（前掲著書、初出二〇〇五）
李　陽浩、二〇一〇「前期難波宮内裏南門の上部構造についての復元的考察」（『日本建築学会大会学術講演梗概集』〔北陸〕）

あとがき

世界的には宮殿と宗教建築は為政者の粋を凝らした建築であることが多いが、日本では武家が台頭した中世以降、宮殿建築は規模的にも技術的にも、必ずしも日本の最高級建築ではなくなった。

ただし古代には天皇を頂点とする律令国家が形成されると、宮殿は建築的にも高級技術が用いられた。日本の宮殿は大陸から導入した空間構成とそれ以前からのヤマト的な空間構成とを共存させることで、東アジアのなかでも独自の空間を作り上げているとみられ、そこに対外的空間と自国のアイデンティティの空間がみえる。ここに揺れ動く古代東アジアの情勢が映し出されている。とりわけ、前期難波宮では広大な朝堂院が形成されたのに対し、飛鳥宮では大極殿が設けられたものの、朝堂院が確認されておらず、日本の古代宮殿の形成過程におけるターニングポイントである。

本書の核となる二〇二三年度のシンポジウムの開催にあたっては、奈良県立橿原考古学研究所（所長：青柳正規）に会場を提供いただいた。また同シンポジウムは東京大学史料編纂所（所長：本郷恵子（当時））、「天皇家・公家の「知」の体系としての文庫・宝庫研究拠点創設」プロジェクト（担当：古代史料部三室））・科学研究費・基盤研究（A）「東アジアにおける工匠関連史料にもとづく建築生産史の再構築と技術蓄積・伝播の解明」（研究代表者：東京大学大学院工学系研究科准教授海野聡）の研究成果の一部である。本書の刊行にあたっては、東京大学史料編纂所学術専門職員の糸賀優理氏に編集協力を賜った。また各所から資料提供を受けた。ここに記して御礼申し上げる。

さて、本書では飛鳥宮の空間的な特性と儀礼の関係は精緻な論が積み重ねられたが、さらなる飛鳥宮の位置付けには前期難波宮・藤原宮など、前後に営まれた宮殿の検討も不可欠である。本書を契機に、古代宮殿の空間構成と律令国家の形成、さらには東アジアにおける日本の立ち位置をひも解いていくことが必要である。それには文献史学・考古学・建築史学等の諸分野での精緻な検討と諸分野の枠を超えた議論が求められ、今後も継続して、古代宮殿に関する学際的な研究の場を構築し、その成果を積み重ねていきたい。

（海野　聡）

執筆者紹介

【編者】略歴は左頁を参照
田島 公（たじま いさお）
海野 聡（うんの さとし）
鶴見 泰寿（つるみ やすとし）

西本 昌弘（にしもと まさひろ）
関西大学文学部教授・奈良県立橿原考古学研究所特別指導研究員。日本古代史。
〔主な著作〕
『日本古代の王宮と儀礼』（塙書房、2008 年）
『日本古代の儀礼と社会』（編著、八木書店、2024 年）
小田 裕樹（おだ ゆうき）
奈良文化財研究所企画調整部主任研究員。考古学。
〔主な著作〕
「饗宴施設の構造と長舎」（奈良文化財研究所編『長舎と官衙の建物配置』奈良文化財研究所、2014 年）
「飛鳥の土器と『日本書紀』」（『國學院雑誌』121-11、2020 年）
小澤 毅（おざわ つよし）
三重大学名誉教授・奈良県立橿原考古学研究所特別指導研究員。考古学。
〔主な著作〕
『日本古代宮都構造の研究』（青木書店、2003 年）
『古代宮都と関連遺跡の研究』（吉川弘文館、2018 年）
『古代大和の王宮と都城』（同成社、2023 年）
積山 洋（せきやま ひろし）
都城制研究会代表・大阪市文化財協会学芸員。考古学。
〔主な著作〕
『古代の都城と東アジア―大極殿と難波京―』（清文堂出版、2013 年）
『東アジアに開かれた古代王宮　難波宮』（新泉社、2014 年）
「前期難波宮と飛鳥宮、藤原宮」（『ヒストリア』300、2023 年）
「日本古代王宮の源流を探る」（『日本考古学の論点』下、雄山閣、2024 年）

【編　者】

田島 公（たじま いさお）

東京大学名誉教授・奈良県立橿原考古学研究所特別指導研究員・京都府立京都学・歴彩館京都学振興課京都学特任研究員。日本古代史・日本目録学・京都学。

〔主な著作〕

『禁裏・公家文庫研究』一～八（編著、思文閣出版、2003 ～ 22 年）

『蔵書目録からみた天皇家文庫史―天皇家ゆかりの文庫・宝蔵の目録学的研究―』（塙書房、2024 年）

『読み解き　古代史料』（共著、山川出版社、2024 年）

海野 聡（うんの さとし）

東京大学大学院工学系研究科准教授。日本建築史・文化財保存。

〔主な著作〕

『古建築を復元する―過去と現在の架け橋―』（吉川弘文館、2017 年）

『森と木と建築の日本史』（岩波書店、2022 年）

『古建築を受け継ぐ―メンテナンスからみる日本建築史―』（岩波書店、2024 年）

鶴見泰寿（つるみ やすとし）

名古屋大学大学院人文学研究科教授。日本古代史・歴史考古学・博物館学。

〔主な著作〕

『古代国家形成の舞台　飛鳥宮』（新泉社、2015 年）

『東大寺の考古学―よみがえる天平の大伽藍―』（吉川弘文館、2021 年）

飛鳥宮（あすかきゅう）の儀礼（ぎれい）と空間構成（くうかんこうせい）　〔シリーズ宮殿研究（きゅうでんけんきゅう）の最前線（さいぜんせん）①〕

2025 年 2 月 20 日　初版第一刷発行　　定価（本体 8,000 円＋税）

編　者　田島　公
　　　　海野　聡
　　　　鶴見泰寿

発行所　株式会社　八木書店出版部
代表　八木乾二
〒 101-0052 東京都千代田区神田小川町 3-8
電話 03-3291-2969（編集）-6300（FAX）

発売元　株式会社　八木書店
〒 101-0052 東京都千代田区神田小川町 3-8
電話 03-3291-2961（営業）-6300（FAX）
https://catalogue.books-yagi.co.jp/
E-mail pub@books-yagi.co.jp

印　刷　精興社
製　本　牧製本印刷
用　紙　中性紙使用

ISBN978-4-8406-2608-8